REENCONTRO COM A ALMA

Uma Investigação Científica e Espiritual

LARRY DOSSEY

REENCONTRO COM A ALMA

Uma Investigação Científica e Espiritual

Tradução
MAURO DE CAMPOS SILVA

EDITORA CULTRIX
São Paulo

Título do original:
Recovering the Soul
A Scientific and Spiritual Search

Edição	Ano
1-2-3-4-5-6-7-8-9-10	92-93-94-95-96-97

Direitos de tradução para o Brasil adquiridos com exclusividade pela
EDITORA CULTRIX LTDA.
Rua Dr. Mário Vicente, 374 - 04270 - São Paulo, SP - Fone: 272-1399
que se reserva a propriedade literária desta tradução.

Impresso nas oficinas gráficas da Editora Pensamento.

Para meus pais

Agradecimentos

Meus especiais agradecimentos ao Isthmus Institute of Dallas, Texas, onde, desde há uma década, o diálogo sobre as possíveis convergências entre o pensamento científico e o religioso me tem propiciado importantes inspirações.

Gostaria de agradecer a meus pacientes, que são a origem da maior parte dos relatos clínicos aqui apresentados, bem como a meus colegas do Dallas Diagnostic Association por seu generoso apoio.

As pessoas que contribuíram para a elaboração deste livro são muitas para serem mencionadas individualmente. Se há verdade nas idéias aqui contidas, talvez um "obrigado" coletivo seja recebido por cada uma delas, por intermédio da Mente Una que a todos conecta.

Obrigado aos agentes literários John Brockman e Katinka Matson, por encontrarem uma editora que publicasse este livro, e especialmente a Leslie Meredith, da Bantam, notável profissional, cuja criatividade editorial só é excedida por sua bondade e profunda compreensão deste material.

Mas, principalmente, meus agradecimentos a Barbara que, como escritora, enfermeira, colega e esposa, tornou possível este trabalho.

Larry Dossey, M.D.

Sumário

Prefácio: "Eterno, Infinito e Uno" 13

Parte I – ALÉM DO CÉREBRO: A Evidência

1. O Alcance da Mente 27
   O Olho da Mente
   Uma Viagem Dentro do Corpo
   Dizendo ao Corpo o que Fazer
   Consciência da Unidade: Uma Experiência Habitual

2. O Poder da Mente Não-localizada 50
   Prece: Velha Abordagem, Novas Maravilhas
   Cura Não-localizada

3. Corpo-mente 80
   Murmúrios do Sangue
   Sensações no Estômago
   A Mente Não-localizada no Laboratório

4. Criaturas Grandes e Pequenas 96
   Partilhando a Mente com os Animais: Xamanismo
   Partilhando a Mente com os Animais: Evidências Modernas
   São Francisco: Santo Padroeiro da Mente Não-localizada

Parte II – CIÊNCIA: As Provas

5. A Mente Una e Imortal: Schrödinger, Gödel, Einstein 117

Erwin Schrödinger

Kurt Gödel

Albert Einstein

6. A Mente e a Física Quântica 140

Henry Margenau e a Mente Universal

David Bohm: Mente Grupal num Universo Holográfico

7. Um Mundo Novo 160

O Universo Não-localizado

8. Mente e Forma 167

O Problema da Forma

Rupert Sheldrake e a Morfogenética

Parte III – DEUS: A Síntese

9. Implicações Espirituais da Mente Não-localizada 189

A Grande Visão Não-localizada: O Encontro entre Deus e o Homem

O Cristianismo e a Mente Não-localizada

Deus e o Homem como Co-criador

10. Além do Sofrimento e da Morte 205

A Mente e a Saúde

Tempo, Saúde e Deus

"Quem Pecou?" – Ou Por Que Ocorre A Doença?

O Efeito Maharishi

Implicações para a Cura: Medicina da 3ª Era

A Mente Não-localizada e a Medicina Moderna

11. A Vingança da Fada Madrinha 241

Epílogo 250

Notas 255

Os velhos deuses estão mortos, ou estão morrendo,
e em toda parte as pessoas perguntam:
qual será a nova mitologia,
a mitologia da terra unificada
como um ser harmônico?

Joseph Campbell

Prefácio: "Eterno, Infinito e Uno"

Por que falar da alma numa era científica? Por que sugerir a existência de um aspecto da psique que não está subordinado às limitações de tempo e espaço, e que pode preceder o nascimento do corpo e sobreviver à morte deste? A principal razão é que algo de essencial foi deixado à margem de quase todos os modernos esforços de compreensão da vida mental – algo que existe como primeiro princípio, e sem o qual tudo está fadado a parecer incompleto e sem fundamento.

Esse elemento que falta é a qualidade *não-localizada* da mente. A bem dizer, todas as explicações modernas sobre a mente supõem que esta possa ser encontrada num certo lugar no espaço ou no tempo. Tradicionalmente, o local do espaço fixado para a mente é o cérebro de um indivíduo; e o local no tempo a ela atribuído é o momento presente e a duração de um único ciclo de vida. Assim, a mente é limitada à existência individual. E, o que é pior, é condenada ao esquecimento, pois com a morte do cérebro ela também deve morrer. Estas suposições subjazem a todas as tentativas acadêmicas ocidentais de descrever a mente humana. Por procurarem *localizar* a mente, fixá-la no tempo e no espaço, acredito que sejam falhas.

Como veremos, há boas evidências de que a mente não pode ser localizada. Ela demonstra o seu caráter não-localizado de inúmeras maneiras, mostrando-nos que é livre no espaço e no tempo, que perfaz a conexão entre as consciências individuais e que não morre com o corpo. Este livro explora modos alternativos de conceber a mente e, em particular, oferece evidências científicas para uma visão mais ampla.

Se a mente tem de fato um aspecto não-localizado, então esta entidade assemelha-se à alma – que não ocupa espaço, é intemporal e imortal. *Portanto, reencontrar a natureza não-localizada da mente é, em essência, reencontrar a alma.* Daí o grande significado espiritual em compreender a natureza não-localizada da nossa vida mental. Desvendá-la não é apenas um exercício de psicologia ou de ciência; é também um exercício de espiritualidade, pois a natureza anímica da mente é não-localizada.

Nesta investigação trataremos de conceitos como "mente", "alma" e "consciência". O que significam essas diferentes palavras? Não é possível separá-las de uma maneira universalmente aceita. Biólogos, teóricos da informação, especialistas em inteligência artificial e outros cientistas assumem posições muito diferentes, que geralmente conflitam com as dos filósofos, psicólogos e teólogos. E as diferenças não são insignificantes. Para alguns, a "mente" não existe. É um "fantasma na máquina", uma abstração, redundante e desnecessária, de eventos que podem muito bem ser explicados em termos puramente físicos. Para outros, a "mente" é um "erro categórico", uma "confusão de níveis explanatórios", um epifenômeno ou subproduto de ações químicas que ocorrem dentro do cérebro. Outros ainda a consideram uma entidade bem real.

Logo se percebe que as tentativas para definir a mente, a alma e a consciência, se não são inúteis, assemelham-se à fábula dos cegos descrevendo um elefante: cada descrição depende da parte do animal que o indivíduo está tocando no momento. Isto não implica que não existam significados ou que a mente e a consciência sejam ilusões: o elefante, certamente, é real. Pode indicar, entretanto, que a ciência empírica é incapaz de fornecer definições para esses conceitos.

Neste livro sigo o físico e filósofo Henry Margenau e considero a mente e a consciência como "primitivos" – objetos indefiníveis em termos de fatos empíricos. Essa escolha, afirma Margenau, "justifica-se não somente pelas regras da lógica, mas torna-se convincente pelo fato de a consciência ser, a um só tempo, a experiência pessoal mais imediata e a fonte de onde brota todo o conhecimento".[1] Para Margenau, e para o nosso estudo, a mente equivale à consciência. Além disso, por razões que serão expostas, essas entidades são consideradas não-materiais, infinitas no espaço, eternas, não-confinadas aos cérebros e aos corpos e capazes de operar mudanças no mundo físico. Às vezes, quando a palavra "mente" for utilizada neste sentido mais amplo, será grafada na forma Mente.

Embora a Mente não esteja confinada ao cérebro nem seja um produto deste, pode, entretanto, atuar por meio dele. O resultado é o aparecimento de mentes individuais, derivadas da Mente maior, às quais damos os nomes de eu individual, de ego, de pessoa e de sentido do eu. As características principais das mentes são o seu *conteúdo* e um certo nível de percepção consciente: os inumeráveis pensamentos, emoções e sensações que nos invadem todos os dias. As mentes individuais são muito suscetíveis a mudanças no corpo físico: os ânimos, as emoções e mesmo os pensamentos podem ser modificados por mudanças no cérebro e no corpo.

Há muitos níveis de consciência – para utilizar o termo do psicólogo Ken Wilber, um "espectro" que inclui também aqueles níveis usualmente admitidos no Ocidente, tais como o inconsciente, o pré-consciente e o consciente. Além disso, há níveis mais elevados que há muito são reconhecidos pelas refinadas tipologias do Oriente, mas que raramente são citados na nossa cultura. O Budismo Mahayana, o Taoísmo, o Sufismo, o Vedanta, o Vajrayana e as várias escolas de ioga são alguns dos sistemas que descrevem um complexo que vai do estado pré-egóico primitivo e indiferenciado da criança até o nível de unidade última com a Divindade, incluindo muitos estágios intermediários. No Ocidente, limitamos a nossa descrição do complexo da consciência ao nível do "ego saudável e operante", ignorando a existência de quaisquer dimensões superiores. Uma notável exceção é o trabalho de Wilber, que em seu livro *Spectrum of Consciousness** criou um modelo que se assemelha aos do Oriente.[2] Acima do nível do "ego saudável" existem vários outros estratos – planos "sutis" e "causais", e finalmente o estado de "unidade última". A esse estado de unicidade última, que contém atributos da Divindade, chamarei de Eu superior, Alma ou Mente Una. Certo princípio, segundo costuma ser formulado nas religiões ocidentais, postula que Deus é o "lar" da alma: no Oriente, do mesmo modo, Atman (a alma individual) e Brahman (o Absoluto) são um.

* Publicado pela Editora Cultrix, São Paulo, SP.

Um princípio que foi incorporado às muitas tradições espirituais, e que é útil para esclarecer essas distinções, é este: "O superior contém o inferior, mas o inferior não contém o superior." Sendo assim, a Mente contém as mentes, o Eu contém os eus e a Alma contém as almas. Mas as entidades últimas – Mente, Consciência e Alma – não podem ser explicadas pelas entidades menores, nem estão plenamente contidas nelas.

Porém, esses termos nem sempre são utilizados com precisão neste livro, e talvez não devam mesmo sê-lo. O cientista e filósofo Lewis Thomas sugeriu que a linguagem, para ser eficiente, deve poder extraviar-se do rumo prefixado. É errado, insiste ele, exigir que as palavras sigam sempre uma trajetória rígida e controlada. Embora esta concepção possa, é óbvio, ser usada como desculpa para o desleixo e a imprecisão, paradoxalmente deve-se permitir à comunicação uma certa ambigüidade. Assim, os termos mente, alma e ego podem flutuar um pouco neste livro. Mas acredito que os significados possam ser extraídos do contexto em que se encontram. Nesse sentido, peço a indulgência do leitor.

Os dados aqui utilizados para abordar a mente vão da poesia à física, do misticismo à medicina. É importante explicar por que desgarrei-me dos dados rigorosos da ciência, na esperança de apresentar um quadro mais preciso da mente. Todas as investigações devem lidar com algum tipo de "observáveis" – observações extraídas da experiência, a partir das quais se modela uma concepção. *Há muitas espécies possíveis de observáveis*. As do psicólogo não são as do físico, e diferem também das do poeta ou do místico. Os observáveis não são igualmente acessíveis a todas as pessoas. O psicólogo não possui os instrumentos ou o conhecimento para observar o comportamento subatômico; nem o físico tem a necessária habilidade para ser um preeminente observador do comportamento humano. Os dados científicos são relevantes, mas pouco abrangentes, especialmente na área dos "primitivos": alma, mente e consciência. Assim, pode-se, sem escusas, escolher entre muitos grupos de observáveis.

Hoje, mesmo as questões mais simples sobre a natureza da mente, da alma e da consciência envolvem dificuldades das quais foram poupados os filósofos do passado. Por exemplo, onde, com exatidão, está localizada a mente? Na atualidade os físicos pensam o espaço e o tempo como uma espécie de camada multidimensional chamada espaço-tempo, talvez conectada com outras camadas semelhantes. Poderia a mente humana estar assentada ou compreendida numa dimensão espaço-temporal superior, além daquela que ocupamos? Partindo desse estado mais elevado, sugeriu o físico Paul Davies, a Mente ou Alma seria capaz de fixar-se ao corpo de um indivíduo em nosso espaço-tempo, sem assumir as limitações desta realidade imediata. Estaria aqui e lá ao mesmo tempo – talvez em várias "realidades" diferentes simultaneamente. Além do mais, alguns físicos acreditam que o espaço-tempo não é uma essência, mas uma derivação – formada não de lugares e momentos, mas de subunidades abstratas. Algumas destas poderiam juntar-se para formar o espaço-tempo que conhecemos, deixando alhures um imenso oceano de espaço-tempo na forma de partículas separadas. Estas partículas não ocupariam nenhum espaço em particular, de modo que não faria sentido atribuir à mente uma localização definida.[3] E o tempo, Davies nos lembra, não é aquela entidade que freqüentemente se supõe invariável; pode ser alterado fisicamente pela manipulação humana. Colocando a mente no tempo, podemos nós influir em sua permanência[4]? E, o que é mais desconcertante, alguns físicos, como veremos mais à frente, acreditam que ações executadas no presente podem afetar o passado, mesmo que então o presente ainda não existisse![5]

Como as respostas que damos às questões sobre Deus, Mente, Eu e Alma poderão levar em consideração idéias tão complexas? E mesmo que queiramos ser coerentes com o modo como os físicos modernos concebem o espaço e o tempo, não há um veredicto final entre eles sobre o significado desses termos, ou sobre novas interpretações que possam surgir. Além disso, como Davies destaca, os próprios físicos não são coerentes em relação a como empregar esses conceitos. Eles podem utilizar uma série de definições no laboratório, mas caem no senso comum quando deixam o serviço. Apesar destas incertezas, neste livro farei referência a duas espécies de tempo: (1) o tempo do senso comum (o tempo linear, fluido, exterior; o tempo do progresso, do desenvolvimento, da história), e (2) o tempo sugerido pela física moderna (tempo não-fluido, não-linear; o "tempo da eternidade"; o tempo em que as coisas não acontecem, mas simplesmente "são").

Esta obra constitui, portanto, uma descrição em largas pinceladas. Não é um exame detalhado da natureza não-localizada da mente. Apenas coloca o assunto na mesa, esperando por um maior refinamento.

Mas há um motivo mais forte para investigar a natureza não-localizada da mente do que a necessidade de "precisão", num sentido lógico ou científico. Esse motivo é explicitado pelo neurofisiologista *Sir* John Eccles, Prêmio Nobel:

> O homem perdeu seu caminho ideológico nesta era... A ciência foi longe demais ao demolir a crença do homem em sua grandeza espiritual... fazendo-o acreditar que não passa de um animal insignificante, surgido ao acaso e por necessidade num planeta insignificante, perdido na grande imensidão cósmica... Devemos perceber as grandes incógnitas relativas à constituição material e à operação de nossos cérebros, à interação entre mente e cérebro e a nossa imaginação criativa.[6]

O principal motivo para demonstrar a natureza não-localizada da mente é, portanto, espiritual. As teorias locais não são apenas incompletas, são destrutivas. Criam a ilusão da morte e da solidão, que são conceitos locais. Promovem a opressão existencial e a desesperança quando nos dão uma idéia completamente falsa de nossa natureza essencial, afirmando que somos tacanhos e limitados, criaturas mortais encerradas dentro de um corpo, fluindo inexoravelmente em direção ao fim do tempo. Esta perspectiva localizada é horrível, é lamentável que continue a dominar o quadro conceitual seguido pela maioria de nossos melhores psicólogos e biocientistas.

Este livro tenta mostrar por que essa visão é falsa. Se isto é assim, e se portanto somos criaturas *não*-localizadas, o mundo para nós se transforma de maneira extraordinária. Pois, se a mente é não-localizada, deve ser de algum modo independente do cérebro e do corpo, estritamente localizados. Isto ao menos abre possibilidades para um certo grau de livre-arbítrio, uma vez que a mente poderia escapar dos constrangimentos determinativos das leis físicas que governam o corpo. E, se a mente é não-localizada, não-confinada a cérebros e corpos e, assim, não inteiramente dependente do organismo físico, abre-se a possibilidade da sobrevivência à morte corporal. Há também repercussões sobre a natureza do nosso relacionamento uns com os outros. Se a mente é não-localizada no espaço e no tempo, a qualidade de nossas interações é conseqüência direta dessa realidade: mentes não-localizadas são mentes *em fusão*, visto não serem "coisas" isoladas e confinadas a momentos no tempo ou a pontos no espaço.

Se a mente não-localizada for uma realidade, o mundo torna-se um lugar de interação e conexão, e não de isolamento e separação. E se a humanidade realmente *acreditasse* nessa realidade, estabelecer-se-ia um novo fundamento para o comportamento ético e moral, que conteria ao menos a possibilidade de um abandono radical das atitudes insanas que indivíduos e nações têm cronicamente adotado em relação uns aos outros. E, mais ainda, toda a premissa existencial da vida humana poderia deslocar-se na direção da moral e da ética, do espiritual e do sagrado. A mente não-localizada, para utilizar a frase provocante do historiador e sociólogo Morris Berman, leva potencialmente a um *reencantamento do mundo*.

Suponhamos agora que *realmente possamos* demonstrar que a mente humana é não-localizada; que ela é, em essência, independente do cérebro e do corpo físico e que, por conseguinte, transcende o tempo e o espaço. Acredito que isto seria bem mais importante do que qualquer outra coisa já descoberta, no passado ou no presente, sobre o organismo humano. Esta descoberta ressoaria como uma esperança em relação à nossa natureza interior, silenciada nesta era científica; estimularia uma nova concepção do humano triunfando sobre a carne e o sangue: ancoraria o espírito humano mais uma vez em Deus, e não no acaso, no aleatório e na deterioração. Incitaria a vontade humana no sentido da grandeza, e não da conveniência e do egoísmo; aliviaria o mal-estar que os homens modernos sentem quando sonham com aspirações intuitivas e com o sentido da vida, para não falar da imortalidade. Com um só movimento, esta descoberta redirecionaria os imperativos da medicina. O objetivo último do médico moderno não seria mais evitar a morte e a deterioração, pois estas perdem seu *status* absoluto na medida em que a mente, em última instância, transcende o corpo físico. A louca e frenética máxima da vida-a-qualquer-custo, que prevalece hoje em dia, poderia ser modulada em sua intensidade, juntamente com o desespero que sentem os homens que estão morrendo.

E mais uma vez recuperaríamos algo que tem estado ausente de nossa experiência nos últimos tempos: a alma humana.

Pretensão, ou exagero? Penso que não. Há razões para que, hoje, elevemos nossas metas além do que podíamos imaginar dois séculos atrás, quando as ciências físicas começaram a esvaziar a natureza de finalidades, valores, objetivos e de transcendência.

Este livro contempla essas altitudes. E tenta alcançá-las investigando o único fato que, mais do que qualquer outro que eu possa imaginar, possui a capacidade de redirecionar nossa visão e restaurar a faculdade de sentir a vida: o *status* absoluto da consciência humana – consciência como essência e não como uma derivação do físico; consciência como algo infinito no espaço e no tempo.

Apesar das evidências, algumas pessoas, em princípio, farão

objeção ao conceito de mente não-localizada. Descobri que muitas destas objeções parecem basear-se não na razão, mas naquilo que podemos chamar de "agorafobia espiritual". Como os que sofrem de agorafobia *psicológica* – o medo de lugares abertos –, os agorafóbicos *espirituais* possuem um medo arraigado das extensões amplas: a infinitude espaço-temporal sugerida pela mente não-localizada. Sentem-se mais seguros quando as coisas são fechadas, finitas e "localizadas" – como a mente confinada ao cérebro e ao corpo individual, que permanece fixa no aqui-e-agora. Em outras palavras, a mente sem alma.

Alguns leitores talvez detectem um quê de panteísmo nos capítulos que seguem, especialmente nas seções onde se sugere que os animais, as formas inferiores de vida e os humanos podem participar da mesma Mente Una e ilimitada. Desde que o termo "panteísmo" foi cunhado, em 1705, pelo deísta e filósofo inglês John Toland, tem sido freqüentemente utilizado para denominar certas tentativas de degradar Deus e eliminar sua personalidade, baseadas na idéia de uma divindade difundida pelo mundo. Embora panteísmo ainda seja uma palavra obscena no Ocidente cristão, talvez haja razões para que hoje não a depreciemos como antigamente. Não precisamos recuar ante a idéia de uma natureza permeada por Deus, contanto que apliquemos o conceito de *hierarquia* – a noção de um mundo disposto em múltiplos níveis, em que haja graus de Divindade nele distribuídos. Nós já estamos perto de um tal conceito; atualmente as ciências físicas adotam em grande medida a idéia de "níveis de complexidade", segundo a qual várias propriedades são inerentes tanto às entidades vivas como às não-vivas, dependendo do grau de complexidade organizacional dessas. Assim, embora se atribua consciência ou mente a todo o mundo material, não é necessário que se a atribua *no mesmo grau* aos elétrons e aos homens. A diferença entre ambos permanece se for preservado o conceito de hierarquia. Desta maneira podemos escapar às armadilhas do panteísmo e evitar que se homogenize Deus e o mundo numa espécie de borrão irreconhecível.

Pode-se argumentar que o panteísmo, longe de ser uma idéia desagradável, é um conceito valioso no mundo de hoje. A ciência nos assegura que o mundo, e tudo que há nele, não passa de um mecanismo morto e irracional. A natureza, que obedece às leis cegas da física, não encerra nenhum significado, muito menos qualquer qualidade divina; e as qualidades divinas que vemos nela vêm de nós mesmos, como projeções. O livre-arbítrio submerge ante as restrições das leis físicas. A "Mente" é um "fantasma na máquina", um mero termo fantasioso usado para descrever o movimento cego dos átomos no cérebro. Além do mais, nossa vida psíquica é dominada por forças tenebrosas e inconscientes, situadas fora do âmbito da percepção, que nos impelem por rumos que raramente compreendemos. Como se não bastassem essas concepções desconexas da ciência e da psicologia, nos garantem dos púlpitos que somos criaturas pecadoras e degeneradas, cuja única esperança de redenção vem da generosidade de Deus. A resultante dessas pregações científicas e religiosas tem sido um desencanto quase total com o mundo e tudo que há nele, incluindo nós mesmos – uma vulgarização da criação em que se sacrificou toda e qualquer sacralidade.

Contrastando com esse quadro melancólico, o panteísmo chega a parecer revigorante. Não é necessário proteger a Divindade da contaminação pelo mundo, como parecem pensar aqueles que protestam contra o panteísmo. Ao contrário, o desafio moderno é o de reencontrar a sacralidade no mundo; recuperar a nossa própria alma e a alma do mundo.

Afinal de contas, a questão hoje não é se os seres humanos, os animais, as plantas e os elétrons compartilham de igual modo a mente ou a consciência, ou se toda a natureza é permeada ou não pela Divindade, mas, sim, se a Mente, a Consciência e a Divindade existem ou não! Aqueles que continuam a censurar os males do panteísmo parecem que de alguma maneira perderam a visão global das coisas.

Se, no passado, o cuidado com a alma era considerado apenas uma prática do indivíduo preocupado com o seu destino pessoal, esse pode não ser mais o caso. Hoje é o destino da Terra, e não o de pessoas individuais, que nos interessa. Pode a redescoberta da alma individual ajudar na salvação ou preservação de nosso planeta ameaçado? Talvez. O brilhante psicólogo analítico James Hillman reintroduziu o conceito de alma mundial – *anima mundi*. A alma do mundo não é uma coisa remota, mas uma força que permeia o mundo e tudo que há nele. É importante salientar que a alma do mundo e a alma individual são inseparáveis, uma implicando a outra. Hillman diz que "qualquer alteração na psique humana ressoa como mudança na psique do mundo". Se ele estiver certo, há uma expressão global do cuidado com a alma individual. De fato, o destino da Terra pode depender do nosso esforço coletivo.

Se a recuperação de nossas almas e a percepção da natureza não-localizada de nossas mentes constituem tarefas tão vitais, alguns leitores podem se perguntar por que não há orientações específicas nesta obra sobre “como fazê-lo”. A razão é que este não é um livro de “instruções”. Meios de despertar para a nossa divindade interior têm sido prescritos desde o alvorecer da história e são encontrados em todas as grandes tradições espirituais. Instruções específicas sobre esses métodos estão além do escopo deste livro.

Se continuarmos a nos conceituar do modo como vimos fazendo há centenas de anos, não é certo que teremos futuro nesta Terra. Se devemos sobreviver, é preciso fazer ressurgir um respeito sagrado pela Terra e pelas coisas que nela existem. Isto pode acontecer por intermédio do ato essencialmente espiritual de recuperação de nossa própria alma – o despertar para o Eu não-localizado, aquela parte imortal de nós mesmos que transcende o espaço, o tempo e a pessoa. Sem esta percepção, continuaremos agindo a partir do isolamento, do medo e de uma posição defensiva, causando danos uns aos outros e à natureza.

É sobre isto que versa este livro: a redescoberta da nossa natureza anímica não-localizada – tornarmos a compreender que somos eternos, infinitos e Um.

Larry Dossey, M.D.
Dallas, Texas

Imortal...
Aqui, lá, em todo lugar,
Estendendo-se às regiões mais longínquas do cosmo...
Envolvendo todas as mentes e
e todas as pessoas...
Intemporal...além da morte...
Existindo em todos os momentos,
Incluindo o passado e o futuro,
Para todo o sempre...

Este é um retrato de todas as pessoas que já viveram.
Este livro mostrará por que isso é verdade.

Parte I

ALÉM DO CÉREBRO: A Evidência

Nossa grande limitação
é supor que somos indivíduos.

Pir Vilayat Khan

1

O Alcance da Mente

O Olho da Mente

Todo sofrimento
prepara a alma
para a visão.

Martin Buber

A cirurgia correu tranqüilamente até os últimos estágios da operação. Foi então que algo aconteceu. Quando o médico fechava a incisão, o coração de Sarah parou de bater. Seria uma reação ao anestésico? Um distúrbio eletrolítico não detectado no sangue? Resultado de algum problema cardíaco subclínico? O monitor cardíaco de repente acusou fibrilação ventricular, uma turbulenta e caótica agitação elétrica no coração, em que não ocorrem batidas definidas. Mas a emergência terminou num minuto, tempo necessário para que o anestesiologista fizesse a desfibrilação com o LifePak, aparelho sempre disponível na sala de operação.

Porém, Sarah conservava outra marca da sua experiência cirúrgica, além da dor que sentia no lado de onde fora removida uma vesícula biliar cheia de pedras e das marcas avermelhadas e concêntricas feitas em seu peito pelo desfibrilador. Ela carregava algo mais, algo que a deixou espantada e também à equipe cirúrgica – uma nítida e detalhada memória da agitada conversa dos cirurgiões e enfermeiras durante sua parada cardíaca; a disposição espacial da sala de operação; as anotações no quadro de horários da ante-sala; o penteado da ajudante de enfermagem; os nomes dos cirurgiões que estavam na sala dos médicos, no fim do corredor, esperando a conclusão do seu caso; e mesmo o fato insignificante de que o anestesiologista naquele dia estava usando meias diferentes. Ela sabia de tudo isso, apesar de ter estado totalmente anestesiada e inconsciente durante a cirurgia e a parada cardíaca.

Mas o que fazia essa visão de Sarah ainda mais significativa era o fato de ser ela cega de nascimento.

Embora o cirurgião gentilmente menosprezasse seus relatos da emergência, quando ela, confusa, o interrogou na primeira visita pós-operatória na unidade de terapia intensiva, a enfermeira de cuidados críticos foi solidária: "Por aqui isso acontece com muita freqüência depois da anestesia. As pessoas voltam a si com as histórias mais estranhas. Há dois anos, um sujeito teve uma parada cardíaca, e quando acordou disse ao cardiologista quais seriam os níveis específicos no sangue de todas as suas enzimas cardíacas nos próximos três dias. O médico também não acreditou nele, mas o homem acertou em cima! Se o tivessem levado a sério, teriam economizado testes de laboratório!"

Finalmente, embora Sarah continuasse a remoer o evento em seus pensamentos, reservou-o para a sua própria reflexão; pois, salvo algumas enfermeiras, ninguém queria comentá-lo. Mas isso permaneceu para ela como uma experiência assombrosa, pois mostrava claramente que, conforme ela disse, "há mais de um modo de se ver!". Agora Sarah sabia que o mundo funcionava diferente da maneira como as pessoas supunham, que havia princípios operando além da compreensão comum. Essas idéias e a sua experiência ajustavam-se precariamente ao seu modelo anterior de realidade, mas ela não podia desprezá-las. Sentia que o evento a estava transformando. Minha visão não pode estar completamente em meu corpo, disse ela a si mesma, e também não está toda nos olhos e no cérebro. Quando, durante a parada cardíaca, meu corpo encontrava-se numa condição funcional mínima, os sentidos estavam no máximo de sua funcionalidade! A experiência dessa extraordinária percepção continuou a lhe dar forças em seu mundo particular de cegueira ainda por muito tempo depois de ela deixar o hospital.

Uma Viagem Dentro do Corpo

O importante é o que você vê
com os olhos fechados.

Lame Deer*
Curandeiro dacota** [1]

Numa manhã ensolarada de terça-feira, no início de dezembro, Elizabeth foi viajar. Havia meses que tinha planejado a viagem, exceto por um pequeno detalhe: intencionalmente, ela não determinara uma data para a saída. Elizabeth queria que a viagem acontecesse por si só, pois sabia que perceberia quando chegasse o momento certo. E o momento chegou – naquela manhã. Sem sair de casa, Elizabeth viajou – para dentro de seu corpo.

Não era uma excursão sem destino. Elizabeth queria saber a razão de uma dor incômoda que vinha sentindo por vários meses na parte inferior esquerda do abdômen. Sempre um tanto inclinada à introspecção, estava confiante que *poderia descobrir* a razão – mais ainda, que era de fato uma tarefa legítima fazê-lo. Esse trabalho não cabia a outros, nem mesmo aos médicos, exceto, talvez, como confirmação do conhecimento por ela obtido. Ela não sabia de onde vinha essa certeza: uma despretensiosa percepção interior de que ela podia conhecer os processos de seu próprio corpo.

Elizabeth sentou-se em sua cadeira predileta num local onde batia sol, perto das grandes janelas de sacada da sala de estar, e fechou os olhos. Com os pés firmes no chão, as palmas das mãos sobre os braços da cadeira, por várias vezes respirou devagar e fundo, deixando a mente livre. Este estado de consciência não era novo para ela; por uma década ela tinha se ocupado regularmente com técnicas de relaxamento, e podia entrar à vontade em estados profundos de tranqüilidade. Como de costume, não adotou nenhuma estratégia mental em particular, mas deixou a consciência vazia. Já sei tudo de que preciso saber, disse a si mesma; só tenho que deixar o conhecimento vir à tona. Assim, com a mente vazia, ela esperou.

As imagens vieram: algo múltiplo, circular, ovóide, agora dentro de um objeto maior, ele mesmo aparentemente esférico. Suaves, bran-

* Cervo Coxo. (N.T.)
** Os dacotas são mais conhecidos entre nós pelo nome de sioux. (N.T.)

cos, três unidades. Não era uma inflamação, essa tríade, mas algo calmo e plácido – algo que *pertencia* a ela e que, curiosamente, parecia ter a dor como uma expressão legítima do seu ser. Algo que inequivocamente era *ela*.

Durante meia hora a imagem mudou pouco. Sem conseguir atribuir-lhe um significado, Elizabeth simplesmente a contemplou. Nesse período, amadureceu a certeza de que a imagem tinha uma vida própria e de que não a inventara por algum processo de formação psicológica. Ela deixou que, lentamente, a imagem recuasse.

Alguns dias depois, veio fazer uma consulta médica de rotina comigo.

"Olha, eu sei que não tenho câncer, mas o meu ginecologista está realmente preocupado. Diz que tenho um ovário dilatado e quer fazer mais exames. Mas eu falei que queria verificar primeiro com meu médico de doenças internas. De qualquer forma, eu já sei o que há de errado. E não é câncer!"

Perfeitamente à vontade, Elizabeth, uma atraente mulher de meia-idade, contou-me por que viera a meu consultório. Eu entendi a preocupação do seu ginecologista. Um ovário dilatado em sua faixa etária tinha que ser considerado sintoma de câncer até prova em contrário.

"Como você sabe que não é câncer?", indaguei.

"Posso *ver* meus ovários. Os dois. Claro como a luz do dia."

"E como estão eles?"

"O da direita é normal. Mas o da esquerda tem manchas brancas. Três manchas."

A sala ficou em silêncio, enquanto ela esperava para ver se eu, como seu ginecologista, rejeitaria seu autodiagnóstico. Havia algo de extraordinário nessa mulher. Sua presença inspirava grande respeito. Ela estava fazendo o que, para ela, era uma simples e sincera declaração de fato. Não havia nada de jactancioso em sua capacidade de ver essas três manchas brancas, nenhum rancor em relação à atitude de desaprovação de seu médico.

"Quer provar que está certa?", propus.

"Como?"

"Vamos fazer um exame pélvico e depois um sonograma. Não dói nada e não precisa de raios X. Teremos um mundo de informações e saberemos o caminho a seguir. E se estiver normal, ambos ficaremos felizes."

Ela concordou. Depois do exame levei-a até a área de sonografia e falei com Jim, o radiologista de serviço naquele dia. Enquanto ela se trocava, chamei Jim de lado e expus-lhe o problema.

"Olha, Jim, essa mulher tem idéias bem-definidas sobre o que há de errado com ela. Diz que tem três pequenas manchas brancas no ovário esquerdo. Tem uma dor crônica na área e o seu ginecologista está preocupado com câncer – no exame pélvico, o ovário esquerdo está dilatado. Que tal me mostrar tão logo quanto possível o resultado da sono?"

Quando mencionei o fato de que Elizabeth "conhecia" o seu diagnóstico, Jim sorriu com conhecimento de causa. Ele já havia visto muitas vezes pacientes que "sabiam" o que tinham de errado, e cujo erro era denunciado pelo olho minucioso de algum teste científico – um raios X, um sonograma, ou varredura CAT. Jim não criticou a crença da mulher. Respeitaria suas concepções, assegurou-me com uma pancadinha no ombro, que porém seguiu-se de um olhar que dizia, "mas nós sabemos que ela está errada!"

Voltei ao meu consultório e meia hora depois fui interrompido numa conversa com um novo paciente por uma forte batida na porta. Pedi licença e levantei-me para abri-la. Era o radiologista, nitidamente perturbado. Ele gesticulava de uma maneira incomum e falava tão rápido que eu mal podia entendê-lo. Para maior privacidade, fui para a ante-sala, fechando atrás de mim a porta do consultório.

"Jim, mais devagar. Não consigo entender uma palavra do que está dizendo. Qual o problema?"

"Aquela mulher é louca!", gaguejou. Nunca o tinha visto tão fora de si.

"Esqueça o diagnóstico psiquiátrico, Jim. O que deu no sonograma?"

Ainda irritado, depois de seu encontro com Elizabeth, Jim esforçava-se para achar as palavras.

"Três pequenas manchas brancas, como ela disse! É o que ela tem, três lesões císticas, que parecem justamente pequenas áreas brancas, aparentemente benignas e todas no ovário esquerdo, o ovário direito normal, e nenhum sinal de câncer! Diabo, como ela sabia?"

"Bem, Jim, com essas habilidades para diagnóstico, ela poderia acabar com o nosso negócio."

A dor de Elizabeth continuou nos dias seguintes. Eu a encaminhei, para uma segunda opinião, a uma outra ginecologista, uma médica simpática às suas concepções. Elas desenvolveram um relacionamento cordial. Finalmente, Elizabeth ficou farta da dor e ambas, ela e a ginecologista, concordaram que a cirurgia parecia indicada. A operação, como o sonograma, confirmou a precisão diagnóstica de Elizabeth: no ovário esquerdo havia três cistos totalmente benignos. Depois da cirurgia, que correu tranqüilamente, a dor desapareceu e ela permanece bem.

As reações automáticas de descrença e rejeição do radiologista e do médico de Sarah são típicas de muitas pessoas que, pela primeira vez em situações clínicas, tomam contato com as extraordinárias habilidades da mente. Todos "sabem" que a mente é incapaz de tanto. Ela está alojada no cérebro, um receptor e processador passivo de dados sensoriais, e é dependente da anatomia e da fisiologia cerebral, é um subproduto de reações bioquímicas que ocorrem no tecido cerebral, o qual, se destruído, causa também a destruição da mente.

Mas esses preconceitos sobre como a mente deve operar não se enquadram com a realidade clínica de seu funcionamento, conforme atesta um enorme conjunto de evidências na medicina. É evidente que a mente nunca entendeu como ela deveria se comportar.

Se casos como o de Elizabeth fossem raros, talvez não causassem mais do que reações de espanto passageiro. Mas não são. A medicina está repleta de exemplos semelhantes mostrando que o alcance da mente está além do cérebro.

Com freqüência, uma doença ou uma crise de saúde parece ser a chave que dá acesso aos modos não-localizados de conhecimento, como nos casos de Sarah e de Elizabeth, libertando a mente para uma atuação não-localizada no espaço e no tempo. Continuemos com a nossa busca por mais fatos que não se enquadram nos modelos tradicionais da mente.

Dizendo ao Corpo o que Fazer

Não posso mais fazer uma distinção nítida entre o cérebro e o corpo.[2]*... as pesquisas... indicam que precisamos começar a pensar no modo como a consciência pode ser projetada nas diversas partes do corpo.*[3]

Candace B. Pert
Antigo Chefe de Química Cerebral
do Instituto Nacional de Saúde Mental

A pessoa é uma mulher de 39 anos que nos últimos nove anos tem seguido uma prática religiosa oriental. Durante a maior parte desse tempo, ela geralmente meditou uma ou duas vezes por dia, por cerca de trinta minutos. Nos últimos três anos, ela tem praticado uma meditação tântrica específica de geração, na qual são visualizadas "energias superiores", e na qual procura transformar a si própria nessas energias.

Durante [esse experimento] ela costumava reservar cerca de cinco minutos de sua meditação diária para [esse] estudo. Antes de tudo, ela dedicava ao bem universal, e não ao progresso pessoal, a sua intenção quanto ao estudo. Também dizia ao próprio corpo para não violar sua sabedoria no que diz respeito à defesa contra as infecções. Finalmente, ela visualizava a área do eritema e do endurecimento [a área dura e avermelhada em torno do teste para infecção feito na pele] ficando cada vez menor. . . passava a mão sobre o braço [o lugar do teste], enviando "energia curativa" para o local da injeção.[4]

Essa descrição foi tirada do relato daquele que talvez seja o primeiro caso plenamente documentado de um ser humano alterando, intencionalmente, a função do sistema imunológico. Este experimento, e muitos outros como ele, colocam para a ciência a tarefa de mostrar que a mente pode estender sua influência bem além do cérebro. Ele revela que a mente consegue penetrar ao nível celular e modificar processos físicos "irracionais". Não mais pertencendo à categoria de mera sabedoria folclórica ou superstição, a conexão corpo-mente é agora uma questão que tem sido demonstrada por cuidadosa investigação científica.

O caso acima exposto foi relatado num prestigioso periódico de medicina por uma equipe de pesquisadores da Faculdade de Medicina da Universidade de Arkansas, chefiada pelo Dr. G. Richard Smith. Como acontece com a maior parte das pesquisas científicas de relevância, esse estudo apoiava-se numa sólida base de observações anteriores feitas por outros cientistas da área. Por exemplo, em 1963, Stephen Black e seus colegas ingleses descobriram que a hipnose podia ser utilizada para inibir a resposta imunológica do corpo. Eles sugeriram a um grupo de indivíduos sob hipnose, os quais haviam manifestado reações epidérmicas positivas ao teste de tuberculose, que não reagissem a outro teste dessa doença. A reação epidérmica positiva significa que a pessoa foi exposta à doença no passado, ou possui uma infecção ativa. Quando um teste dá positivo, assim permanece para o resto da vida. Apesar de os testes terem sido nitidamente positivos, ao se repeti-los, os indivíduos inibiram significativamente o grau de reação ao material injetado.[5] Foi uma descoberta inesperada, pois é universalmente aceito que reações a testes de pele para doenças infecciosas, tais como a tuberculose, são processos puramente "físicos", fora da influência da psique. Mas as descobertas de Black mostraram o contrário.

O resultado desse experimento encorajou Smith e seus assistentes a estudar os efeitos da mente sobre as reações imunológicas do corpo. Eles selecionaram sete pessoas que tinham testes de pele nitidamente positivos para tuberculose. Esses indivíduos foram então submetidos a um processo de condicionamento comportamental em que eram treinados para esperar uma reação positiva no braço injetado com o material verdadeiro do teste para tuberculose, e uma reação negativa no outro braço, onde injetou-se salina (água salgada) como controle. Depois, sem que soubessem, o teste verdadeiro e a salina foram trocados. Feito isto, seus corpos continuaram a reagir de acordo com suas *expectativas*, e não conforme a realidade. A reação ao material com o teste de tuberculose, que eles acreditavam ser salina, foi reduzida de uma área de vermelhidão e de aspereza com uma média de 15 milímetros de diâmetro para apenas 4 milímetros de diâmetro. As expectativas dos indivíduos aparentemente foram capazes de sobrepujar as respostas físicas puramente automáticas do organismo. Seus corpos tinham começado a comportar-se segundo os ditames do pensamento e não conforme os processos internos sub-racionais.[6] Mas esses experimentos foram feitos sem que os indivíduos tivessem plena consciência do que estava ocorrendo. Haviam sido hipnotizados ou condicionados em seu comportamento, sem o saberem. O que aconteceria, pensaram Smith e seus colegas, se alguém tentasse, *consciente e intencionalmente*, modificar o seu próprio sistema imunológico? Deixando para trás a hipnose e o condicionamento comportamental, eles resolveram trabalhar com um indivíduo qualificado para direcionar os efeitos da mente: a mulher de trinta e nove anos citada acima.

Além de ela poder inibir significativamente sua reação positiva ao teste viral de pele, outro efeito surpreendente ocorreu: a inibição de suas células imunológicas, chamadas linfócitos, persistiu mesmo depois de removidas do sangue e analisadas fora do corpo. Conforme declararam os cientistas, "parece que a pessoa, atuando intencionalmente, foi capaz de afetar não apenas a resposta ao teste de pele, mas também a resposta dos linfócitos analisados [em tubos de ensaio]". Assim, Smith e colegas, no seco jargão dos relatórios científicos, descreveram talvez "os primeiros dados publicados sobre a modulação psicológica intencional direta do sistema imunológico humano".[7]

Interpretando os Resultados: Mente ou Química?

O que devemos deduzir desse relato e de muitos outros semelhantes que vêm se acumulando desde a sua publicação? A maioria dos pesquisadores acreditam que realmente não há nada de extraordinário acontecendo, que tudo pode ser explicado na linguagem sofisticada dos neurotransmissores, neurônios, sinapses e sítios receptores. "Atividades do sistema nervoso central superior" – no jargão fisiológico, a expressão que designa os pensamentos – ativam a liberação de hormônios no sangue, ou estimulam sinais elétricos que percorrem os nervos, saindo do cérebro, atravessando a medula espinhal e chegando a outras áreas do corpo. Essa atividade é a causa desse comportamento do organismo. Por intermédio desses processos neurais e hormonais podemos explicar como a meditação consegue inibir a resposta do sistema imunológico a materiais estranhos injetados na pele. Esta explicação considera a mente como ela tem sido vista pela biociência: a manifestação de eventos extremamente complexos que se originam no cérebro, cujos efeitos são retransmitidos por todo o corpo. Processos essencialmente semelhantes ocorrem quando movemos um dedo, abrimos a porta de um carro ou inibimos nossa resposta imunológica. E a incapacidade dos linfócitos do indivíduo de reagir a estímulos fora do corpo, no tubo de ensaio? Mais uma vez, nenhum mistério: sem dúvida, eles haviam sido afetados de alguma maneira antes de o sangue ser removido, o que novamente se explica por mecanismos puramente físicos.

As explicações do próprio indivíduo não são científicas, nem confiáveis, dizem muitos cientistas. Não há nenhuma "energia superior" em operação, e a mulher não está "dizendo" ao seu sistema imunológico para reagir de um determinado modo. Se alguma mensagem é enviada, não é mental, mas física, na forma de impulsos nervosos e de eventos hormonais. Não é preciso invocar "energias tântricas superiores" para explicar o que aconteceu nesse caso. De fato, não é necessário introduzir o conceito de "mente", pois mesmo este pode ser explicado por processos químicos que ocorrem no cérebro.

Mas, e se a mente for não-localizada? E se ela não estiver *no* espaço? Então as explicações químicas e neurais tradicionais são impróprias, pois atribuem à mente características não pertinentes – atributos como localização e confinamento ao cérebro físico. Isto não quer dizer que os processos químicos do cérebro não existam ou que não sejam importantes. Sem dúvida, hoje ninguém negaria a existência de uma profunda *relação* entre a química do cérebro e nossos processos mentais. Mas o fato de que essa relação existe não significa que a mente esteja completamente confinada ao cérebro.

Mas *o que* são esses eventos químicos dentro do cérebro, se não o equivalente da mente? Afinal de contas, defrontamo-nos com a evidência dessa "equivalência" todos os dias na medicina. Numa pancada, por exemplo, o dano ao cérebro pode causar profunda deterioração da capacidade mental de um paciente. Isto certamente significa que a mente está dentro do cérebro. Mas esta não é, de forma nenhuma, uma conclusão necessária. Num exemplo freqüentemente utilizado pelo biólogo Rupert Sheldrake para mostrar que a memória pode não estar confinada ao cérebro, este é comparado a um aparelho de tevê. Qualquer busca no interior de uma tevê pelos vestígios dos programas a que você assistiu na semana passada estaria condenada ao fracasso, pela simples razão de que o seu aparelho sintoniza as transmissões mas não as armazena. É certo que danos ao aparelho podem destruir certos canais ou diminuir a nitidez da recepção. Porém, isto não é evidência de que os sons e imagens que você vê se originem dentro do próprio aparelho. Há, portanto, a mais íntima relação ou correlação entre o funcionamento interno do aparelho e os sinais de televisão. Mas "relação" e "correlação" não são o mesmo que "equivalência". Devemos ter cuidado, então, ao saltar para a conclusão de que, sendo o cérebro totalmente localizado no tempo e no espaço, assim também é a mente.

Onde Está o Amor?

Todos admitem a existência de fenômenos não-materiais reais, mas que não possuem tempo de vida ou localização específicos. Por exemplo, onde está o amor? Ou o patriotismo? Ou o ódio ao homem do imposto de renda? Onde está a história? Essas emoções ou conceitos não são "coisas". Não ocupam lugar no espaço, nem um período de tempo no mesmo sentido que um pássaro, um camundongo ou uma árvore têm um tempo de vida demonstrável. Porém, são reais. E, obviamente, "fazem" coisas no mundo, apesar de sua não-localização no tempo e no espaço e a despeito de sua não-materialidade. O amor e o patriotismo são algumas das forças mais poderosas conhecidas pela humanidade, mas nunca foram vistas, medidas ou descritas por equações diferenciais. Não esperamos que sejam localizadas. Atribuir-lhes coordenadas no tempo e no espaço parece absurdo. Não supomos que os encontraremos a três quarteirões de casa ou a um metro acima de nossas cabeças. Não esperamos que apareçam ao meio-dia e meio ou em 1087 d.C., nem que durem vinte minutos ou três dias. Do mesmo modo, muitas forças poderosas em nossas vidas revelam-se da forma mais vívida, embora sejam completamente invisíveis, não-localizadas e não-materiais.

Em sua importante obra *God and the New Physics* [Deus e a Nova Física], o físico Paul Davies discute o erro em considerar-se certos conceitos como coisas que requerem uma localização e que são feitas de algum tipo de substância. "De que material é feita a alma?", ele pergunta. "A questão é tão sem sentido quanto perguntar de que material é feita a cidadania, ou as quartas-feiras. A alma é um conceito holístico. Não é feita de material nenhum. Onde se localiza a alma? Em lugar nenhum. Falar dela como estando num lugar é tão equivocado quanto tentar localizar o número sete, ou a Quinta Sinfonia de Beethoven. Tais conceitos não estão de forma alguma no espaço."[8]

Então, o que há de estranho em pensar a mente como não-localizada? Em geral a resposta é que *parece* óbvio ser a mente parte do cérebro, parte do nosso corpo. Mas, na verdade, nossos ancestrais achariam isso uma coisa um pouco estranha. Conforme salienta o psicólogo Lawrence LeShan, "Só depois que Alcmeão estudou a relação entre ferimentos no cérebro e a consciência, no século VI a.C., é que essa afinidade foi reconhecida pela cultura ocidental, e ainda há um bom número de sociedades 'primitivas' que localizam a consciência em outras áreas do corpo, isto quando a localizam em algum lugar."[9]

Mas o fato de a mente poder ser não-localizada não significa que ela não atue *por intermédio* do cérebro. O conceito de "domingo" pode agir numa pessoa, motivando-a a ir à igreja ou ao piquenique no parque. Todos os dias vemos inúmeros conceitos não-materiais manifestando-se de modo bem localizado e físico. Alguns, tais como a coragem, a bravura ou o medo, apresentam correlatos fisiológicos, bem conhecidos dentro do corpo (por exemplo, a adrenalina). Da mesma forma, uma mente não-localizada, não-material, pode manifestar sua existência pelo cérebro, criando a cascata de eventos neuro-humorais que os fisiologistas descrevem em minuciosos detalhes.

Descartes foi talvez o mais proeminente filósofo ocidental a preocupar-se com essa questão. Como solução para o problema de como a mente não-material podia afetar o cérebro material, ele postula que a glândula pineal, situada bem no interior do crânio, seria o misterioso sítio onde ocorria essa obscura operação. Mas suas sugestões nunca foram convincentes. Alguns de seus discípulos tentaram rebater as objeções inventando modelos fantásticos de mundos paralelos que existiam em sincronia mas nunca interagiam. Os mundos material e mental podiam, portanto, existir lado a lado sem se sobreporem um ao outro. Desse modo, o problema foi contornado, mas novamente de forma insatisfatória, e hoje poucas pessoas acreditam em mundos paralelos (embora seja preciso dizer que a idéia voltou à tona na mecânica quântica como resposta ao chamado problema do observador).

Atualmente estamos acostumados à noção de que o não-material não pode afetar o material. Entretanto, essa suposição deve ser colocada em sua perspectiva histórica, como fez o filósofo e o parapsicólogo John Beloff. Ele descreve como essa idéia surgiu:

> Na verdade... Descartes e seus seguidores simplesmente adotaram um princípio da filosofia escolástica, segundo o qual um efeito deve ser da mesma natureza que sua causa. Mas não há qualquer razão lógica para que seja assim. Não há nada de contraditório em supor que uma entidade imaterial, se assim deve ser definida a mente, possa produzir efeitos físicos... A idéia, ainda ministrada por tantos filósofos modernos, de que há algo absurdo ou incoerente nisso,... não tem fundamento. É correto insistir em que a mente e a matéria devem ter "alguma coisa em comum", mas esta coisa é, precisamente, o poder de influência mútua; não é preciso nada além disso.[10]

Hoje pensa-se seriamente na possibilidade de entidades não-materiais poderem afetar coisas materiais. Uma das mais rigorosas propostas desta natureza foi apresentada pelo professor Henry Margenau, da Universidade de Yale, que por muitos anos tem dado contribuições fundamentais às teorias que sustentam a física quântica. Na Parte II examinaremos suas sugestões com mais detalhes. O que agora afirmamos é que as manifestações físicas localizadas não exigem necessariamente causas físicas localizadas. Dizer que o cérebro localizado requer uma mente localizada seria tão insensato quanto afirmar que o poema de amor individual exige que o amor seja confinável, ou que a bandeira hasteada é prova de que o patriotismo pode fixar-se no espaço e no tempo.

Consciência da Unidade: Uma Experiência Habitual

A pessoa precisa estar doente ou beirando a morte para que a consciência possa manifestar-se além do cérebro ou do corpo, como nos relatos de Sarah e de Elizabeth? A resposta parece ser não: experiências além do corpo, embora comuns durante situações de enfermidade e de proximidade com a morte, são igualmente freqüentes na vida diária de gente normal.

J. B. Priestley, homem de letras e dramaturgo inglês, ao longo de toda sua vida foi fascinado pela natureza da realidade. Seu livro *Man and Time* [O Homem e o Tempo] é um dos comentários modernos mais incisivos sobre a natureza não-localizada do mundo. Priestley era fascinado especialmente por sonhos premonitórios, em que se pode saber de um evento antes que ele ocorra. Trata-se de uma ocorrência genuinamente não-localizada no tempo, onde a mente transpõe a barreira entre o presente e o futuro. Priestley transmitiu um apelo pela BBC para que as pessoas lhe enviassem relatos de experiências paranormais. Recebeu um dilúvio de cartas, e analisou-as cuidadosamente. Mesmo depois de descartar todos os casos em que parecia ter ocorrido auto-sugestão, as sólidas evidências restantes levaram-no a uma conclusão inequívoca: a capacidade de perceber a realidade via premonição, telepatia ou clarividência era uma característica humana comum. Comentando sobre o Eu não-localizado em suas manifestações oníricas, concluiu:

> Não há nada de sobrenatural e miraculoso a respeito dessa maior liberdade temporal do eu nos sonhos. Não se trata de um privilégio desfrutado por algumas pessoas muito estranhas e especiais: é algo que faz parte do nosso destino comum humano. Não somos – mesmo que talvez prefiramos ser – escravos do tempo cronológico. Com respeito a isto, somos criaturas mais apuradas, mais poderosas, talvez mais nobres do que ultimamente temos nos considerado.[11]

Em oposição à concepção de Priestley está a crença comum de que pessoas que têm experiências mentais não-localizadas são de algum modo perturbadas ou desequilibradas do ponto de vista psicológico. As mentes de indivíduos "normais" não ficam vagueando à solta; ficam fixas no corpo e no aqui-e-agora. O sociólogo Andrew Greeley, do Centro de Pesquisa de Opinião da Universidade Nacional de Chicago, discorda. Ele diz que as pessoas que têm experiências transtemporais e transespaciais são "tudo menos doidos religiosos ou casos psiquiátricos. Elas são, em sua maioria, americanos comuns, um tanto *acima* do normal em instrução e inteligência e um pouco *abaixo* da média em envolvimento religioso". Entre as pessoas testadas por Greeley havia aquelas que tinham passado por experiências profundamente místicas, como ser banhado numa luz branca. Quando foram submetidas a testes-padrão que medem o bem-estar psicológico, obtiveram a pontuação *máxima*. O psicólogo Norman Bradburn, que desenvolveu um dos testes, disse que não encontrara nenhum outro fator que correlacionasse tão bem com o equilíbrio psicológico quanto a experiência mística.[12]

O Caráter Repentino das Experiências Não-localizadas

Uma das qualidades típicas das experiências não-localizadas é a maneira súbita com que surgem. Tomemos o caso de Rosalyn Tureck, a renomada concertista que foi a primeira mulher convidada a reger a Orquestra Filarmônica de Nova Iorque, e autora de vários livros, incluindo uma obra que associa a estrutura da música de Bach a duas teorias físicas. Pouco antes de seu décimo sétimo aniversário, ela tocava a Fuga em Lá Menor do Livro 1 do Cravo Bem-temperado. De repente, perdeu toda consciência de sua própria existência. Ao recuperar-se, Rosalyn viu a música de Bach de um modo completamente novo, com uma nova estrutura que exigia o desenvolvimento de uma inusitada técnica de piano. Ela a praticou nos dois dias que se seguiram, aplicando-a a quatro linhas da fuga, que tocou na sua próxima aula. Seu professor achou sua interpretação maravilhosa, embora considerasse que não poderia ser aplicada a toda a obra de Bach. "Tudo que eu sabia", disse Tureck, "era que tinha atravessado uma pequena porta para um imenso universo vivo e verde, e a impossibilidade para mim estava em voltar por aquela porta para o mundo que eu conhecia."[13]

Além da Linguagem

Como as pessoas criativas navegam nesse "imenso universo, vivo e verde"? Há uma grande massa de evidências sugerindo que o processo mental verbal, linear, seqüencial e lógico, que faz sentido no estado comum de vigília, não está envolvido no pensamento criativo. De fato, nesse domínio, a linguagem parece desempenhar um papel pequeno ou mesmo inexistente. Conforme declarou Arthur Koestler em seu monumental tratado sobre a criatividade, *The Act of Creation* [O Ato da Criação], "A linguagem pode tornar-se uma tela entre o pensador e a realidade. É por isso que a verdadeira criatividade geralmente começa onde a linguagem termina."[14]

A evidência sugere que mesmo para cientistas criativos, físicos e matemáticos, a linguagem é superestimada, não sendo essencial à criatividade. Em 1945, o matemático Jacques Hadamard conduziu um estudo sobre os mais eminentes matemáticos da América. Ele queria investigar seus métodos de trabalho. Em resposta ao questionário, Albert Einstein escreveu:

> As palavras ou a linguagem, conforme são escritas ou faladas, parecem não representar qualquer papel no mecanismo de meu pensamento. . . . Somente se procuram as palavras ou outros signos numa segunda etapa. . . no meu caso, quando as palavras intervêm, são puramente auditivas.[15]

O caso de Einstein não era nem um pouco incomum. Hadamard concluiu de seu estudo, feito em 1945, que praticamente todos os matemáticos nascidos ou residentes na América evitavam não apenas o uso de "palavras mentais", mas até "o uso mental de signos algébricos precisos ou outros quaisquer. . . As imagens mentais [que empregam] em geral são visuais".[16] Esta conclusão dificilmente se enquadra nas imagens caricaturais que muitas pessoas têm do matemático, com uma enorme nuvem de equações diferenciais. . . constantemente flutuando sobre sua cabeça.

Não somente a linguagem parece ser contornada no processo criativo. Alguns físicos que atingiram os níveis superiores da criatividade aparentemente o fizeram sem nenhuma ajuda do pensamento matemático. Talvez o caso mais espantoso seja o do físico inglês Michael Faraday, que Einstein colocou no mesmo nível de Newton. O pensamento de Faraday era quase que inteiramente visual, e extraordinariamente vazio de matemática. Na verdade, ele não tinha talento matemático nem qualquer treinamento formal nessa ciência, e só não ignorava os rudimentos da aritmética. Contudo, Faraday podia "ver" as tensões em volta dos ímãs e das correntes elétricas como curvas no espaço, e cunhou a frase "linhas de força" para descrevê-las. Em sua mente elas eram tão reais quanto a matéria sólida. Ele viu todo o universo como sendo formado por essas linhas de força, e viu a luz como radiação eletromagnética. Suas visualizações levaram não apenas a teorias, mas a resultados práticos, incluindo a invenção do dínamo e do motor elétrico. Em 1881, Hermann von Helmholtz, um dos maiores físicos-matemáticos de seu tempo, prestou, numa palestra, homenagem à memória da notável capacidade de Faraday:

> É impressionante ver o grande número de teoremas gerais, cuja dedução metódica requer enorme capacidade de análise matemática, que ele descobriu por meio de uma espécie de intuição, com a segurança do instinto, sem a ajuda de uma única fórmula.[17]

Não apenas o papel da linguagem e do pensamento matemático, mas também o do pensamento racional em geral, talvez seja superestimado no processo criativo. Com base num estudo histórico de um grande número de gênios criativos da ciência, Koestler chegou à conclusão que "a ênfase praticamente unânime sobre as intuições espontâneas, a orientação inconsciente e os súbitos saltos de imaginação, que eles não sabem como explicar, sugere que o papel do pensamento estritamente racional na descoberta científica tem sido enormemente superestimado desde o Iluminismo; e que, contrariamente à tendência cartesiana de nossas crenças, 'a consciência plena', nas palavras de Einstein, 'é um caso limite' ".[18]

Os indivíduos mais criativos não pensam ou raciocinam tanto quanto simplesmente "vêem". Talvez, então, não seja por acaso que sempre tenhamos nos referido aos nossos grandes cientistas, escritores e pintores como "visionários".

A Integridade das Experiências Não-localizadas

Além de serem repentinas, as experiências não-localizadas também revelam uma qualidade típica de integridade. Isto é particularmente evidente no sonho e nos devaneios, onde complexas revelações podem emergir já plenamente formadas. Isto sugere que elas não têm história, que não foram laboriosamente trabalhadas, pouco a pouco, no tempo. Assim Mozart descreveu sua experiência com a composição:

> Tudo isso incendeia minha alma e, contanto que eu não esteja perturbado, meu tema se expande, torna-se ordenado e definido, e o todo, embora possa ser extenso, mostra-se quase completo e acabado em minha mente, de modo que sou capaz de examiná-lo, como um belo quadro ou uma linda estátua, num relance. Não ouço em minha imaginação as partes *sucessivamente*, mas ouço-as, por assim dizer, todas de uma vez. Não consigo descrever esse prazer! Toda essa ideação, essa produção, ocorre num sonho vívido e aprazível.[19]

Intuição: Além do Espaço e do Tempo

Max Knoll, o inventor do microscópio eletrônico, que por muitos anos foi professor do Departamento de Engenharia Elétrica da Universidade de Princeton, ficou intrigado com o caráter repentino e íntegro com que freqüentemente surgem as novas idéias. Ele associou esse processo à intuição, que via como um fenômeno genuinamente não-localizado que supera os limites do espaço e do tempo:

> O fato de uma idéia emergir repentinamente e já amadurecida pressupõe a existência... de uma função intuitiva especial. O conteúdo dessa idéia é melhor descrito em termos... intemporais... não-espaciais. O caráter repentino e ativo do evento intuitivo são sempre inequívocos, assim como sua tendência a ocorrer num estado de relaxamento, após um prolongado "período de meditação".... Isto... não pode ser atribuído... a funções superiores do pensamento.[20]

Ninguém sabe de onde vem a intuição. A palavra é derivada do latim *intueri*, que significa "considerar, contemplar, ponderar", sugerindo um ponto de observação exterior. Várias teorias têm sido apresentadas ao longo dos séculos. Uma delas afirma a existência de um domínio de idéias preexistentes, como a Mente de Deus ou o mundo das Idéias que Platão descreveu, de onde se origina essa informação não-sensorial. De algum modo penetramos nessa esfera, e depois chamamos de "intuição" o processo pelo qual "simplesmente sabemos" algo. Diversamente, o psiquiatra C. G. Jung sugeriu a existência de formas primitivas de pensamento herdadas por cada homem que vem ao mundo, "os arquétipos", que servem como um reservatório sempre presente de conhecimento, no qual penetramos sem saber.

Mais recentemente, contrastando com as teorias filosóficas e psicológicas, os cientistas procuraram também explicar a intuição. Baseados em resultados de pesquisas do assim chamado cérebro dividido, neurofisiologistas como o prêmio Nobel Roger Sperry propuseram que a faculdade intuitiva pode ter uma explicação neurológica, ocupando o hemisfério cerebral direito na maioria das pessoas. A intuição é explicada como um processo não-verbal, não-lógico, difícil de ser comunicado em palavras, em contraste com o pensamento linear, discursivo, lógico/racional, que ocorre principalmente no lado esquerdo do cérebro.

Jung afirmava que às vezes, ao exercitarmos nossa intuição, experimentamos uma profunda sensação de satisfação por termos feito as coisas "certas". Pode ser isso resultado de uma imersão no Verdadeiro Eu, a Mente Una, onde vemos o mundo como ele realmente é – intemporal, ilimitado, e íntegro?

Às vezes a intuição de diferentes pessoas parece atuar em sincronia, levando a descobertas simultâneas. Um dos exemplos mais famosos deste fenômeno na história da ciência é a co-descoberta por Wallace e Darwin da teoria da evolução. Podem as descobertas simultâneas ser conseqüência da absorção das mentes individuais na Mente Universal, onde a informação seria partilhada por todos?

Experiências Não-localizadas: Por Que Não São Tão Comuns?

Se nossas mentes podem manifestar-se de modo não-localizado pelos meios que mencionamos – sonhos, visões, intuição, e assim por diante –, por que não estamos normalmente conscientes desse tipo de experiência? Por que elas não são mais comuns? O filósofo William Irwin Thompson sugere que estamos sofrendo de uma espécie de hipnose coletiva, de um transe cultural, que nos impede de ver as coisas como realmente são. "Somos como moscas rastejando pelo teto da Capela Sistina", diz ele. "Não vemos os anjos e os deuses que estão sob o limiar de nossas percepções. Não vivemos na realidade; vivemos em nossos paradigmas, em nossas percepções habituais, nossas ilusões; chamamos de realidade às ilusões que partilhamos por meio da cultura, mas a verdadeira. . . realidade de nossa condição nos é invisível."[21]

O filósofo Henri Bergson deu uma resposta diferente à questão salientando que distorcemos nosso senso de realidade através da linguagem que usamos, especialmente quando falamos de espaço e de tempo. Disse: "Quando queremos refletir sobre o tempo, é o espaço que nos responde" – assim como quando dizemos que o passado está *atrás* de nós e o futuro em algum lugar à nossa *frente*.[22] Fazemos, assim, do tempo um prisioneiro do espaço, à medida que sempre expressamos a duração como uma extensão. Este hábito torna difícil compreender o que é afinal a não-localização. Quando dizemos, por exemplo, que a eternidade – um conceito não-localizado – é um "tempo muito longo", imaginamos que seja uma porção de momentos em série ligados entre si; e quando refletimos sobre a infinitude – outro conceito não-localizado – nós a imaginamos, também, como uma porção de pontos espaciais arranjados em seqüência linear. Mas a eternidade e a infinitude não são fenômenos graduais; são totalidades.

Por que espacializamos o tempo? O renomado físico Bernard d'Espagnat, que tem escrito muita coisa sobre a realidade não-localizada na física moderna, observa que os seres humanos sentem-se muito mais à vontade num mundo de coisas sólidas do que num de coisas fluidas ou invisíveis. Sólidos têm forma, apresentam uma extensão no espaço e estão confinados a lugares específicos: são *localizados*. Será que a preferência pelo localizado está, portanto, enraizada em nossa biologia, o que explica a dificuldade em perceber experiências não-localizadas quando elas ocorrem? Em seu livro *In Search of Reality* [Em Busca da Realidade], d'Espagnat afirma que:

> A inteligência humana... é acima de tudo um conhecimento dos sólidos: isto é devido à evolução da nossa espécie, cuja luta pela sobrevivência baseou-se especificamente em armamentos e instrumentos feitos de materiais sólidos, ao contrário dos animais. Conseqüentemente... [somos] incapazes de assimilar a vida, à medida que sua essência é fluida, contínua, móvel.[23]

Além dos fatores biológicos, há importantes elementos culturais que influenciam o modo como observamos os aspectos não-localizados da realidade. Ninguém pode duvidar que fazemos do tempo um fetiche, tornando-nos o que Jeremy Rifkin chama de "a cultura do nanossegundo".*[24] O apego à localização no tempo – sempre olhando para frente ou para trás, nunca ficando no momento – tornou-se uma obsessão mórbida. Gerou uma multiplicidade de doenças físicas que poderíamos chamar de "doenças do tempo" – problemas na artéria coronária, hipertensão, úlcera péptica, irritações do intestino, e as síndromes de cefalalgia vascular, como a enxaqueca, só para citar algumas. Em geral, qualquer doença em que a ansiedade e a excessiva preocupação com o tempo representam algum papel pertence a esta crescente categoria das enfermidades humanas.

A percepção temporal é um movimento que se afasta de uma consciência não-localizada do tempo, na direção de uma percepção contraída e local. Isto é fácil de ser demonstrado. No Departamento de Biorrealimentação da Associação Diagnóstica de Dallas, onde todos os desarranjos citados são tratados pelo treinamento de biorrealimentação, quando um paciente vem para a sua primeira visita, pedimos a ele que execute uma tarefa muito simples. Solicitamos que se recoste numa cadeira, relaxe, feche os olhos e nos avise quando passar um minuto. *Todos* subestimam. Nosso recordista por muitos anos foi um homem que sofria de extrema ansiedade e que tocou o apito aos quinze segundos; mas este recorde foi quebrado por um cavalheiro com problemas na artéria coronária, cuja estimativa terminou aos doze segundos! Com o treinamento de biorrealimentação, a percepção do tempo invariavelmente se expande e se alonga. Em sua última visita, pedimos mais uma vez aos nossos pacientes que executem essa tarefa. Geralmente eles passam da marca, às vezes permitindo a passagem de até três minutos.

O recondicionamento do sentido de tempo através da biorrealimentação, da meditação ou de outras formas de relaxamento profundo

* 10^{-9} segundos. (N.T.)

favorece a percepção de acontecimentos não-localizados em nossa vida. Eventos paranormais ou extra-sensoriais tornam-se mais freqüentes; podem ocorrer sonhos premonitórios; a intuição e a criatividade podem florescer. Assim, mesmo que a dificuldade de perceber manifestações não-localizadas esteja arraigada em nossa biologia e em nossa cultura, a situação não é irremediável, já que nossos sentidos físicos podem ser devidamente exercitados.

Jung: Um Psicólogo para a Mente Una de Todos os Dias

Freqüentemente, quando as pessoas treinam para se tornarem sensíveis às manifestações da realidade não-localizada em sua experiência do dia-a-dia acabam ficando angustiadas ao descobrirem que não há para onde ir com esse novo conhecimento. Podem considerar-se diferentes ou estranhas, sentir-se isoladas e sozinhas, e até mesmo achar que estão patologicamente desequilibradas.

É verdade que atualmente a medicina e a psiquiatria científicas têm pouco espaço para essas experiências não-localizadas do dia-a-dia. Hoje, a definição de "padrão mental" é limitada; experiências psíquicas em que se violam os conceitos tradicionais de espaço, tempo e pessoa são geralmente desprezadas ou ridicularizadas. Porém, é animador constatar que na psiquiatria do século XX há um conceito de funcionamento da mente capaz de absorver a experiência não-localizada como algo saudável e normal: o modelo desenvolvido pelo psiquiatra suíço Carl Jung. A própria vida de Jung foi um profundo exemplo de como as experiências não-localizadas podem surgir na existência cotidiana. Da juventude à velhice, ele vivenciou eventos que influenciaram profundamente o desenvolvimento de sua psicologia transpessoal, transespacial e transtemporal.

Jung é um dos maiores investigadores da vida mental dos seres humanos em nosso século. No início um colaborador de Freud, Jung rompeu com este por acreditar que as teorias freudianas não davam uma explicação plena da mente. Freud enfatizava a repressão dos instintos sexuais como a causa das aflições da psique humana – um modelo de doença mental marcadamente "localizado", que realçava categorias rígidas de tempo, espaço e pessoa. Jung foi mais além, desenvolvendo um modelo meticulosamente não-localizado da psique.

Muitas das descobertas radicais de Jung resultaram de suas próprias experiências, em particular de seus sonhos. "Dia após dia vivemos bem além dos limites da nossa consciência", concluiu ele. "Sem sabermos, a vida do inconsciente também se desdobra dentro de nós... comunicando-nos coisas... fenômenos sincronísticos, premonições e sonhos."[25]

Como resultado da análise de sua própria vida psíquica durante décadas, e também do tratamento de milhares de pacientes e da análise de seus sonhos, Jung convenceu-se de que a humanidade possuía uma *herança psíquica* definida, consistindo de fenômenos essenciais à vida que se expressavam psiquicamente, assim como outras características herdadas expressam-se fisicamente. Entre aqueles há "fatores psíquicos" que não se limitam a uma pessoa, família ou raça em particular. Essas "disposições universais da mente" são análogas às formas de Platão ou às categorias lógicas que estão presentes em toda parte como postulados básicos da razão – a diferença está no fato de serem categorias da *imaginação*, e não da razão. Seguindo o exemplo de Santo Agostinho, Jung chamou-as de *arquétipos*. Estes abundam nas vidas de todas as pessoas, tomando a forma de motivos familiares – histórias religiosas, mitos, sonhos, fantasias espontâneas e visões. À camada inconsciente da psique formada por essas formas universais dinâmicas, Jung chamou de *inconsciente coletivo*.[26]

Jung descobriu que o inconsciente coletivo apresenta as características da mente não-localizada que temos visto até agora. Não podia ser fixado no espaço ou no tempo, e transcendia o ego particular, envolvendo todas as mentes. Conforme ele disse, "O inconsciente... tem o seu próprio tempo à medida que passado, presente e futuro, juntos, combinam-se nele."[27]

Não há nenhuma dúvida de que Jung também acreditava no conceito de Mente Una, um tema que desenvolveremos mais tarde. "Uma vez que todas as distinções desaparecem na condição inconsciente", dizia ele, "é lógico que a distinção entre mentes separadas deva desaparecer também. Toda vez que há uma diminuição do nível consciente, deparamos com exemplos da identidade inconsciente".[28]

Jung percebeu que uma das manifestações mais comuns da mente inconsciente era a sensação mística fundamental de unicidade e unidade com tudo que existe. Esta experiência, como o próprio inconsciente coletivo, era universal. Jung chamou-a de "a concórdia transcendental", que coloca o indivíduo em contato com a Mente Una. Mas, em última análise, esta Mente universal e a mente singular eram a mesma coisa. "Isto significa que a Mente não é outra coisa 'senão' nossa mente? Ou que nossa mente é a Mente? Por certo que a última afirmação é a verdadeira. . . não há qualquer *hybris* nisso; pelo contrário, é uma verdade perfeitamente aceita [no Oriente], ao passo que aqui [no Ocidente] afirmar isto equivaleria a dizer eu sou Deus." Mas, embora possa parecer uma blasfêmia ao ocidental reconhecer tal coisa, essa percepção, Jung afirmava, era, no entanto, uma "experiência 'mística' incontestável" presente em todas as tradições religiosas, do Oriente *e* do Ocidente.[29]

Jung acreditava com convicção na imortalidade, o que se adequava a sua crença de que a Mente está além das limitações do tempo. "[Nossa] psique atinge uma região que não está subordinada nem à mudança temporal nem à limitação espacial", disse ele. "O tempo e o espaço, dois elementos indispensáveis à mudança, têm pouca importância para a psique. . . . [A] psique, até certo ponto, não está sujeita à corruptibilidade." Mas a situação é paradoxal: para conhecer a imortalidade, devemos igualmente perceber que somos mortais. "Este sentimento pelo infinito", sustentava Jung, ". . . pode ser realizado apenas se estivermos isolados ao máximo. Ao nos percebermos únicos. . . isto é, fundamentalmente limitados. . . gozaremos da capacidade de tornarnos conscientes do infinito. Mas só então!"[30]

O atentar para as manifestações da Mente intemporal seria, segundo Jung, a tarefa redentora para todas as pessoas. Em nosso tempo, esta tarefa é particularmente difícil, pois deslocamos toda ênfase para o aqui e agora – para o fazer, o consumir, o aspecto prático, o "progresso material". Mas a Mente Una não pode ser colocada dentro de uma caixa no aqui-e-agora, porque é infinita e eterna. E porque a sua "marca" no espaço e no tempo é diferente daquela que usualmente valorizamos, nós nos vemos separados dela. O resultado é patológico: tornamo-nos vítimas de nossos próprios impulsos inconscientes, e o mundo "demonizou-se". Mas, nossa verdadeira tarefa de vida, Jung afirmava, "é exatamente o oposto: tornarmo-nos conscientes dos conteúdos que emergem do inconsciente" – "criar", como ele dizia, "cada vez mais consciência". Só assim podemos perceber "o objetivo singular da existência humana[:]. . . acender uma luz na escuridão do mero ser".[31]

Jung não concordava com a tendência das religiões ocidentais de considerar a alma como algo deploravelmente insignificante, desprezível, pessoal e subjetivo. Ele chamou a atenção para a contradição dessa concepção. Por exemplo, como poderia algo tão insignificante e desprezível ser imortal, conforme insistem essas religiões? Por toda a parte, ele dizia, há indícios do contrário – de que a alma é esplendidamente ilimitada. Jung passou toda a vida acumulando evidências nesse sentido. Sua conclusão: "Seguramente, a alma não é algo insignificante, mas a própria Divindade radiante."[32]

A ligação entre a alma e a consciência? Jung achava que a consciência humana é "a manifestação invisível e intangível da alma."[33] Assim, a tarefa de "criar cada vez mais consciência" torna-se equivalente a reencontrar a alma e reatar o contato com a divindade interior. Mas como isso pode ser feito? Hoje, esta tarefa é extremamente difícil, por duas razões principais. Primeiro, as declarações da ciência impedem que se perceba isso, pois afirmam que as "almas" não existem e que a consciência é apenas o resultado de processos físicos no cérebro. Segundo, as religiões ocidentais consideram a idéia de a alma ser "a própria Divindade radiante" como perigosa, ou então completamente blasfema, posição que examinaremos depois. Portanto, em nossa cultura, os dois grandes vetores do conhecimento e da sabedoria – a ciência e a religião – dizem que "criar consciência" e "reencontrar a alma" são formulações errôneas.

Mas o que faremos então com a evidência recorrente que sugere haver algo em nós que não se confina aos corpos ou aos cérebros e que, como veremos depois, não é limitado pelo espaço ou pelo tempo? A resposta habitual tem sido ignorá-lo. Mas se queremos examinar esses danos e não contorná-los, devemos supor que a ciência e a religião não têm a palavra final sobre a natureza da consciência e sua ligação com a alma. As coisas são mais complicadas e grandiosas do que nos ensinaram.

Começando com o poder da prece, agora veremos mais evidências de que "seguramente não somos insignificantes".

2
O Poder da Mente Não-localizada

O que está aqui também está lá; e o que está lá,
Também está aqui. Quem vê a multiplicidade,
Mas não vê o Eu indivisível em tudo,
Continua a vagar de morte em morte.

Katha Upanishad

Prece: Velha Abordagem, Novas Maravilhas

. . . o centro
do mundo
está em qualquer parte.

Black Elk*
Curandeiro dacota[1]

Abordaremos agora um método de cura que está fora da rota usual, mas que ultimamente vem ressurgindo: o domínio da prece. Há muito tempo, a maioria das tradições religiosas sustenta que a prece contém um grande poder de cura. É uma longa e honrada história de intervenção na doença. Porém, nunca foi reconhecida pela medicina or-

* Alce Negro (N.T.).

todoxa como algo mais do que uma superstição – algo que não faz mal, mas também não ajuda muito. "Pesquisadores da prece", entretanto, têm surgido na medicina atual. Estes cientistas-clínicos oferecem algumas das mais notáveis evidências de que a mente pode, de fato, ser não-localizada e agir de modo decisivo sobre a matéria – o que, para uma pessoa doente, pode representar a diferença entre a vida e a morte.

A Prece e a Unidade de Tratamento Coronário: Evidências da Mente Não-localizada

A maioria das pessoas acredita que na ciência não há lugar para a prece. Tavez essa idéia seja remanescente de uns três séculos atrás, quando a "ação a distância" foi condenada pelas melhores mentes. Galileu qualificou as concepções de Johannes Kepler sobre a gravidade como os "delírios de um louco", quando este propôs que forças invisíveis da Lua, atuando através de distâncias gigantescas, fossem a causa das marés na Terra.

Obviamente, a ciência moderna tomou o partido de Kepler, aceitando a gravitação como uma ação a distância. Mas não temos sido tão generosos em relação à oração. Todavia, naquele que, talvez seja o estudo mais rigorosamente controlado já levado a cabo sobre os efeitos da prece, o cardiologista Randolph Byrd, um ex-professor da Universidade da Califórnia, mostrou que a oração funciona, e que pode ser uma força poderosa de cura.

Ele considerou seu estudo "uma avaliação científica do que Deus está fazendo". "Depois de muito rezar", afirmou, "veio-me a idéia do que fazer."[2] Durante os dez meses que durou a pesquisa, um computador distribuiu 393 pacientes admitidos à unidade de tratamento coronário do Hospital Geral de São Francisco em dois grupos: o primeiro, de 192 pacientes, foi lembrado nas preces feitas por vários grupos domiciliares de oração, enquanto o segundo, de 201 pacientes, não foi contemplado com orações. O estudo foi elaborado segundo os critérios mais rigorosos utilizados em pesquisas clínicas na medicina: foi concebido como um experimento randomizado e prospectivo, onde pacientes, enfermeiras e médicos não sabiam a qual grupo pertencia cada um dos pacientes. Byrd recrutou grupos católicos e protestantes de todo o país para rezar pelos integrantes do grupo designado. Os grupos de reza receberam o nome dos pacientes, alguma informação sobre sua saúde e foram solicitados a orarem todos os dias, embora nenhuma instrução fosse dada sobre como deveriam fazê-lo. Byrd explicou que "cada pessoa rezava por muitos pacientes diferentes, mas cada paciente tinha entre cinco e sete pessoas orando por ele ou ela".[3]

Os resultados foram surpreendentes. Os pacientes lembrados em orações diferiam notadamente dos outros em vários aspectos:

1. A probabilidade de precisarem de antibióticos era cinco vezes menor do que para aqueles não contemplados com as preces (três pacientes no primeiro grupo contra dezesseis no segundo).

2. A probabilidade de desenvolverem edema pulmonar, condição em que os pulmões se enchem de líquido devido à incapacidade do coração em bombear apropriadamente, era três vezes menor (seis pacientes contra dezoito).

3. Nenhum dos pacientes do grupo submetido à prece precisou de intubação endotraqueal (em que uma via artificial é inserida na garganta e presa a um ventilador mecânico), enquanto doze indivíduos do grupo não contemplado necessitaram de suporte ventilatório mecânico.

4. Morreram menos pacientes do grupo lembrado em preces (embora a diferença aqui não tenha sido estatisticamente significativa).

Se a técnica pesquisada tivesse sido uma nova droga ou procedimento cirúrgico, certamente teria sido anunciada como uma espécie de "avanço". Mesmo assim, qualquer um pode entender as notáveis implicações deste estudo. Até os mais céticos parecem concordar com a importância das descobertas de Byrd. O dr. William Nolan, que escreveu um livro atacando a cura pela fé, afirmou: "Parece que este estudo resistirá a um exame minucioso. . . talvez nós, médicos, devamos escrever, em nossas receitas, rezar três vezes por dia! Se isso funcionar, ótimo."[4]

Que lições essa pesquisa guarda para nós que procuramos entender a mente e seu papel na medicina? As implicações são de grande projeção e nos levam a considerações espirituais que serão abordadas nos capítulos seguintes. Mas, por enquanto, podemos enfatizar alguns aspectos não-espirituais da prece que propiciam importantes esclarecimentos sobre a natureza da mente. Esta pesquisa rigorosa sugere que algo na mente permite que ela intervenha no curso de acontecimentos *distantes*, como o desenvolvimento do estado clínico de pacientes numa unidade de tratamento coronário a centenas ou milhares de quilômetros de distância. Neste estudo, o grau de separação espacial aparentemente não fez diferença: Byrd não constatou que grupos de reza situados próximos ao hospital fossem mais eficientes do que aqueles localizados a centenas de quilômetros dali.

Imediatamente, isto sugere não haver nenhuma "energia", conforme esse termo é entendido pela ciência moderna, envolvida na prece. A potência de forças energéticas – por exemplo, a intensidade de um sinal de rádio ou de um raio de luz – diminui rapidamente à proporção que aumenta a distância. Se houvesse algum tipo de energia mental ligada à prece, as pessoas que oravam em São Francisco, onde está localizado o hospital, teriam obtido melhores resultados do que aquelas, igualmente habilitadas, que oravam em Nova Iorque ou Miami, já que a energia, percorrendo uma distância menor, chegaria, portanto, mais forte. Mas essas correlações não foram encontradas.

Isso sugere que os efeitos da prece não se comportam como as formas ordinárias de energia; que não há nenhum "sinal" envolvido quando a mente se comunica com outra mente ou corpo a uma certa distância. Logo, quando a mente atua – no caso, por meio da prece – a distância não se constitui num fator operante.

E se não é, torna-se inadequado pensar na mente daqueles que rezam como "indo" a algum lugar. Apesar de muitos pensarem que estão "enviando" suas preces através do espaço para o doente, ou que as transmitem para o Todo-Poderoso e este as devolve ao enfermo (Deus como um satélite de comunicações), não devemos levar estas concepções a sério, pois não estão de acordo com nossas observações. Isto não significa que Deus não esteja envolvido, mas apenas que a distância não é um fator operante. E todas as grandes religiões teísticas concordam com este fato: elas nunca confinaram Deus a um lugar específico. Ele está em toda parte, Ele transcende o confinamento e a localização espacial; Ele é não-localizado, um atributo partilhado pela nossa mente. Assim, podemos dizer sem hesitar que há algo de divino em nós.

A palavra "localizada", em linguagem comum, significa que algo está aqui, agora. No nível psicológico, isso é uma descrição do ego – a sensação que carregamos conosco e que se refere ao "eu". Nosso sentido do eu nos diz que existimos; que somos importantes; que valemos alguma coisa; que somos separados de todos os demais no mundo ao estarmos *aqui* e não em outro lugar, e ao existirmos *agora* e não num outro tempo qualquer.

Para quem quer entender a natureza da prece e algo sobre as esferas mais elevadas da vida religiosa e espiritual do homem, há aqui uma grande contradição. A meta da vida espiritual é permitir que floresçam em cada pessoa as qualidades mais elevadas e divinas. Em grande medida, isso significa deixar o ego para trás. Pois ele é localizado, e Deus não. Apelar a Deus equivale a afastar-se das sensações limitadas e do aqui-e-agora a que chamamos ego.

Todas as grandes tradições religiosas manifestaram-se claramente sobre a natureza não-localizada de Deus. Por exemplo, o místico cristão medieval, Meister Eckhart, afirmou:

> Quanto mais Deus está em todas as coisas, mais Ele se encontra em seu exterior.
> Quanto mais Ele está dentro, mais está fora.[5]

Ou, como disse Plotino, há quase dois milênios atrás:

> Veja todas as coisas, não no processo do vir-a-ser, mas no Ser, e veja-as no outro. Cada ser também contém em si mesmo todo o mundo inteligível. O Todo está em toda parte. Cada um é o Todo, e o Todo é cada um. O homem, tal como é agora, deixou de ser o Todo. Mas quando deixa de ser um indivíduo, eleva-se novamente e penetra o mundo todo.[6]

Na tradição taoísta, e no *Livro de Chuang Tsé*, que data da virada do século IV para o século III a.C., aproximadamente, vemos o mesmo tema:

> Não pergunte se o Princípio está nisto ou naquilo; ele está em todos os seres. É por isso que lhe aplicamos os epítetos de supremo, universal, total. . . . Ele estabeleceu que todas as coisas devem ser limitadas, mas Ele mesmo é ilimitado, infinito. . . . Está em todas as coisas, mas não é idêntico aos seres, pois não é diferenciado nem limitado.[7]

Em todas essas observações, vindas de várias tradições religiosas do Oriente e do Ocidente, há uma mensagem inequívoca: a condensação localizada no aqui-e-agora, que chamamos de eu pessoal, não é essencial. Há algo mais, além do frágil ego, que é fundamental para nós; e, seja lá o que for, não pode ser localizado num ponto específico do espaço e do tempo. Uma das mais belas expressões desse "algo" que a tudo permeia, e que é responsável pela essência não-localizada tanto do homem como da Natureza, foi escrita pelo poeta Yung-chia Ta-shih:

> Uma só Natureza, perfeita e penetrante, circula
> em todas as naturezas,
> Uma só realidade, que a tudo abrange, contém
> em si todas as realidades,

Uma só Lua reflete a si própria onde quer que haja
um leito de água,
E todas as luas nas águas estão contidas
dentro da Lua única,
O corpo-Dharma (O Absoluto) de todos os Budas
penetra em meu próprio ser.
E meu próprio ser está unido com o deles. . . .
A Luz Interior está além do louvor e da culpa,
E aqui está ela, dentro de nós, conservando sua
serenidade e plenitude.
Somente ao persegui-la é que você a perde;
Você não pode pegá-la, mas também
não pode livrar-se dela,
E enquanto não pode fazer uma coisa nem outra,
ela continua em seu próprio caminho.
Você fica quieto e ela fala; você fala e
ela é muda;
O grande portão da caridade está aberto, e não há
obstáculos à sua frente.[8]

Da tradição do Islã, o grande poeta persa Kabir ecoava o mesmo sentimento:

Veja apenas o Um em todas as coisas; o segundo é
que o induz em erro.[9]

Às vezes diz-se que só a mente mística dos orientais pode sustentar a visão de Deus em tudo e tudo em Deus. Porém, esta concepção também permeia a tradição cristã. Como exemplo, Santa Catarina de Gênova descreveu sua sensação de unidade com o Todo-Poderoso em termos explícitos, quase perturbadores:

Meu Eu é Deus, e não reconheço outro Eu
exceto o meu próprio Deus.[10]

Também da tradição cristã, Meister Eckhart não deixou nenhuma dúvida sobre sua concepção do processo não-localizado que envolve tanto Deus quanto o homem:

Para avaliar a alma devemos avaliá-la em Deus,
pois o Substrato de Deus e o Substrato da Alma
são uma só e a mesma coisa.

E novamente, na visão de Eckhart,

O conhecedor e o conhecido são um só. Pessoas ingênuas imaginam poder ver a Deus como se Ele estivesse lá e elas aqui. Não é assim. Deus e eu somos um em conhecimento.[11]

E da *Theologia Germanica* vem o mesmo refrão do modo não-localizado com que se expressa a bondade de Deus – como algo onipresente, que não é distante nem afastado:

A bondade não precisa adentrar a alma, pois
já está lá; apenas não é percebida.[12]

Todas as citações acima foram tiradas de uma das mais notáveis obras modernas sobre o eterno impulso espiritual da humanidade, *The Perennial Philosophy** de Aldous Huxley.[13] A maior preocupação de Huxley é mostrar que há um fio condutor comum que traspassa os anseios místicos da humanidade, ligando todas as grandes tradições – a *philosophia perennis*, como Leibniz originalmente a chamou. Ele não se refere de modo explícito à natureza não-localizada da mente humana, embora várias vezes chegue muito perto dessa idéia, como nas alusões à não-localização do ser do homem, expressas nas citações anteriores.

Huxley acreditava que a essência espiritual da humanidade era em certo sentido eterna e, assim, íntegra desde o início – ou seja, era não-localizada no tempo –, e portanto nossa espiritualidade não seria algo que pudesse ser obtido ou desenvolvido no tempo. Conforme ele afirmava,

A obsessão pela história e pelo utopianismo no século XIX tendia a cegar os olhos mesmo dos mais argutos pensadores em relação aos fatos intemporais da eternidade. Assim, encontramos T. H. Green escrevendo sobre a união mística como se fosse um processo evolutivo e não, como todas as evidências parecem indicar, uma condição que o homem, enquanto homem, sempre teve o poder de realizar. . . . Na realidade, somente em relação ao conhecimento periférico é que tem havido um genuíno desenvolvimento histórico. . . . Mas a percepção direta da "consciência eternamente plena", que é o substrato do mundo material, é uma possibilidade realizável por alguns seres humanos em qualquer estágio de seu desenvolvimento pessoal, da infância à velhice, e em qualquer período da história da raça.[14]

* Publicado com título de *A Filosofia Perene* pela Editora Cultrix, São Paulo, 1991.

Para Huxley, os desígnios mais elevados da experiência humana, os espirituais, não estão subordinados ao desenvolvimento, sendo, portanto, desprovidos de qualquer história. Esta é uma concepção de não-localização no tempo que aparece freqüentemente em sua obra, sob diversas formas.

Huxley estava convencido de que nossa preocupação com o tempo linear, fluente e histórico era uma doença, resultando num sentimento de alienação em relação à Divindade. O hábito de nos enxergarmos como seres históricos separados ou "perdidos" de Deus surgiu como conseqüência de nos fixarmos no tempo e no espaço como indivíduos isolados, egos apartados de todos os outros seres e de todos os outros tempos. Todo o objetivo da filosofia perene era o de desfazer essa ilusão de separação e dualismo. Em outras palavras, era o de ver através da falsa concepção localizada de nós mesmos. Feito isto, a alma seria reencontrada – não "vindo a" Deus através do tempo, não atingindo uma condição futura, nem sendo salva pelo ato benevolente de um deus – mas despertando para o fato de que, agora e sempre, a alma e a Divindade são uma única e mesma coisa.

Mas a fixação do tempo fluente e na história afeta todas as disciplinas, não só a religião e a espiritualidade. Como exemplo, Huxley cita as concepções do etnólogo Paul Radin, o qual observava que,

> A etnologia ortodoxa não tem sido outra coisa que uma tentativa entusiástica e não-crítica de aplicar a teoria da evolução de Darwin aos fatos da experiência social... não se alcançará nenhum progresso na etnologia até que os eruditos livrem-se de uma vez por todas da estranha noção de que tudo possui uma história; até que percebam que certas idéias e certos conceitos são tão fundamentais para o homem, enquanto ser social, como as reações fisiológicas o são para ele enquanto ser biológico.[15]

Não se trata de investigar o que pensam os etnólogos sobre o espaço e o tempo, mas de observar que, em todas as áreas do empenho humano, é muito importante o modo pelo qual resolvemos encarar o mundo – se como um conjunto de eventos puramente localizados ou, por outro lado, como um todo não-localizado. Esta escolha tem implicações de grande alcance na vida de todas as pessoas, estando relacionada, por exemplo, aos efeitos da prece sobre a saúde, conforme vimos anteriormente; tem implicações sobre nossos conceitos de eu; e sobre nossas concepções religiosas e espirituais. O que está em jogo é nossa atitude costumeira em relação ao espaço e ao tempo – todas aquelas suposições que nos restringem e nos fixam a localizações específicas e geram a impressão de um eu separado.

A dificuldade em avaliar o papel da prece na saúde surge, em grande parte, como decorrência da estranha maneira pela qual consideramos os conceitos de distância e localização na medicina. Os curandeiros devem estar no local, bem à mão, à cabeceira da cama ou na mesa de operação. Não podem estar do outro lado da cidade ou além da fronteira do Estado, como na pesquisa aqui citada. Devido à exigência de proximidade, a cura a distância transforma-se num absurdo. Logo, em razão apenas da distância, da separação espacial, mesmo sem levar em conta o fato de ser não-material e "mental", a prece é considerada evidentemente ineficaz. Na medicina, a localização tornou-se um critério rígido: efeitos terapêuticos a longa distância são matéria de ficção científica, e não da medicina real.

O fantasma da localização está em toda parte, infiltra-se em tudo o que hoje fazemos na medicina. Ao insistirmos em que todas as terapias sejam fisicamente fundamentadas, entramos forçosamente na corrida tecnológica, como temos feito por mais de um século. E com resultados discutíveis – pois, ecoando na experiência de todos, pacientes e médicos, há uma crescente consciência de que algo foi deixado de lado.

O que tem sido omitido é a consciência de quem realmente somos. Nossas terapias forçam-nos a tomar o papel de criaturas meramente localizadas. Mas essa é uma falsa identidade. É uma manifestação de hipocrisia, pois nega que somos seres não-localizados no espaço e no tempo.

Como Devemos Rezar? As Experiências de Spindrift

Se a consciência humana se estende além do corpo pela oração, e se queremos utilizar esta última para fazer as coisas acontecerem no mundo, qual a melhor maneira de orar? *Existe* um modo mais elevado? É possível submeter os vários métodos de oração a um teste objetivo?

Muita gente diz que não. É errado em princípio, alegam, tentar "trazer Deus ao laboratório". Muitos que afirmam ter o dom de cura se recusam categoricamente a submeter-se a testes objetivos, afirmando que o exame de observadores, sob condições laboratoriais, interferiria em seus resultados. Por isso, os vários métodos de cura que utilizam a prece permanecem em grande medida desconhecidos. De um modo geral, cada pessoa segue suas próprias inclinações, utilizando o que parece dar mais certo ou atendendo a orientações sancionadas por tradições religiosas específicas.

Mesmo em pesquisas rigorosamente controladas que mostram a eficiência da prece, como o estudo do cardiologista Randolph Byrd na unidade de tratamento coronário do Hospital Geral de São Francisco, já descrito neste capítulo, não houve controle, nem qualquer especificação, quanto ao método de oração empregado. Simplesmente pediu-se aos vários grupos que rezassem, sem referência a *como* isso seria feito. Havia grupos protestantes e católicos, e presume-se que não seguiram todos o mesmo método. A freqüência e duração das rezas, a natureza das imagens mentais e as metas específicas de cada um foram deixadas ao critério de cada indivíduo envolvido.

Tentativas engenhosas de avaliar a eficiência dos diversos métodos de oração têm sido discretamente realizadas, desde há mais de uma década, por uma singular organização chamada Spindrift*. ("*Spindrift*" é uma variação de uma antiga palavra escocesa que descreve o borrifo da água do mar projetado pelo vento e pelas ondas. Sugere uma interface de ar e oceano, do etéreo e do concreto, da mente e do corpo.) Os pesquisadores de Spindrift usam testes muito simples e equipamentos mínimos, mas seus projetos experimentais são intrépidos, e os resultados abertos à investigação crítica de qualquer pessoa. Em seu todo, essas experiências são extremamente úteis na medida em que preenchem as enormes lacunas de nosso conhecimento sobre o modo de ação da prece.

Os pesquisadores de Spindrift admitem fundamentalmente que todos os seres humanos possuem "atributos divinos, uma unidade qualitativa com Deus".[16] Esta suposição é uma das teses centrais deste livro: há uma qualidade não localizada na consciência humana; a consciência, como a Divindade, é infinita no espaço e no tempo e, fundamentalmente, Una.

As primeiras perguntas formuladas pelos pesquisadores de Spindrift são básicas. A cura espiritual é real? A prece funciona? São seus efeitos mensuráveis e reprodutíveis? Uma das maneiras mais simples de responder a essas questões é observar a interação de um curandeiro ou rezador com um sistema biológico elementar como, por exemplo, se-

* Detalhes sobre as experiências aqui descritas, bem como maiores informações a respeito da Spindrift, podem ser obtidos escrevendo-se para essa organização: 2407 La Jolla Dr. NW, Salem, OR 97304.

mentes em estado de germinação. Se o curandeiro rezar por um lote de sementes em germinação e não o fizer por outro lote de controle, haverá diferença na velocidade de germinação?

Num dos testes, sementes de centeio foram divididas em dois grupos de igual número e depois colocadas num recipiente raso contendo vermiculita, uma substância rala, semelhante à terra, muito utilizada pelos jardineiros. No meio da vasilha, um cordão separava as sementes em dois lados, A e B. As sementes de um dos lados foram lembradas em prece e as outras, não. Depois de germinadas, contaram-se os brotos de centeio. Os resultados, significativamente, indicaram que havia mais brotos de centeio no lado tratado (submetido à prece) do que no lado de controle. Este teste simples, repetido várias vezes com vários rezadores, indica que a influência do pensamento sobre organismos vivos fora do corpo humano é significativa, quantificável e reprodutível; e que os efeitos da consciência humana não estão confinados ao cérebro e ao corpo.

Mas na "vida real", rezamos pelas pessoas saudáveis e também pelas doentes. Então os pesquisadores perguntaram: e se as sementes de centeio submetidas à prece fossem doentes em vez de saudáveis? A oração ainda daria certo? Para responder a esta questão, os pesquisadores de Spindrift submeteram as sementes de centeio a condições desfavoráveis, adicionando água salgada ao recipiente que as continha e mantendo invariável o restante da experiência. A água salgada difundiu-se para cima através da vermiculita, chegando até as sementes. Os resultados da prece foram ainda *mais* notáveis: a relação de brotos tratados (submetidos à prece) para brotos de controle (não submetidos à prece) aumentou acentuadamente, indicando que a reza funcionava *melhor* quando o organismo estava sob tensão.

E se a tensão sobre as sementes fosse aumentada? A prece ainda funcionaria? Os pesquisadores de Spindrift conduziram a mesma experiência várias vezes, adicionando sempre uma quantidade extra de sal à água no fundo do recipiente. A cada incremento de sal o efeito da prece era intensificado. Quanto mais salgada a solução que embebia as sementes, mais elas germinavam ao serem submetidas à prece. Isto indicava que a oração é tão mais eficiente quando piores são as condições físicas. (Na medicina clínica há um importante paralelo a esta descoberta. Sabemos, por exemplo, que, no combate à dor, o placebo – uma "pílula de açúcar" que não possui nenhum efeito biológico – funciona melhor quando a dor é mais forte.)

Então os pesquisadores mudaram os sistemas. Quando se utilizou soja em vez de sementes de centeio, e quando a temperatura e a umidade foram empregadas como fatores de tensão, constataram-se os mesmos resultados: a prece funciona melhor com tensão crescente sobre o organismo.

Depois os experimentadores fizeram uma outra pergunta lógica: é importante *o quanto* se reza? Se um indivíduo ora por dez minutos ou por vinte minutos, o efeito será o mesmo ou será diferente? Um teste simples para esta questão envolveu quatro recipientes, desta vez com soja. Um dos recipientes, o de controle, não foi submetido à prece. Os outros três foram assinalados com X, Y e Z. Em cada jornada de orações, os recipientes X e Y eram submetidos à prece como uma unidade, e o mesmo se fazia com Y e Z. Com isto, o recipiente Y recebia o dobro das orações de X e Z. A avaliação final indicou que o desempenho do recipiente Y foi *duas vezes* melhor do que o de X e Z, mostrando que o efeito mensurável era proporcional à quantidade de oração.

Como os experimentos de Spindrift envolvem um grupo de controle e um grupo lembrado em preces, uma pergunta lógica foi formulada: como as pessoas que rezam "sabem" quais sementes devem ser ajudadas? À procura de uma resposta, fizeram-se algumas experiências nas quais as pessoas que oravam não eram informadas sobre a natureza das sementes pelas quais estavam rezando. Os resultados mostraram uma drástica redução no efeito da prece. Assim, os pesquisadores concluíram que quanto mais consciente a pessoa que reza estiver sobre o seu paciente, maior o efeito da oração. "Para que nossas preces tenham algum efeito", concluíram, "precisamos saber por quem ou para que estamos rezando."[17]

Alguns curandeiros são melhores do que outros? Foi bem fácil para os pesquisadores de Spindrift testarem a eficiência relativa dos curandeiros. Em experiências como as descritas acima, e também em testes sensíveis com levedura, que medem a quantidade de dióxido de carbono produzida por essa cultura, provou-se que o indivíduo mais experiente apresenta melhores resultados do que aquele com menos experiência.

Uma das observações mais notáveis feitas pelos pesquisadores de Spindrift é que não há perda de eficiência à medida que aumenta o número de elementos envolvidos. Nos testes com sementes, por exemplo, os resultados eram semelhantes, independentemente do número de sementes ser grande ou pequeno. Assim, depois de muitos anos de estudo, os pesquisadores de Spindrift formularam a *lei de totalidade conceitual*: enquanto o praticante puder manter em mente um conceito geral do sistema envolvido, o efeito da prece será constante em todos os componentes.

Uma das contribuições mais importantes feitas pelos pesquisadores de Spindrift é a distinção entre prece "dirigida" e "não-dirigida". A prece dirigida ocorre quando o praticante tem em mente um objetivo, imagem ou resultado específico. Ele está dirigindo o sistema, tentando guiá-lo numa determinada direção. Na cura, pode estar rezando para que o câncer seja debelado ou para que a dor desapareça. Nas experiências de germinação de sementes, o objetivo da reza é (acelerar) a velocidade de germinação. Em contraste, a prece não-dirigida não utiliza nenhuma dessas estratégias. Baseia-se numa abordagem aberta, onde não se imagina qualquer resultado específico. O praticante não tenta dizer ao universo o que fazer.

Qual técnica – a dirigida ou a não-dirigida – é a mais eficiente? A prece é mais eficaz se se tem em mente um objetivo específico, ou com uma abordagem do tipo "seja feita a Vossa vontade?"

Os testes de Spindrift são inequívocos. Embora ambos os métodos dessem certo, a técnica *não*–dirigida pareceu quantitativamente mais eficaz, produzindo resultados duas vezes maiores, ou mais. Isto pode surpreender pessoas que preferem as técnicas de imaginação e visualização dirigidas, muito populares hoje em dia. Várias escolas de visualização sustentam que para curar o câncer, por exemplo, deve-se utilizar uma imagem que mostre como será o resultado final. Alguns estudos sugerem que quanto mais vigorosa e dinâmica a imagem, melhor o resultado. Mas os testes quantitativos de Spindrift indicam outra coisa.

Numa determinada experiência, testou-se as preces dirigidas e não-dirigidas. O sistema orgânico envolvido, do tipo que os bacteriologistas e micologistas utilizam rotineiramente, era um bolor presente na superfície de uma placa de ágar. O bolor foi submetido a tensão – lavado em álcool de modo que tivesse seu crescimento retardado, mas não impossibilitado. Colocou-se um cordão separando a placa em dois lados: A (o lado de controle) e B (o lado tratado, ou submetido à prece). Quando a prece dirigida foi utilizada para encorajar o crescimento do lado B, nada aconteceu; o crescimento permaneceu estático. Mas quando a prece dirigida foi substituída pela não-dirigida, em que nenhum objetivo era delineado na mente do curandeiro, o lado B começou a multiplicar-se e formou anéis concêntricos adicionais.

Como resultado de numerosos testes em vários sistemas biológicos, os pesquisadores de Spindrift sugerem que o curandeiro se esforce por livrar-se de visualizações, associações ou metas específicas. Características físicas, emocionais e de personalidade devem ser excluídas do pensamento e substituídas por uma "pura e sagrada consciência qualitativa do paciente seja ele quem for, ou o que for".[18] A este método eles se referem como cura espiritual genuína. Métodos que utilizam a prece dirigida são chamados de cura "psíquica", cura pela "fé", cura "mental" ou efeito placebo.

Numa notável série de experiências, os pesquisadores de Spindrift demonstraram a capacidade de a prece influenciar processos aleatórios na natureza. Num experimento com germinação, eles colocaram 500 mungubas sob tensão, embebidas em água salgada, em cada um de três copinhos de papel furados no fundo. Os copinhos foram marcados com CA para "cara", CO para "coroa" e CT para "controle". Depositou-se então uma moeda dentro de uma caixa que foi cuidadosamente agitada, permanecendo fechada. O tratamento na forma de preces foi dispensado diariamente, durante uma semana, aos copos CA e CO, e nenhum ao copo CT. Nesse tempo, o praticante dirigiu os efeitos de sua oração para que correspondessem ao lado da moeda que estivesse virado para cima, sem saber se este era cara ou coroa. Ao fim de uma semana havia duas vezes mais brotos de mungubas nos copinhos "cara" que nos outros dois; e quando a caixa foi aberta, a moeda também mostrava "cara". Mera coincidência? Para verificar, empreendeu-se uma série de testes desse tipo, com resultados concordantes. Utilizando seis ou sete copinhos, os pesquisadores de Spindrift descobriram que, dependendo de como o teste fosse montado, podiam acusar corretamente a face de um dado, prever o número de uma carta de baralho ou o valor de uma nota num envelope.[19]

Um dos problemas da prece dirigida é que o praticante, ou o paciente, geralmente não sabem qual é a melhor imagem a mentalizar. Deve ele, ou ela, rezar por um aumento ou por uma diminuição do fluxo sangüíneo para um determinado órgão? Por um aumento ou diminuição da concentração de um certo tipo de célula no sangue? Estas perguntas podem ser desconcertantes para pessoas que querem orientar sua fisiologia e saúde numa direção específica. Neste ponto, as experiências de Spindrift são consoladoras. Elas sugerem não ser necessário saber qual caminho o corpo deve seguir. É preciso apenas rezar, dizem eles, para que aconteça o "normal", pedindo-se tão-somente "o melhor" – o "seja feita a vossa vontade". Isto tornou-se particularmente óbvio numa série de experimentos com germinação em que o praticante não sabia o que era melhor para as sementes envolvidas. Um dos lotes de sementes estava saturado de água e, portanto, mais pesado do que deveria estar para uma germinação apropriada; o outro, insuficientemente embebido e mais leve do que o ideal. As sementes eram avaliadas no início do processo, conforme as mudanças de peso (as sementes que germinam adequadamente ganham peso logo no início da germinação). Teoricamente, as sementes saturadas deveriam eliminar o excesso de água logo no começo, e tornando-se mais leves, e as outras, pouco impregnadas, deveriam absorver a água e ficar mais pesadas. Mas sem saber qual lote era qual, por que mudança rezaria o praticante? Ele estava na mesma situação que o paciente indeciso quanto à imagem que deve utilizar para mudar sua fisiologia. Assim, em vez de "dizer aos grãos o que fazer", o praticante fez uso da prece não-dirigida e confiou que as sementes simplesmente seguiriam na direção normal, segundo o que fosse melhor para elas. A abordagem não-dirigida deu certo. Os resultados mostraram que as sementes saturadas eliminaram água e perderam peso na fase inicial da germinação, enquanto aquelas insuficientemente embebidas absorveram água, aumentando seu peso. Estas experiências indicam que a prece leva os organismos a condições de forma e funcionamento que são as melhores para eles, não sendo necessário que o praticante saiba o que é "o melhor".

Os experimentadores de Spindrift estão conscientes da heresia científica acarretada por suas descobertas. "Cientificamente", afirmam eles, "é chocante pensar numa 'força' inteligente, amorosa, generosa, boa e consciente das necessidades. Mas a cada teste, a prece, de algum modo ligada a uma inteligência amorosa, levava as sementes à normalidade. Quando a oração era para sementes em diferentes condições – a mesma prece –, o resultado sempre apontava na direção que fosse melhor para a necessidade individual de cada grão. . . ."[20]

Porém, é difícil pôr em prática a prece não-dirigida. Quando a saúde é abalada, quando surgem os problemas, rezamos pelos resultados que preferimos. Acreditamos *saber* qual deve ser a norma, e não perdemos tempo em dizer ao universo como comportar-se. O tumor deve desaparecer, a dor, diminuir, devemos prosperar: tudo isto alegamos saber de antemão.

Mas um momento de reflexão deveria nos tornar cientes de que a natureza não pode tolerar indefinidamente essa estratégia. Se todas as preces humanas para restaurar a saúde fossem atendidas, quase ninguém morreria, e nosso planeta há muito tempo seria superpopulado, tornando-se assim impróprio para a vida humana. Parece estar escrito na natureza: *não* deveríamos rezar por uma ajuda divina a cada catástrofe. O bom senso nos diz que há momentos em que a morte é natural, é normal.

Mas quando? Quando é certo rezar pela cura, e quando não? Com nossas limitações, talvez nunca possamos saber com certeza, numa dada situação, o que é melhor. Nesse caso, não é preferível seguir uma prece *não*-dirigida, confiando na Inteligência Universal superior para decidir qual a norma para uma necessidade específica? *Especialmente* em vista do fato de que a prece não-dirigida é afinal a mais poderosa?

Uma das grandes figuras da história da ciência que teve uma fé inabalável na "norma" – a harmonia e a justiça intrínsecas do universo – foi Albert Einstein. Esta consciência despertava nele, segundo suas próprias palavras, "um sentimento religioso cósmico". "O indivíduo sente a futilidade dos desejos e objetivos humanos, e também a grandiosidade e a maravilhosa ordem que se revelam tanto na natureza como no mundo do pensamento. . . [A] pessoa. . . iluminada. . . é a que se libertou dos grilhões dos desejos egoístas e está absorta em pensamentos, sentimentos e aspirações aos quais se encontra ligada por causa do valor *super*pessoal que estes possuem."[21] (Grifo nosso.) Só a consciência de nossas próprias limitações e falibilidades, e a confiança no funcionamento harmonioso do universo, pode favorecer o ímpeto necessário à prece não-dirigida.

Trabalhando como interno numa agitada sala de emergência, deparei-me com um conselho que encarna esta confiança na "norma", e de que nunca esquecerei. Freqüentemente, nossas tentativas de ressuscitar pessoas que estavam morrendo não tinham êxito. Depois da massagem no peito, da desfibrilação e da administração de uma variedade de drogas ao paciente, tudo em vão, eu então apelava a um certo médico residente mais antigo, implorando-lhe que dissesse o que fazer. Para minha consternação, ele geralmente respondia, "faça o que for melhor". Este humor cínico continha mais sabedoria do que eu podia imaginar na época. Às vezes, simplesmente não podemos descobrir o que é melhor; e precisamos reconhecer que, eventualmente, o melhor, a norma, *não* será o prolongamento da vida ou mesmo uma melhora temporária da doença, e sim a morte.

Isso parece desagradável e doloroso, visto que nos identificamos apenas como indivíduos isolados, com mentes singulares encerradas no tempo linear, caminhando em direção à extinção. Mas quando vamos além de uma definição localizada de nós mesmos, para uma consciência de nosso Eu não-localizado, a situação muda. Percebendo nossa infinidade no espaço e no tempo, tornamo-nos livres para contemplar as qualidades divinas contidas em cada um de nós. No âmbito dessa consciência, estamos prontos para entender a sabedoria da norma, mesmo que ela possa significar a extinção do corpo físico ou a progressão de uma doença incurável.

Ao percebermos nossa natureza não-localizada, somos capazes de compreender a sabedoria da prece não-dirigida – faz mais sentido rezar "seja feita a *vossa* vontade" do que "seja feita a *minha* vontade". Em outras palavras, orar por aquilo que é o melhor.

Cura Não-localizada

O curandeiro não "faz" ou "dá" algo para o paciente, mas ajuda-o a voltar para o Todo, para o Uno, para o caminho da "unidade" com o Universo; neste "encontro" o paciente se torna mais completo, e isto é a cura. [Nas] palavras de Arthur Koestler: "Não há uma linha divisória nítida entre a auto-reparação e a auto-realização."

Lawrence LeShan[22]

Uma pessoa não é uma coisa nem um processo, mas uma abertura, ou uma clareira, por onde o Absoluto pode se manifestar.

Martin Heidegger

Como médico, já tive muitas experiências que me levaram a concluir que o mundo da medicina clínica é verdadeiramente imprevisível, um território onde quase tudo é possível. A maioria de meus colegas, penso eu, concorda comigo, pois quase todos os médicos possuem uma lista pródiga de estranhos acontecimentos inexplicáveis pela ciência comum. Um registro desses eventos demonstraria, estou convencido, que a ciência médica não só carece da última palavra, como dificilmente já emitiu a primeira, sobre como funciona o mundo – especialmente no que diz respeito à mente.

Às vezes, quando o cenário é apropriado, as crenças pessoais dos médicos sobre as "curas mentais" vêm à tona. Há vários anos, pediram-me que fizesse uma palestra sobre biorrealimentação no Departamento de Medicina de Doenças Internas do hospital onde trabalho, na reunião mensal. (Há anos que eu dirigia uma clínica de biorrealimentação, além de trabalhar como clínico de doenças internas.) Concordei com muita relutância, pois percebia uma forte hesitação por parte do corpo médico local em encaminhar pacientes para a terapia de biorrealimentação, o que considerei evidência de uma atitude preconceituosa em relação a essa prática. Francamente, eu não desejava iniciar um debate do tipo "mente ou matéria" numa reunião formal, e não queria ser submetido à hostilidade e à desaprovação de meus pares. Além do mais, suspeitava que poucos médicos compareceriam à palestra. Mas minhas preocupações mostraram-se infundadas. A reunião do começo da noite estava cheia, só havia lugar em pé; era o maior público dos últimos anos. Meus colegas não apenas foram cordiais, mas pareciam fascinados pelo tema. Depois de minha palestra houve um longo período de discussão, ocasião em que fluíram livremente perguntas inteligentes e incisivas. Fiquei surpreso, e um tanto envergonhado com minha timidez e hesitação em me expor à crítica, que não aconteceu.

Mas a maior surpresa veio depois da palestra. Enquanto eu deixava o local, vários médicos, todos clínicos gerais respeitados, seguiram-me pelo corredor para conversar. Todos eles começavam basicamente da mesma maneira: "Se você pensa que os casos que *você* acabou de apresentar são estranhos, espere até ouvir *isto*!"; então o médico revelava um incidente estranho envolvendo um paciente seu, uma história que obviamente estava louco para contar para alguém. Evidentemente, minha palestra sobre biorrealimentação tinha demonstrado minha abertura ao não-usual e ao incomum, e meus colegas de repente sentiram que tinham um aliado a quem poderiam divulgar histórias que há anos vinham guardando para si. Mas ainda eram melindrosos e, enquanto falavam, um ou dois deles olhavam furtivamente ao redor, como se preocupados que os colegas errados pudessem estar ouvindo. Todos os relatos tinham a ver com curas completamente inexplicáveis ou doenças incuráveis que simplesmente "desapareceram". As implicações de todos esses casos eram as mesmas: de algum modo a mente tivera um papel decisivo.

Esse acontecimento deixou uma marca inesquecível em minha memória. Meus colegas me tinham dado a oportunidade de partilhar de suas experiências pessoais, pelo menos por alguns minutos. Durante esses anos, seguiram-se muitos exemplos semelhantes, o que revela uma crescente abertura para o papel da mente na cura, coisa que eu não previa. Portanto, estou convencido de que este é o tempo apropriado para se dar um novo enfoque à cura psíquica, não importa quão herético isto tenha sido no passado.

Assim como a prece pode ser eficiente a distância, o mesmo ocorre com a cura psíquica, embora freqüentemente esta seja executada bem próxima ao paciente (o que não a torna menos extraordinária). Muitos dos grandes curandeiros psíquicos dão testemunho de uma notável atmosfera de não-localização envolvendo o evento da cura. Uma irresistível sensação de unicidade e unidade com o mundo e tudo que há nele, incluindo o paciente, parece dominá-los. As descrições de seus processos de cura deixam pouca dúvida de que eles não se sentem fixos num ponto específico do espaço e do tempo. Indo além do sentido do "eu", eles se fundem com o mundo exterior, deixando a identidade pessoal para trás.

Uma das mais agudas análises dos processos envolvidos na cura psíquica é o brilhante trabalho do psicólogo Lawrence LeShan. A psicofisiologista Jeanne Achterberg, autora de *Imagery in Healing* [As Imagens na Cura][23], afirmou que quando alguém começa a investigar uma área da medicina em que a integração da mente e do corpo possui um papel importante, geralmente descobre que LeShan já esteve lá anos antes, construindo os fundamentos, antes de qualquer outro. O livro de LeShan, *The Medium, the Mystic, and the Physicist* [O Médium, o Místico e o Físico][24], é de inestimável importância ao colocar a cura psíquica num contexto racional abordável pela ciência. A análise que segue deve muito à visão de LeShan.

O passo mais importante para entender a cura psíquica é apreciar a natureza não-localizada da realidade em que os curandeiros operam. É claro que não é esta a maneira como vemos o mundo no dia-a-dia. O modo comum de perceber as coisas é inteiramente localizado: nós "sabemos" que todos os eventos, em particular nossos corpos e mentes, ocupam lugares separados no espaço e pontos definidos no tempo. Mas, durante toda a história, seres humanos têm aberto caminho para uma realidade onde todo o espaço começa a parecer uma túnica inconsútil, totalmente unitária, e em que o tempo parece não estar dividido em presente, passado e futuro. W. T. Stace, um grande erudito do misticismo, assim descreveu essa experiência do mundo:

> Toda a multiplicidade de seres que conformam o universo são idênticos entre si e, portanto, constituem uma só coisa, uma unidade pura.[25]

Ou, segundo o eco da tradição hindu no *Mandyyuka-Rarita Upanishad*:

Originariamente, todos os objetos são ilimitados como o espaço
E neles a multiplicidade não tem lugar.[26]

O conhecido psiquiatra Kurt Goldstein descreveu esses dois modos de ver o mundo – o do dia-a-dia e o místico – como essenciais à natureza do homem. E, o que é importante, o modo não-localizado não é um artifício de experiência conhecido apenas pelos místicos. Segundo Goldstein,

> Cheguei à conclusão que o homem vive sempre em duas esferas de experiência: uma em que o sujeito e o objeto são vivenciados como separados, relacionados somente de forma secundária, e outra na qual se experimenta a unidade com o mundo. . . . Por observarmos essas experiências em seres humanos normais, devemos dizer que elas, e o mundo no qual aparecem, pertencem à natureza humana.[27]

A visão unitária não é aberrante. Freqüentemente, aqueles que descrevem esses estados são acusados de apresentar algum tipo de desarranjo mental, como a esquizofrenia, por "especialistas" que não possuem conhecimento pessoal desse modo de ser no mundo e que, portanto, não conseguem entendê-lo. "Despersonalização", "perda de identidade" e "colapso de limites" são algumas das denominações pejorativas desse modo de percepção. São comuns as prescrições de medicação antipsicótica e mesmo a hospitalização do indivíduo "afetado". Mas se Goldstein está certo, esse tipo de experiência, por si só, não é patológico, senão teríamos de condenar como mentalmente desequilibrados boa parte de nossos mais talentosos poetas, escritores, escultores, músicos – e curandeiros psíquicos.

LeShan denomina esse modo de ver o mundo de Realidade Clarividente, pois muitos videntes, ou clarividentes, o descrevem como o estado em que operam quando recebem informação por vias paranormais: ver o futuro, ter conhecimento de eventos distantes, etc. Porém, quero chamar essa condição de *Realidade Não-localizada*, para enfatizar a diferença em relação ao modo localizado, comum, de ver o mundo.

Vimos que o aspecto mais proeminente da Realidade Não-localizada é a unidade fundamental com todas as coisas e eventos. Além disso, o tempo é visto de uma maneira não-ordinária. Passado, presente e futuro são ilusões que projetamos, e não realidades essenciais. Dentro desse contexto de união, o mal é mera aparência, como tudo mais, pois faz parte do todo e está relacionado com o bem. Quando chegamos a um entendimento genuíno dessa realidade, os opostos irreconciliáveis nos revelam sua unidade. Além disso, começamos a perceber que há um modo alternativo de obter essa informação, que não através dos sentidos.[28]

Como funciona a cura psíquica? A pesquisa de LeShan mostra que a maior parte dos curandeiros consideram o seu trabalho uma forma de "prece" e creditam sua eficiência à intervenção de Deus. Depois vêm aqueles que atribuem o trabalho aos "espíritos". Para eles, a cura ocorre depois de ser estabelecido um canal especial entre os espíritos e o paciente. E um terceiro grupo acredita que eles próprios transmitem ou originam alguma forma de "energia" de efeito restaurador.

Como podemos tratar essas afirmações? Como lidar com declarações sobre Deus, espíritos e energia? No que diz respeito ao primeiro grupo, concordo com LeShan em não querer opor-se à hipótese de que Deus esteja fazendo o trabalho. Todavia, desejamos ir mais além. Precisamos saber *como* Deus está trabalhando, de modo que possamos, sistematicamente e com mais confiança, fazer uso dos efeitos. Quanto à afirmação do segundo grupo de que espíritos estão por trás do seu trabalho, não sabemos como provar ou refutar essa afirmação. Não surgiu até agora qualquer evidência científica da existência de espíritos, a despeito dos corajosos e perseverantes esforços feitos por muitos pesquisadores. Podemos aceitar que os espíritos sejam, de fato, o que afirmam ser; mas é possível também que sejam uma fração da personalidade do curandeiro, como na síndrome da personalidade múltipla. Alguns curandeiros bem conceituados de fato confessaram sua incapacidade de excluir esta possibilidade. Quase que invariavelmente, os espíritos têm nome, e às vezes julga-se que possuem personalidades bem definidas, e que ocupam lugares ou pontos no tempo e no espaço. Muitas descrições de curandeiros podem, na melhor das hipóteses, ser metafóricas, e algumas irremediavelmente antropomórficas, como os quadros que os primeiros anatomistas usavam para entender as vísceras do homem – alavancas, engrenagens, correias e roldanas estendendo-se da cabeça até os dedos do pé.

As pessoas situadas nas áreas marginais da medicina científica não são as únicas que se entretêm com a existência de espíritos. Sir William Osler, o pai da medicina moderna, apresentou algumas de suas idéias sobre eles num verso que se encontra em "Ciência e Imortalidade", palestra proferida em Harvard, em 1904. Sir William, depois de comentar "a busca fútil da ciência" por entidades desencarnadas, reconheceu que:

Talvez eles vivam no mundo real, e nós na terra das sombras! Quem sabe? Talvez o poeta esteja certo:

> Pois digo que somos enganados pelo olho e pelo ouvido:
> Estes órgãos nos ocultam o mundo real
> Que existe ao nosso redor; somos iludidos pelo brilho.
> O ouvido, o olho, nos tornam surdos e cegos;
> De outro modo, perceberíamos nossos mortos
> Que passam acima, através e abaixo de nós.

Se o grande Osler pensava seriamente sobre o mundo dos espíritos, talvez suas palavras possam encorajar médicos e outros céticos da cura psíquica a reconsiderarem suas posições.

E o grupo da "energia"? O problema é que ainda não se descobriu qualquer forma mensurável de energia na cura psíquica (embora isto não signifique que não exista). Será por demais sutil para ser detectada pelos aparelhos científicos atuais? Talvez; sem dúvida, não conhecemos todas as formas de energia que existem no universo. Mas se há alguma forma de energia envolvida, seria completamente diferente das que conhecemos hoje. Em primeiro lugar, a "energia" cuja existência é afirmada pelos curandeiros psíquicos mostrou-se capaz de penetrar todas as barreiras conhecidas, tais como paredes de tijolo, e de percorrer grandes distâncias sem enfraquecer, conforme ocorreu na pesquisa feita no Hospital Geral de São Francisco. A explicação energética parece violar os princípios da realidade não-localizada. LeShan mostra que a energia flui entre duas "coisas". Mas a natureza "coisificada" do mundo é desenfatizada no modo de ser não-localizado, que é o estado existencial da maioria dos curandeiros psíquicos.

Para a maior parte dos curandeiros, entrar no estado de Realidade Não-localizada, onde eles fazem o seu trabalho, envolve a participação num estado alterado de consciência, muito semelhante à meditação ou à prece. Neste estado, eles vêem a si próprios e aos pacientes como um só, uma vez que a ponte sujeito-objeto é completamente superada. Segundo Edgar Jackson, um famoso curandeiro psíquico, "a prece, como um estado de consciência específico, vai além da consideração usual do real ou irreal, consciente ou inconsciente, orgânico ou inorgânico, subjetivo ou objetivo, até um lugar onde [o curandeiro] lida a um só tempo com a totalidade do ser, de modo a sensibilizar o todo".[29]

Esta é uma admirável descrição de uma unidade inclusiva entre o curandeiro e o paciente. A separação fica em segundo plano e a unidade ganha destaque neste modo de experiência. A individualidade e o ego simplesmente não fazem parte do repertório do curandeiro, o que contrasta nitidamente com muitos dos curandeiros-evangélicos da tevê, que praticamente exalam "personalidade", "poder" e "presença".

A Importância do Amor na Cura

Mas a experiência da Realidade Não-localizada, em si mesma, não explica totalmente esse estado. É preciso algo mais para dar vida à condição de não-localização. Afinal de contas, estudos têm demonstrado que as crianças parecem sentir-se "unas" com o seu ambiente, o mesmo ocorrendo com muitos psicóticos e drogados. O que separa a experiência não-localizada destes das dos curandeiros? Uma grande diferença é a unidade que o curandeiro sente com o paciente, inspirada e transformada pelo amor e pelo zelo. Este é um fator essencial, cuja importância não conseguiríamos enfatizar suficientemente.

> Nas palavras de Agnes Stanford, "só o amor pode gerar o fogo da cura". Ambrose e Olga Worral disseram que "devemos nos interessar. Devemos nos interessar pelos outros, com profundidade e urgência, integridade e premência; nossa mente, nosso espírito precisa ajudá-los". Stewart Grayson, um sério curandeiro da Primeira Igreja da Ciência Religiosa, disse: "se a compreensão é só mental, então é vazia e estéril", e: "o sentimento é o estímulo que há por trás da cura". Stanford escreveu que, "quando oramos de acordo com a lei do amor, oramos segundo a vontade de Deus".[30]

O amor e o zelo separaram desde sempre essa forma de cura do mero exercício da técnica. Não se ganha nada simplesmente entrando num estado de consciência não-localizada. Pode-se fazer tal coisa com as drogas, o álcool, a intimidade sexual ou prendendo a respiração. É preciso algo mais, aquilo que está contido no ditado: "O segredo do cuidado do paciente é o zelo para com ele." A medicina moderna, por tentar funcionar de forma completamente objetiva, tornou-se indiferente. Como conseqüência, seu poder de cura atrofiou-se. Sem a catálise do amor e do zelo, a medicina se torna uma mera manipulação de tecidos, uma orquestração química.

Esta é uma das lições mais importantes que a medicina ortodoxa poderia aprender dos curandeiros psíquicos. De fato, é estranho que o amor por parte do curandeiro, sendo um ingrediente essencial, nunca seja mencionado nas escolas de medicina, embora isso possa estar mudando, tendo em vista a entusiástica recepção de *Love, Medicine, and*

Miracles [Amor, Medicina e Milagres], escrito pelo Dr. Bernard Siegel, cirurgião de Yale.[31] Porém, os mais elaborados algoritmos de tratamento – os diagramas de fluxo nos textos médicos que mostram a próxima etapa no tratamento de uma doença – nunca incluem um destaque com as palavras "AMOR!" ou "ZELO!" E é por isso que os algoritmos falham, embora pareçam infalíveis, levando em consideração todas as eventualidades. É por esta razão que os computadores, os diagramas de fluxo e todas as tabelas de decisão nunca poderão reproduzir o trabalho do curandeiro.

Quando ocorre a cura psíquica, a experiência do amor e da não-localização encontram-se tão fortemente ligadas que não podem ser separadas. Os curandeiros experimentam uma sensação de *sacralidade* e de *totalidade*, de tal forma que o universo parece divino, encantado e cheio de amor. De acordo com os Worrals, "na verdadeira prece, temos consciência de que somos parte do Universo Divino". O curandeiro psíquico não precisa esforçar-se para adicionar o elemento amor às suas curas; antes, o amor é intrínseco à autêntica sensação de totalidade não-localizada. Não estamos falando aqui do amor como uma emoção. Este amor maior se parece mais com um profundo desejo interior de restabelecer a integridade do paciente, a perda da qual expressa-se como doença. O amor pelo paciente *é* a ânsia em ajudá-lo a ser íntegro, a ser Uno. Sem este amor, a cura simplesmente não ocorre.

As escrituras dizem que Deus é amor. Deus, também, é o Uno, a Unidade Pura, fora da qual nada pode existir. E os curandeiros psíquicos geralmente são pessoas conscientes de Deus, profundamente sensíveis a esta tríade: Deus, Amor, Unidade. É por isso que muito da cura psíquica é coerente com as concepções espirituais das grandes religiões do mundo; e também por que tantos curandeiros famosos executaram seus serviços no contexto de uma religião formal. Segundo o grande místico cristão medieval Jan van Ruysbroeck,

> A imagem de Deus é encontrada essencial e pessoalmente em toda a humanidade. Cada um a possui toda, inteira, indivisa, e todos juntos não mais do que um sozinho. Deste modo, somos todos um, intimamente unidos em nossa imagem eterna, que é a imagem de Deus e a fonte em nós de toda vida.[32]

Um Outro Tipo de Cura

LeShan descreve outro tipo de cura, que é, quanto ao método, bem diferente da que vimos antes, e que ocorre com menos freqüência. Nesta modalidade menos comum, o curandeiro tem a impressão de estar separado do paciente, e sente um fluxo de energia emanando da palma de suas mãos. Estas são colocadas em ambos os lados da área atingida e a "energia restauradora" "atravessa" o local. Em cerca de metade dos casos os pacientes sentem uma espécie de calor penetrando no corpo, apesar de não estarem familiarizados com o que esperar dessa experiência. Outros descrevem algum tipo de "atividade" na parte afetada, enquanto outros ainda, positivamente uma minoria, descrevem uma sensação de frio.

Nesse tipo de cura, o curandeiro *tenta* ativamente curar pela manipulação do "fluxo de energia". Isto pode soar como se o curandeiro estivesse de volta ao velho mundo localizado, cheio de coisas separadas, isoladas no espaço: o curandeiro, suas mãos, o paciente, a área afetada do paciente e a energia que está sendo manipulada. Mas ocorre, em grande medida, um esquecimento do eu, como atesta a explicação do curandeiro Harry Edwards:

> Só uma coisa existe, e esta são [as] mãos através das quais flui o poder da cura. Todo o ser do curandeiro está concentrado em seus dedos – nada mais parece existir. O resultado desejado é a única coisa que lhe interessa.[33]

De onde vem a energia? Alguns curandeiros crêem que a origem da energia curativa são eles próprios. Outros acreditam que a fonte é Deus, e que eles simplesmente tentam transmiti-la ao paciente – o que é diferente da Realidade Não-localizada antes descrita. De fato, é *tão* diferente que LeShan considera que o curandeiro e o paciente evitam a responsabilidade de assumir uma situação e, na verdade, dizem, em conjunto:

> Nós dois estamos assustados demais com esta intimidade e união que fazem parte da cura psíquica. Vamos fingir que tudo não passa de um fluxo de energia [que] sai das mãos e resolve o problema. Desta forma, ambos ficaremos mais sossegados.[34]

Mas num ponto os praticantes desses diferentes tipos de cura parecem concordar totalmente: o amor e o zelo são essenciais para uma cura bem-sucedida.

Em resumo:

- Apesar de os céticos raramente se convencerem de que a cura psíquica existe (a recuperação sempre pode ser atribuída ao "desenvolvimento natural da doença"), eventos impressionantes de cura acontecem, sem envolver intervenções químicas ou cirúrgicas, mas mediados pelos esforços de curandeiros.

- Esses eventos extraordinários não ocorrem em algum modo de realidade localizada, mas sim num modo *não-localizado* de ser, conforme é vivenciado pelo curandeiro.
- A medicina moderna pode estar limitando sua eficiência pela insistência crônica em que a realidade localizada do aqui-e-agora é a única que existe, a única em que pode ocorrer a cura.
- A cura psíquica, pelo próprio fato de sua existência, nos dá uma forte evidência de que há uma qualidade anímica, não-localizada no tempo e no espaço, em nossa psique. Ela mostra que o nosso tempo transcende o momento, transcende mesmo a duração de uma única vida, e que o nosso lugar não é apenas onde estamos agora, mas em toda parte.

Milagres Acontecem: Um Caso Clínico

Em 24 de junho de 1981, uma aparição da Virgem Maria manifestou-se na pequena vila de Medjugorje, na Iugoslávia. Desde então, ela tem sido vista todos os dias, e como conseqüência Medjugorje tornou-se um lugar de peregrinação para milhões de pessoas de todo o mundo.

Há muito se observa que curas extraordinárias ocorrem associadas a aparições, tais como aquela vista nessa pequena vila iugoslava. De fato, centenas de curas notáveis têm sido relatadas de Medjugorje. O padre Slavko, um monge franciscano com doutorado em psicologia, que vive e trabalha no local, afirma que às vezes ele pode dizer quem será curado. "Freqüentemente, são as pessoas que vêm aqui e não *querem* decididamente a cura que acabam sendo atendidas", diz ele. "Elas chegam com a mente aberta e pedem a cura, mas não vêm com este único propósito."[35]

Brendan O'Regan, vice-presidente do setor de pesquisa do Instituto de Ciências Noéticas, em Sausalito, Califórnia, visitou Medjugorje para investigar esses estranhos acontecimentos, e concorda que há um interessante perfil psicológico naqueles que foram curados. "Essas pessoas *estão* num lugar diferente, psicológica, emocional e, sem dúvida, psicofisiologicamente", observou ele. "Há uma expressão triste, longínqua em [seus] olhos. . . que é inconfundível. Parece uma ansiedade, a busca de uma lembrança, a necessidade de uma experiência universal de amor. . ."[36]

O'Regan e seu Instituto estão analisando dados disponíveis no mundo todo sobre curas espontâneas, tais como aquelas relatadas em Lourdes, Medjugorje e em outros lugares. Essas informações nunca foram sistematicamente examinadas antes. Até agora o projeto vasculhou mais de 860 jornais de medicina e mais de 3.000 artigos individuais – a maior compilação do mundo. O relatório irá chamar-se *Alívio sem Intervenção Alopática*, e deve ajudar consideravelmente a estabelecer a legitimidade e o caráter normal das chamadas curas milagrosas.

Se considerarmos as anamneses de pessoas doentes que tiveram curas inesperadas, as observações do padre Slavko e de O'Regan parecem realmente verdadeiras. Elas nos dão a impressão de que um "modo de ser não-localizado" e a abordagem "não-dirigida", onde simplesmente se pede que "o melhor" seja feito, parecem representar um papel crucial na recuperação. À primeira vista, pôr em prática esses conceitos é quase impossível. Afinal de contas, uma doença grave focaliza a nossa atenção no corpo e no aqui-e-agora: o modo de ser localizado. Como conceber que alguém possa ignorá-lo? Como uma pessoa sinceramente adotaria uma abordagem não-dirigida em relação à doença? Como é possível ser neutro quanto às conseqüências de um processo patológico de vulto que pode resultar em morte? Como evitar que se oriente os resultados de um tratamento numa determinada direção?

Talvez nunca possamos entender plenamente como isso é possível sem experimentarmos nós mesmos, pessoalmente, um "evento miraculoso". Mas podemos observar as experiências alheias e tentar nos colocar no lugar dessas pessoas – como o de um italiano de meia-idade, Vittorio Micheli. Segundo o relatório da comissão Médica de Lourdes, França, que investigou o seu caso, ele deu entrada em 1962 no Hospital Militar de Verona, Itália, com uma grande massa na região da nádega esquerda. Essa massa era tão extensa que limitava os movimentos do quadril nesse lado, sendo tremendamente dolorosa. Os raios X mostravam ampla destruição dos ossos da pelve e da anca, revelando que a massa literalmente corroía o esqueleto de Micheli. No final de maio, foi feita uma biópsia da massa que, a esta altura, já era bem extensa. O exame patológico revelou ser a lesão um carcinoma fusiforme, ou seja, uma agressiva e destrutiva forma de câncer. Nesta ocasião, Micheli já estava muito doente, e sua perna foi imobilizada numa armação que cobria desde a pelve até os pés. Em junho ele foi enviado a um distante centro médico para fazer terapia de radiação. Quatro dias depois, por alguma razão, foi dispensado sem receber qualquer irradiação, indo então para o Hospital Militar de Trente, onde o internaram.

Durante os dez meses seguintes, Micheli não recebeu nenhum tratamento específico em Trente. Os raios X mostravam a progressiva destruição dos ossos da pelve e da anca, e ele passou a apresentar crescente perda de todos os movimentos ativos da extremidade inferior esquerda. A essa altura, toda a anca tinha sido destruída, e o homem estava literalmente caindo aos pedaços. A perna começava a desprender-se do corpo, à medida que as estruturas que sustentam a anca e a pelve – cartilagem, tendões e ligamentos, além do osso – eram destruídas pelo câncer. Então, no dia 20 de maio de 1963, aproximadamente um ano depois do diagnóstico original, ele partiu para Lourdes, onde banhou-se várias vezes, ainda em seu aparelho de gesso.

O relatório da comissão Médica de Lourdes diz que Vittorio Micheli estava em sérias condições quando veio para o santuário. Havia perdido muito peso e não podia comer. Mas, ao ser banhado, seu apetite voltou imediatamente, suas energias ressurgiram e Micheli sentiu estranhas sensações de calor atravessando seu corpo. Os amigos o levaram então ao hospital, onde ele começou a ganhar peso e aumentar os níveis de atividade. Cerca de um mês depois, os médicos tiraram o molde de gesso para mais raios X e descobriram que o câncer tinha diminuído de tamanho. Então, sob a observação deles, em algumas semanas o tumor desapareceu completamente. Mas outro evento ocorreu, ainda mais espantoso do que o desaparecimento do tumor: os ossos da pelve, da anca e o fêmur passaram a recuperar-se e, com o tempo, *se regeneraram completamente*.

Dois meses depois de ter-se banhado em Lourdes, Vittorio Micheli saiu para dar um passeio.

Os médicos da comissão de investigação expressaram a importância desses eventos de forma bem clara. Segundo eles,

> Havia ocorrido uma notável regeneração do osso ilíaco e da cavidade [pélvica]. Os raios X feitos em 1964-65, 68 e 69 confirmam categoricamente, e sem sombra de dúvida, a ocorrência de uma inopinada e mesmo irresistível regeneração do osso, até então desconhecida dos anais da medicina mundial. Nós mesmos, durante uma carreira universitária e hospitalar de mais de 45 anos, dedicada em grande parte ao estudo dos tumores e neoplasmas de todos os tipos de estruturas ósseas, e tendo tratado centenas de casos semelhantes, nunca encontráramos uma única regeneração óssea espontânea dessa natureza.[37]

Lendo nas entrelinhas do relatório, pode-se detectar o assombro desses médicos. Eles ainda declararam:

> Por certo que se procurou uma explicação para a cura do sarcoma de Micheli, mas não se chegou a nenhuma resposta. Ele não passou por nenhum tratamento específico, não sofreu qualquer infecção intercorrente que pudesse ter influenciado a evolução do câncer [algumas infecções parecem estimular o corpo a rejeitar um câncer].
>
> Uma articulação completamente destruída foi totalmente regenerada sem qualquer intervenção cirúrgica. O membro inferior, então inutilizado, ficou perfeito, o prognóstico é indiscutível, o paciente está vivo e em próspero estado de saúde nove anos depois de seu retorno de Lourdes.[38]

Não há nenhum teste que possa indicar o estado mental envolvendo a cura de Vittorio Micheli. Esteve ele absorto numa percepção localizada ou não-localizada de si mesmo? Esperava ele ser curado? Não sabemos. É por isso que os estudos de Spindrift, examinados anteriormente, são tão importantes. Neles é *possível* mostrar quais as formas de intenção mental mais apropriadas para modelar a saúde de sistemas biológicos simples.

Também não sabemos *por que* ele se recuperou. Se esses "milagres" são o resultado de cura psíquica, da prece, de um determinado estado mental utilizado pelo paciente, ou se, como sustentam os cépticos, são casos de "regressão espontânea", talvez seja realmente impossível saber. Crucial é admitir que, independentemente da gravidade da doença, curas inexplicáveis e radicais são possíveis. Mas qual a *probabilidade* de elas ocorrerem? Se tais casos são extremamente raros, talvez não devêssemos enfatizá-los para não criarmos falsas esperanças nos enfermos. Porém, segundo a dra. Rachel Remen, é igualmente contrário à ética dar "falsas esperanças negativas", em que pintamos um quadro excessivamente sombrio ao paciente. O desespero e a sensação de condenação podem ter efeitos devastadores e fatais sobre a saúde.[39] Uma maneira de evitar "falsas esperanças negativas" é admitir livremente a possibilidade, não importa quão infreqüente seja, da cura total e repentina de qualquer enfermidade, às vezes violando todos os princípios conhecidos da física.

"A mente", disse o Dr. Jonas Salk, "somando-se à medicina, tem poderes para mudar o comportamento do sistema imunológico."[40] Concluindo esta seção sobre a prece e a cura psíquica, quero enfatizar a palavra "somando-se", que sugere a necessidade de formas complementares de terapia. *Nós somos criaturas compostas*. Não temos apenas mentes que podem afetar nossos corpos, mas também corpos que *de fato* reagem a efeitos físicos de drogas, cirurgia, irradiação e intervenções semelhantes. Os benefícios do método físico no tratamento das enfermidades humanas são reais e inegáveis. Seria tolice abandoná-los em favor de uma abordagem baseada, em sua totalidade, na mente.

Hoje há uma tremenda ambivalência e confusão sobre essa questão. Com a descoberta de que a mente – as emoções, as atitudes, os sentimentos e a compreensão dos significados – desempenha um papel importante na enfermidade, muitas pessoas saltam para a conclusão de que, na saúde e na doença, "tudo é mente". Esta atitude é uma perversão da realidade médica. Não só pode levar a abordagens desumanas no tratamento das doenças, mas também pode causar um sentimento de culpa e vergonha quando a pessoa adoece.[41] O que precisamos é de um método equilibrado que, ao surgir a doença, tome em consideração *toda* a natureza humana, a mental *e* a física. O corpo *pode* ser visto como um fenômeno localizado, sendo tratado com métodos localizados, baseados no físico e ancorados no aqui-e-agora. Mas há um outro aspecto do nosso ser que é *não-localizado* – a mente –, infinito no espaço e no tempo, e que, embora não-material, é também capaz de ocasionar profundas mudanças no estado do corpo físico. É só combinando as duas abordagens que poderemos descobrir a melhor realidade terapêutica.

3
Corpo-Mente

Há um certo grau de pensamento consciente por todo o corpo.

Escritos hipocráticos

Murmúrios do Sangue

Eu fui, e ainda sou, um aspirante, mas deixei de interrogar as estrelas e os livros; comecei a ouvir os ensinamentos que meu sangue murmura para mim.

Hermann Hesse
Prólogo de *Demian*

O sangue fala. Hesse tinha razão, assim como todos os poetas, escritores e aspirantes que, pelas eras, aprenderam a ouvir os murmúrios do sangue. A mente está no sangue, como indicou Hesse. Esta não é uma afirmação poética; não é uma metáfora; é uma verdade literal.

Hoje sabemos que certas células do cérebro sintetizam várias substâncias químicas que afetam o nosso humor e o modo como pensamos. Depressão, agitação, tranqüilidade, medo, ansiedade – estas e muitas outras emoções comuns estão decisivamente vinculadas às ações de certos compostos chamados neuropeptídios e neurotransmissores. Atualmente são conhecidas algumas dezenas deles, e certamente muitos outros serão descobertos. Muitas células do sangue fazem substâncias que, em alguns casos, são idênticas àquelas sintetizadas pelas células do cérebro. Entre essas substâncias estão as famosas endorfinas, potentes analgésicos naturais que também afetam nossos ânimos. As células do sangue, além disso, possuem sítios receptores para vários hormônios e substâncias químicas, idênticos àqueles existentes no cérebro.

O quadro que começa a surgir indica que parece haver mais de um cérebro. Há o cérebro *anatômico*, encerrado na cavidade craniana, e o *cérebro funcional*, tecidos e substâncias que desempenham funções cerebrais, podendo ou não estar localizados dentro do crânio. Em outras palavras, existe cérebro fora do cérebro – substâncias que atuam em muitos aspectos como o tecido cerebral, embora distantes do crânio ósseo. Com este novo entendimento do papel do sangue, passamos a ver o cérebro como liberto de suas amarras e percorrendo todo o corpo, acompanhando o fluxo do líquido vital. Segundo esta perspectiva, a mente, à medida que está vinculada ao cérebro, permeia cada canto e cada fresta do corpo, pois há poucos tecidos sem sangue.

Essas novas propostas são um outro meio de acesso à mente não-localizada. Aqui a mente não está espalhada no tempo nem se expande além do corpo, como vimos em relação à prece e à cura psíquica. Estamos considerando agora uma abordagem mais conservadora: a mente não-localizada no cérebro, a mente não-confinada a um espaço específico dentro da cabeça. Talvez essa etapa do nosso pensamento seja um passo intermediário para a compreensão da não-localização. Primeiro, tirar a mente de dentro do cérebro e levá-la para o resto do corpo; e depois, levá-la para além do próprio corpo. Esta segunda etapa pode ser menos traumática se entendermos o significado da primeira: que a mente, mesmo se admitirmos que ela funciona por intermédio do cérebro, não pode ser fixada no crânio; que ela se difunde pelo corpo, acompanhando o fluxo do sangue. Devemos começar a pensar sobre o cérebro distante, o cérebro ectópico, o cérebro solto, o cérebro do sangue, o cérebro que exsuda vermelho dos cortes e das escoriações quando o corpo é traumatizado, o cérebro visível no microscópio e nas análises químicas do sangue, o cérebro que flui através de capilares, vênulas e artérias, das entranhas do corpo para os elementos mais exteriores da pele. Esse cérebro distante é capaz de afetar o funcionamento do cérebro anatômico tradicional – *tão* capaz, diga-se, que simplesmente não há sentido em pensarmos no cérebro como algo que existe apenas acima dos ombros. Devemos considerar que onde há sangue também há cérebro.

Se o cérebro se libertou de suas amarras, o que dizer da localização da mente? Nós até falamos em "perder a cabeça", como se fosse ruim para ela, e para a mente, vagar por aí e não ficar parada. A grande antropóloga Margaret Mead não participa do preconceito de que a mente está localizada num determinado ponto do espaço. Jean Houston, pesquisadora contemporânea da psique, relata um incidente em que perguntou a Mead onde sua consciência estava localizada. "Ora", respondeu a grande mulher, mostrando o seu corpo, "está em toda parte!". Mead era tão boa ouvinte quanto Hermann Hesse: podia ouvir os murmúrios do seu próprio sangue, e eles vinham de toda parte.

"Sangue Ruim"

Ao longo dos séculos, a humanidade sempre soube que a função do sangue era garantir uma boa saúde. Quando as coisas vão mal com o corpo, o sangue muitas vezes é o culpado. É espantoso o número de enfermidades que, ao longo da história, foram atribuídas ao "sangue ruim". As doenças venéreas são o exemplo clássico – particularmente a sífilis, que assolou a Europa e a Ásia nos últimos anos do século XV. Muito antes de conhecida a sua causa, achava-se que ela ocorria, devido ao "sangue ruim", embora realmente não houvesse nenhuma evidência concreta para isso, e os especialistas não concordassem em relação àquilo que poderia fazer o sangue ficar ruim. Alguns pensavam que o sangue tornava-se impuro em decorrência de transgressões éticas ou morais (concepções semelhantes podem ainda ser ouvidas hoje sobre a causa da AIDS), e chamavam a sífilis de "o flagelo carnal" ou a pústula francesa. Outros achavam que se tratava de uma doença específica da pele, enquanto alguns estavam convencidos de que a causa era o envenenamento por mercúrio.

Parece que todos, na Europa, tinham muito medo de serem expostos ao sangue ruim dos outros. A pandemia de sífilis começou logo depois que Colombo retornou do Haiti, em 1493, e também coincidiu com a invasão da Itália, em 1494, pelo exército de Carlos VIII da França. Os franceses estavam convencidos de que a moléstia devia-se ao sangue ruim dos italianos; estes, por sua vez, eram de opinião de que o sangue contaminado era o dos franceses; e todos na Europa puderam culpar os nativos do Novo Mundo por terem exportado o sangue ruim por intermédio dos homens de Colombo.

É fascinante que *todas* as antigas escolas de pensamento tenham prescrito a realização de testes sangüíneos, mesmo *antes* que se soubesse que a bactéria espiralada causadora da doença existe no sangue. No final do século passado, pesquisadores procuraram diligentemente pela causa no sangue. A busca culminou em 1905 com a descoberta, por Fritz Schaudinn e Paul Hoffmann, do *Treponema pallidum*, um organismo fino, delicado, móvel, e estranhamente belo, cuja estrutura afilada espirala-se de seis a quatorze vezes. Entretanto, mesmo antes de a bactéria ser isolada do filtrado sérico de feridas sifilíticas, algumas experiências já haviam confirmado que os sifilíticos realmente tinham o sangue ruim, mas por outras razões – por exemplo, havia nele uma reduzida quantidade tanto de água quanto de cloreto de sódio. Outros encontraram um desequilíbrio no "padrão de nutrição" do sangue. Porém, nenhum desses achados provou ser útil, até a descoberta, em 1906, da reação de Wasserman, o teste sangüíneo que permitiu pela primeira vez o diagnóstico da sífilis.[1] [A finalidade desse teste complexo é verificar se as células vermelhas do sangue do paciente são dissolvidas ou sofrem lise no tubo de ensaio. Um teste positivo requer a presença, no sangue, de três substâncias – um antígeno (da bactéria), anticorpos (produzidos pelo corpo em resposta ao antígeno) e uma proteína sangüínea chamada complemento.]

Como puderam idéias tão díspares sobre a causa da sífilis – perturbação da moral, doenças da pele, envenenamento por mercúrio, etc. – concentrar-se na conclusão de que o *sangue* era o elemento afetado?[2] De onde vieram esses pressentimentos? O "raciocínio" uniforme e precoce que apontava o sangue como causador poderia ter sido resultado de uma escuta coletiva dos murmúrios do sangue? – o sangue falando na sua própria linguagem, assim como dizemos que o cérebro ou o coração falam conosco na sua linguagem? Surge a imagem do "órgão ferido" – o sangue – implorando para ser ouvido; ou a pessoa tendo "sensações no sangue", assim como dizemos que temos "sensações no estômago". Terá sido esta a experiência dos primeiros pesquisadores da sífilis, experiência que levou à percepção do sangue como fator?

Essa sugestão não é de todo fantasiosa. O fato é que temos os elementos necessários para a ocorrência de diálogos bidirecionais entre certas células do sangue e o tecido cerebral. Ambos os órgãos sintetizam substâncias idênticas e contêm muitos sítios receptores semelhantes. Por que a natureza teria projetado esse tipo de arranjo, se não para que houvesse uma comunicação real? Hoje sabemos que diálogos químicos entre o sangue e o cérebro *podem* ocorrer; a nossa tarefa é decifrar o que está sendo dito – ouvir, com Hesse, os murmúrios do sangue.

Sensações no Estômago

> *Os brancos pensam que o corpo todo é controlado pelo cérebro. Temos uma palavra,* umbelini [os intestinos]: estes é que controlam o corpo. Meus umbelini *me dizem o que vai acontecer: vocês nunca experimentaram isso?*
>
> Mongezi Tiso
> Nativo da tribo xhosa
> África do Sul[3]

> *Quando o seu estômago brigar com você, deite-se e acalme-o com pensamentos serenos.*
>
> Satchel Paige
> Famoso lançador de beisebol

Todas as pessoas, ocasionalmente, têm intuições e pressentimentos que não podem ser justificados racionalmente, mas que parecem ser infalíveis, verdadeiros e irrefutáveis – às vezes os chamamos de "sensações no estômago". Aparentemente, é estranho utilizarmos esse termo: por que não "sensações no braço", "sensações na perna" ou "sensações na boca?" Por que os intestinos?

Candace B. Pert, antiga Chefe de Química do Cérebro da divisão de neurociência clínica do Instituto Nacional de Saúde Mental, foi quem descobriu as endorfinas (juntamente com Solomon Snyder, laureado com o Prêmio Nobel pelo seu trabalho). Suas descobertas podem revolucionar nossas crenças sobre as origens das sensações, bem como a suposição de que a mente está localizada no cérebro. Pert, proeminente pesquisadora e respeitada especialista dessa importante área, descobriu que cada sítio receptor presente no cérebro também é encontrado nos monócitos, um tipo de célula branca do sangue, cujo papel no sistema imunológico é fundamental. Além disso, ela verificou que certas substâncias químicas que afetam a emoção também controlam o trajeto e a migração dos monócitos. A equipe de Pert notou que essas células do sistema imunológico não possuem apenas receptores para vários neuropeptídios que controlam o ânimo no cérebro, como também *sintetizam* esses compostos; e que todo o revestimento do trato intestinal, do esôfago até o intestino grosso, está forrado de células que contêm neuropeptídios e seus receptores. "É bem possível", diz Pert, "que a abundância de receptores seja a razão por que muita gente sente emoções nos intestinos – por que têm 'sensações no estômago'."[4]

Quem duvidaria de que sentimos "sensações no estômago"? É tão comum essa capacidade que, recentemente, uma droga chamada cimetidina, conhecida como Tagamet, tornou-se a medicação mais prescrita nos Estados Unidos. O Tagamet é uma "droga miraculosa", utilizada no tratamento de hiperacidez e úlceras. "Gastrite", "indigestão", "gases", dor e sangramento, esse é o preço que pagamos pelo fato fisiológico de canalizarmos nossos sentimentos para o trato gastrointestinal (G-I). Esses problemas não são benignos: a cada ano milhares de pessoas morrem de hemorragia devido a úlceras gástricas e duodenais. Há outras coisas no trato G-I, além do estômago: a boca, o esôfago, o duodeno e o intestino delgado, e o cólon. Embora muitos outros fatores estejam envolvidos nessas doenças, além do estresse emocional, todos esses órgãos suportam o impacto das emoções, como podem atestar inúmeros pacientes de esofagite, espasmo esofágico, úlceras pépticas, duodenites e síndrome do intestino irritável (cólon espástico). E Pert descobriu que *todos* esses órgãos têm sítios receptores para as endorfinas, e a capacidade de sintetizar essas substâncias alteradoras da mente.

As endorfinas não são os únicos compostos compartilhados pelo cérebro e pelo trato G-I. Recentemente, muitos hormônios pépticos, que antes se pensava existirem somente no trato G-I, foram também encontrados no cérebro; entre eles estão o polipeptídio intestinal vasoativo (PIV), a colecistoquinina (CCK-8), a gastrina, a substância P, a neurotensina, encefalinas (semelhantes às famosas endorfinas), a insulina, o glucagon, a bombesina, a secretina, a somatostatina e o hormônio liberador de tirotrofina (HLT).[5] Como têm aumentado o número de hormônios encontrados em ambos os locais, alguns pesquisadores inteligentes perceberam que profundas questões filosóficas estão sendo levantadas por essas descobertas. O fato de cérebro e intestino sintetizarem os mesmos hormônios, que são mensageiros químicos, e partilharem sítios receptores para essas substâncias, faz com que eles "dialoguem" entre si. Mas se eles conversam um com o outro, quem está no comando – o cérebro, como sempre supomos, ou o intestino? *Há*, como pensamos, um ditador fisiológico, um "órgão rei"? Em vista dessa partilha de funções, que tem efeitos mentais definidos, como podemos continuar a considerar o cérebro como o único sítio da mente? E os outros órgãos, além do trato G-I, que *também* compartilham hormônios com o cérebro (tais como certas células do sangue, conforme já vimos, e o rim, que também sintetiza o peptídeo angiotensina II)? Eles também podem reclamar a condição de sítios da mente? Sempre que se descobre um órgão partilhando hormônios com o cérebro, surgem essas mesmas questões. No rastro dessas descobertas, ficamos com a pergunta: *onde a mente se localiza no corpo*?

Nossas sensações em relação ao local que dá origem àquilo que sentimos são notoriamente não-confiáveis. Um ataque cardíaco pode causar dor no braço esquerdo, na mão, no pescoço ou no queixo, mas não no peito; a dor num membro ausente pode não ser sentida no corpo, mas projetada para fora deste (dor no membro fantasma). Então, de onde vêm as mudanças de ânimo que sinto? Elas *parecem* originar-se na minha cabeça, mas como posso ter certeza? Como posso afirmar que não vêm do intestino – ou do sangue, ou do rim –, já que ali se localiza uma espécie de "equipamento emocional" semelhante àquele que existe no cérebro?

Uma Ponte entre Todas as Coisas Vivas?

Uma das descobertas mais surpreendentes da pesquisa de Pert sobre neurotransmissores, hormônios pépticos e sítios receptores é a semelhança dessas substâncias e estruturas com aquelas encontradas em formas de vida não-humana. Um pequenino protozoário, chamado tetraimena, um organismo primitivo e microscópico, sintetiza insulina e beta endorfinas idênticas às dos seres humanos, e seu sítio receptor para a molécula de endorfina é igual ao nosso. Não só esse protozoário, mas também os ratos compartilham com os seres humanos um sítio receptor para endorfinas. Sobre estas descobertas, Pert declara:

> O receptor de opiato em nosso cérebro é, em essência, constituído pela mesma substância molecular da tetraimena... . Esta constatação aponta para a simplicidade e unidade da vida. É comparável aos quatro pares de bases do ADN [ou DNA], a molécula codificadora da produção de todas as proteínas, que são o substrato físico da vida. Agora sabemos que nesse substrato existem apenas cerca de 60 moléculas sinalizadoras, os neuropeptídios, responsáveis pelas manifestações fisiológicas das emoções – para es-

timulá-las, se preferir, ou talvez, para fazer fluir a energia. A forma protozoária da tetraimena indica que as moléculas receptoras não se tornam mais complexas à medida que um organismo evolui. Componentes moleculares idênticos para o fluxo de informação são conservados durante toda a evolução. O sistema, em sua totalidade, é simples, elegante e talvez completo.[6]

Os cérebros de homens e ratos, assim como os de protozoários microscópicos, estão funcionalmente vinculados, apresentando componentes moleculares idênticos que, nos seres humanos, influenciam as "emoções estimulantes", como diz Pert. É freqüente referirmo-nos a essas emoções como aquelas qualidades que "nos tornam humanos". E agora, o que vamos dizer? Subestimamos o que podem sentir as outras formas de vida? Apresentam elas algum tipo de vida emocional ou mental, já que possuem alguns requisitos químicos necessários para tal? Em primeiro lugar, o que protozoários e ratos fazem com receptores para endorfinas? Por que precisariam de receptores para endorfinas, que significa "morfina interior", se não são criaturas "com sentimentos"? A morfina alivia a dor, mas as endorfinas são muito mais potentes do que aquela. Se esses organismos não sentem dor, por que desenvolveram as endorfinas e os sítios receptores apropriados a essas substâncias? Supostamente, esses compostos servem para alguma coisa; a natureza não os seleciona sem alguma razão. E mesmo se aceitarmos que os animais podem sentir – o que não é difícil, pois vemo-los contorcendo-se e ouvimo-los gritando de dor –, o que dizer do protozoário? Não devemos atribuir-lhes sentimentos, se seguirmos a nossa lógica? Em resumo, essas descobertas desafiam a maneira um tanto arrogante com que temos menosprezado o potencial de sentimento das formas de vida inferiores.

Essas descobertas possibilitariam a comunicação entre as espécies? As mentes de diferentes espécies poderiam interagir, tendo em vista o "aparelhamento mental" através do qual a mente, seja lá o que for, atuaria? Seria a "aparelhagem mental" semelhante de outras formas de vida um meio para que todos os organismos "entrassem em sintonia"? Em outras palavras, se a mente for não-localizada a ponto de manifestar-se fora do corpo – possibilidade sugerida pelos estudos clínicos supracitados –, poderiam cérebros, ou órgãos análogos, de estrutura semelhante, "atrair" a mente não-localizada a manifestar-se por seu intermédio, assim como as limalhas de ferro possibilitam a manifestação de um campo magnético? No próximo capítulo, Criaturas Grandes e Pequenas. . . , veremos como isso pode vir a manifestar-se. Examinaremos certos estudos da psicologia experimental que apontam para a ocorrência de alguma conexão mental não-localizada entre o homem e formas de vida inferiores.

Mas, primeiramente, cabe uma advertência. A ânsia com que muitas pessoas abraçam novas descobertas como essas é reveladora de uma sede de natureza espiritual. Queremos acreditar que a vida e a mente podem ser maiores do que o nosso corpo físico pessoal e perecível; que algo perdura quando morremos. A maioria de nós sentimos profundamente que *somos* mais do que a química, a anatomia e a fisiologia do corpo e cérebro individuais. *Não* concordamos com Bertrand Russel quando ele disse, "quando morrer, apodrecerei, e nada restará do meu ego". Queremos que Russel esteja errado; *sentimos* que ele está errado; e essas esperanças e intuições são estimuladas quando a ciência diz algo de novo e efusivo sobre nós mesmos.

Certa vez, William Butler Yeats censurou o hábito da ciência de reduzir tudo na natureza a fórmulas secas e insípidas, dizendo que (referindo-se à fórmula H_2O) preferia sua água misturada com um pouco de alga marinha. Do mesmo modo, preferimos nossos cérebros e corpos misturados com um pouco de mente e espírito. Mas, às vezes, esquecemos que a ciência *ainda* se refere com preponderância à física e à química quando refere-se à "mente", isto quando este termo chega a ser usado. Em geral, somos *nós* que acrescentamos alga marinha à água, ao adicionarmos "mente", "alma" ou "espírito" às últimas revelações da ciência sobre o cérebro e o corpo. Esquecemos que o materialismo ainda reina na ciência de hoje.

Queremos tanto que nossos anseios interiores de transcender o físico sejam validados pela ciência onividente que, ao pensar, cometemos grandes erros, a que Alfred North Whitehead chamou de "falsa concreção". Um exemplo deste erro é supor que a gravidade é responsável pela atração entre as pessoas. A atração não é um fenômeno, e a gravidade não atrai? A lógica equivocada depende de se atribuir uma falsa concretude à atração interpessoal. Da mesma forma, ao supor que a ciência revelou que partilhamos a "mente" com o tetraimena, com os ratos e com outros seres humanos pelo fato de ter demonstrado a existência de neuropeptídios e sítios receptores idênticos nessas formas de vida, caímos na mesma armadilha.

Ou cometemos um outro tipo de engano em nosso raciocínio chamado "erro categórico". O exemplo mais famoso é o do lingüista Alfred Korzibski: confundir o mapa com o território. Ou então comer o menu em vez da refeição – e, no nosso caso, equiparar a mente ao corpo, o mental ao físico, o espiritual ao fisiológico.

O filósofo Gilbert Ryle, famoso por se referir à mente como "o fantasma na máquina", propôs que toda a confusão da mente com o corpo repousa num gigantesco erro de categoria cometido pelo filósofo seiscentista francês René Descartes. Descartes, disse Ryle, "era como um confuso estudante estrangeiro numa excursão a Oxford. À medida que a biblioteca, os dormitórios, a capela, etc., lhe eram mostrados, ele continuava perguntando, 'sim, mas onde está a *universidade*?' "[7] Insistimos em que a mente, como o corpo, seja uma coisa localizável no espaço, da mesma forma que o estudante estrangeiro ao querer que a universidade estivesse num ponto específico. Com isso, confundimos dois níveis diferentes de descrição e equiparamos a mente ao cérebro e ao corpo – um erro categórico que continua a infestar a medicina e a biologia.

É crucial tornar bem claros esses níveis de descrição. Senão corremos o risco de confundir o espiritual com o físico. Nunca confirmaremos a nossa intuição espiritual de que somos mais do que cérebro e corpo materiais examinando monócitos, linfócitos, neuropeptídios e sítios receptores. Estas são estruturas materiais que perecerão quando morrermos, e o fato de serem idênticas àquelas das tetraimenas ou de alguma outra espécie não impedirá a ocorrência desse evento. Então, por que essas similaridades são importantes? Por que nos alongamos neste assunto? A relação com outras formas de vida fornece-nos algo de que precisamos com urgência: respeito pela vida de criaturas grandes e pequenas, e uma concepção mais ampla da nossa posição na natureza – não como soberanos, mas como participantes. Conforme veremos, porém, é em relação à mente, e não ao corpo ou às suas partes, que se pode em verdade argumentar a favor da não-localização e, em última análise, da imortalidade e da unidade.

À medida que prosseguimos, vale lembrar que o fisiológico, o mental e o espiritual não são equivalentes. Devemos ter cuidado para não colocar palavras *espirituais* na boca da ciência *física*; e se decidirmos, com Yeats, acrescentar um pouco de alga marinha à nossa água, é preciso lembrar que a fonte dessa alga, invariavelmente, somos nós, e não a ciência.

A Mente Não-localizada no Laboratório

> *O inconsciente possui uma extensão que alcança qualquer lugar; não temos meios de estabelecer uma fronteira definida; assim como não podemos dizer onde o mundo acaba, também não podemos afirmar onde termina o inconsciente, ou mesmo se termina em algum lugar.*
>
> C. G. Jung[8]

Nossa investigação corpo-mente continua – só que agora não queremos focalizar as conexões existentes dentro do ego individual, pessoal, mas o modo como a nossa mente pode estar relacionada com a mente e o corpo de outros indivíduos. E não apenas com outros seres humanos, mas também com outras formas de vida.

Em seu extraordinário livro, *The Invented Reality* [A Realidade Inventada], que analisa a escola de pensamento conhecida como construtivismo, o filósofo Paul Watzlawick apresenta uma série de experiências mostrando que a realidade percebida por nós como "exterior", uma realidade que simplesmente espera que a descubramos, é uma noção falsa.[9] A impressão que se tem é a de que a realidade parece não ser tanto descoberta quanto inventada.

Superficialmente, isso pode parecer uma tempestade em copo d'água. Hoje todos sabem que as pessoas diferem nas suas percepções, mesmo quando enfrentam situações idênticas. Nossas experiências passadas, crenças e expectativas moldam de forma impressionante a maneira como vemos, cheiramos, ouvimos, degustamos e sentimos. Mesmo uma coisa tão simples quanto a estimativa do comprimento de uma linha varia tremendamente de um indivíduo para outro. Uma mesma moeda parece maior, quanto ao tamanho, para um indivíduo que foi pobre quando criança do que para outro que viveu na riqueza. Os exemplos que poderiam ser dados para mostrar que as percepções humanas variam em resposta a idênticas exigências sensoriais são infindáveis. São tão comuns que, quando topam com eles, os psicólogos não mais levantam o sobrolho.

Mas podem percepções e crenças preexistentes *sobre* o mundo chegar à *mudá-lo*? A crença sobre o comprimento de uma linha não a altera, nem a estimativa errônea do tamanho de uma moeda pode mudá-la. A linha e a moeda são o que são; crenças sobre elas não influenciam a sua verdadeira natureza. Mas será que crenças *podem* realmente transformar o estado do mundo físico?

Nas últimas três décadas, descobertas em psicologia experimental têm sugerido que a convicção de uma pessoa sobre o mundo pode chegar a mudá-lo. Uma tal idéia é muito perturbadora para as habituais concepções sobre a mente, sugerindo que esta pode, de fato, influenciar eventos a distância – que pode "mover a matéria" e, assim, moldar o mundo ao nosso redor.

Watzlawick traz à luz a investigação séria do psicólogo Robert Rosenthal, da Universidade de Harvard, conhecida como experiência de Oak School.[10] Este estudo envolveu 650 estudantes e 18 professoras. No começo do ano letivo, foi dita ao corpo docente uma inverdade – que um determinado teste de inteligência, aplicado a todos os estudantes, poderia não apenas estabelecer seu quociente de inteligência (QI), como também identificar aqueles 20 por cento dos alunos que apresentariam um progresso intelectual rápido e superior no ano escolar subseqüente. Depois de aplicado o teste, os professores receberam os nomes dos estudantes que, supostamente, com base no teste, se destacariam. Mas, na verdade, os professores estavam sendo "ludibriados", pois os nomes foram escolhidos *aleatoriamente* de uma lista. Assim, a diferença entre esse grupo e o restante dos estudantes só existia na cabeça dos professores. No final do ano letivo, o mesmo teste de inteligência foi aplicado ao corpo discente. O resultado? O grupo dos "dotados" demonstrou aumentos *reais* acima da média em seus QIs. Além do mais, os relatórios pessoais dos professores avaliavam aqueles alunos como sendo mais expansivos, amistosos e intelectualmente curiosos do que seus pares.

O que aconteceu? Há muitas maneiras de explicar o resultado desse estudo. Poderíamos dizer que um prognóstico auto-realizador foi induzido nos professores, que eles levaram a efeito prodigalizando, inconscientemente, mais atenção aos estudantes "dotados". Isso deu a esses estudantes uma vantagem no aprendizado que acabou se manifestando no resultado final do teste. Afinal de contas, os professores adoram ter alunos bem-dotados e, portanto, não é desarrazoado suspeitar que fossem extraordinariamente atenciosos e empáticos com seus pupilos "especiais".

Mas a explicação para o resultado dessa experiência, como veremos, está longe de ser esclarecedora. Talvez ela *não* repouse apenas nos princípios conhecidos da psicologia experimental, que supõe serem as mentes separadas e isoláveis em indivíduos singulares. Podem ser necessárias hipóteses mais audaciosas sobre o funcionamento da mente do que aquelas que até agora vimos alimentando. De fato, talvez seja mais deselegante acreditar que há *5 bilhões* de mentes em nosso planeta, separadas e individuais, do que supor que há uma só mente não-localizada manifestando-se através de diferentes pessoas. *Se* a mente for não-localizada, *se* algo como uma mente contínua, universal ou grupal tiver existência real, *se* essas possibilidades existirem, seria perfeitamente razoável supor que a convicção dos professores alterou o desempenho dos alunos "especiais", fundindo-se com eles e manifestando os efeitos observados; pois, se a mente for de fato não-localizada, para começar haveria apenas uma mente, à qual pertenceriam a dos professores e a dos estudantes.

Antes de levar a efeito a experiência de Oak School, Rosenthal relatara um estudo semelhante com ratos, que foi repetido e confirmado por muitos outros especialistas.[11] Doze estudantes de um curso de psicologia experimental tiveram preleções onde lhes foi dito que um bom ou mau desempenho num teste poderia ser transmitido geneticamente em ratos por criação seletiva. Então seis estudantes receberam um grupo de trinta ratos provenientes, segundo lhes foi informado, de uma linhagem superior, e que portanto conseguiam aprender melhor ou mais rápido. Os outros seis estudantes receberam trinta ratos e lhes foi dito o contrário: estes animais haviam sido treinados para um desempenho modesto em tarefas de aprendizado. Na verdade, não havia nenhuma diferença genética entre os ratos. Os sessenta roedores eram todos originários de uma linhagem geneticamente homogênea, do tipo que sempre é usado em experimentos dessa natureza. Todos os animais foram então treinados na mesma experiência. Os ratos cujos treinadores acreditavam serem eles superiores saíram-se melhor desde o início, elevando a sua pontuação bem acima dos animais "ininteligentes". Ao término da pesquisa de cinco dias, os observadores foram solicitados a avaliar seus ratos subjetivamente. Os treinadores que pensavam estar trabalhando com animais superiores, assim os julgaram. Eles os descreveram como curiosos, inteligentes e cativantes; disseram que até costumavam brincar com os animais, tocando-os e acariciando-os. Por outro lado, os estudantes que "sabiam" que estavam lidando com animais *in*inteligentes formularam juízos negativos sobre suas cobaias.

Podemos explicar o resultado dessa experiência pela "predisposição do observador"? Será que esses resultados são devidos à influência sutil do toque, das carícias e da interação entre os experimentadores e os ratos "bem-dotados"? Se é assim, não há nada que diferencie este estudo das habituais explicações dadas à experiência de Oak School: é tudo uma questão de sugestões sutis, empatia e vantagens no aprendizado induzidas por professores ou experimentadores inconscientes. Afinal de contas, os estudantes são muito simpáticos (alguns!), e ratos de laboratório geralmente são criaturinhas adoráveis; seria de se esperar o surgimento de empatia e sentimentos sociáveis em relação a ambas as classes de indivíduos. Faça com que as explicações sejam claras, simples e econômicas: respeite a navalha de Occam. Segundo esta máxima sacramentada pela ciência, enunciada pelo filósofo inglês Guilherme de Occam, no século XIV, a melhor explicação é aquela que utiliza o menor número de pressuposições. É proibido "multiplicar o número de hipóteses" além do mínimo – como, por exemplo, introduzir nesses experimentos efeitos "mentais" e o conceito de mente não-localizada.

Desçamos ainda mais no domínio dos seres vivos, desta vez até o mundo dos mais insignificantes invertebrados, que, presumivelmente, *não* são considerados adoráveis e atraentes pela maioria das pessoas. Em 1963, dois pesquisadores, Lucian Cordaro e J. R. Ison, publicaram os resultados de um interessante estudo que trata de uma espécie de platelminto primitivo chamada planária. Segundo eles, as interpretações usuais não explicam a maneira como se deu a interação entre experimentadores e cobaias.

Como as planárias têm um cérebro rudimentar, constatou-se que elas só são capazes de aprender tarefas bem simples, como a direção a tomar ao se chegar à transversal de um sulco em forma de T. Estes experimentos eram muito comuns nas universidades americanas nos anos cinqüenta. Na experiência de Cordaro e Ison, assim como na de Oak School e no estudo sobre os ratos, os experimentadores foram levados a acreditar que estavam lidando com vermes geneticamente dotados e inteligentes, ou então com criaturas obtusas e incapazes. Desta convicção obtiveram-se resultados semelhantes àqueles já vistos nas outras duas pesquisas: as minhocas que os observadores acreditavam ser dotadas alcançaram pontuações superiores em suas tarefas de aprendizado.[12]

Embora a subjetividade dos experimentadores tivesse sido introduzida na pesquisa na forma de certas expectativas sobre o desempenho dos vermes, é altamente improvável que os resultados possam ser explicados por ligações emocionais entre os experimentadores e suas cobaias. Pois, como afirma Paul Watzlawick, indiretamente, na análise que fez desse estudo, "nesse estágio primitivo de desenvolvimento [dos invertebrados, há] pouca abertura para vínculos emocionais".[13] E nos três experimentos – com as crianças, os ratos e as planárias – é importante notar que não lidamos meramente com conclusões subjetivas, mas com resultados mensurados. Estes, em cada estudo, puderam ser numericamente enunciados, variando os números na mesma direção das previsões e expectativas dos professores ou pesquisadores.

Poderiam sugestões sutis estar atuando por caminhos que não sabemos explicar, caminhos invisíveis, mas que moldam o comportamento das partes, mesmo entre seres humanos e animais invertebrados? É claro que *alguma* interação ocorre. A questão é: que tipo? Toda vez que são introduzidos efeitos empáticos, ou sempre que há um intercâmbio emocional positivo entre o experimentador e a cobaia, podemos esperar que esses fatores sejam importantes no desempenho. Mas é pedir demais que acreditemos que as interações, nos três experimentos, pudessem ser totalmente explicadas da maneira usual – interações baseadas tão-somente em intercâmbios verbais, tácteis ou visuais, ou por alguma outra interação fisicamente mediada. O problema é que isso nem sempre acontece, especialmente quando a criatura envolvida não desperta empatia e atração no pesquisador, mas sentimentos negativos, como costuma ser o caso dos platelmintos.

Qualquer que seja a explicação escolhida, é óbvio que modelamos o nosso quadro da realidade, e mesmo as ressalvas da ciência não conseguem impedi-lo. Watzlawick apresenta o dilema que surge desses estranhos estudos, e nossa típica reação em relação a eles:

> Pelo fato de essas experiências solaparem nossos conceitos básicos, é fácil desprezá-las e voltar à confortável certeza de nossas concepções rotineiras. Que os psicólogos experimentais ignorem esses resultados extremamente perturbadores e continuem a testar pessoas e animais com implacável tenacidade e "objetividade" científica, é apenas um pequeno exemplo da determinação com que nos defendemos quando nossa visão de mundo está sendo ameaçada.[14]

Por outro lado, os resultados das experiências anteriores poderiam ser explicados afirmando-se a ocorrência de um evento psicocinético no qual, a mente de um indivíduo "movimenta a matéria" de um modo que simplesmente desconhecemos, "canalizando" o comportamento dos estudantes, ratos e platelmintos numa determinada direção. Mas uma tal mente teria que ser não-localizada, já que seus efeitos se manifestam fora do cérebro. E se fosse não-localizada no espaço e, de fato, não-limitada ao indivíduo, é possível que se fundisse com outras mentes semelhantes, formando a Mente Una. A psicocinese seria, então, uma manifestação específica e não-fundamental da Mente Una não-localizada.

Sem dúvida, *houve* interações sutis que moldaram o desempenho de estudantes, ratos e planárias, e algumas dessas interações foram de natureza física – os aspectos geralmente utilizados para explicar "a predisposição do experimentador". Porém, a interação *mais sutil* pode ser aquela que Watzlawick chama de "comunicação humana". A visão apresentada neste livro é a de que essa "comunicação" mostrará ser completamente diferente daquilo que admitem as teorias atuais. É provável que os fatos conhecidos sobre a comunicação humana, e a comunicação entre seres humanos e outras espécies, serão compreensíveis apenas através do conceito de mente não-localizada – a *Mente Una* – uma envolvente comunhão mental, uma consciência universal abrangendo de igual modo as mentes de todos os professores, esperimentadores, estudantes, ratos e invertebrados. Esta mente não se confina a observadores singulares, embora se manifeste por intermédio deles, criando a ilusão de um eu separado e a sensação de um ego dotado de uma mente separada.

4

Criaturas Grandes e Pequenas

Sentemos aqui, todos nós, nesta vasta pradaria... nada de sentar sobre mantas; sintamos o chão com o nosso corpo, a terra, os tufos de vegetação que cedem ao nosso peso. Teremos a grama por colchão, sentiremos sua aspereza e suavidade. Tornemo-nos como as pedras, as plantas e as árvores. Sejamos animais, pensemos e sintamos como animais.

Lame Deer
Curandeiro dacota[1]

Então ela cantou novamente e saiu da tenda; e, enquanto as pessoas a observavam, repentinamente tornou-se num bisão branco que, resfolegando, galopava para longe, desaparecendo a seguir.

Black Elk
Curandeiro dacota[2]

Agora examinaremos de que maneira a mente não-localizada se manifesta no mundo das criaturas vivas, antes de nos aventurarmos pelo mundo da ciência, na Parte II. Apesar de já termos visto evidências de possíveis ligações entre seres humanos e animais nos experimentos acima citados, focalizaremos essa possibilidade fora do laboratório.

Se os seres vivos inferiores a nós possuem mente não-localizada, é muitíssimo provável que a nossa própria consciência também contenha a qualidade da não-localização. Pois acreditamos que nossas mentes podem "fazer" aquilo de que são capazes as mentes inferiores, e ainda mais. De fato, é por isso que chamamos a inteligência humana de "superior".

Há evidências, tanto de uma perspectiva histórica quanto do ponto de vista da ciência moderna, de que algo semelhante à comunicação mental estabelece uma continuidade entre humanos e animais; de que esta comunicação pode ser surpreendentemente profunda; de que não pode ser explicada por intercâmbios físicos conhecidos; e de que, às vezes, apresenta uma inegável natureza não-localizada. Para muitas culturas antigas, seria impensável *não* compartilharmos a consciência com outras formas de vida. Como exemplo, consideremos o seguinte comentário de Tatangi Mani, ou Búfalo Errante, um índio americano que viveu de 1871 a 1967:

> Você sabia que as árvores falam? Bem, é o que elas fazem. Elas falam umas com as outras, e falarão com você se você lhes der ouvidos... Aprendi muito com as árvores: às vezes sobre o clima, às vezes sobre os animais, às vezes sobre o Grande Espírito.[3]

Aqui temos o quadro de um mundo vivo, vibrando com a intercomunicação entre homens, plantas e animais, um mundo em que toda a natureza é um grande diálogo. Os seres humanos participavam da conversa por várias razões: algumas práticas, como o conhecimento do tempo, e outras espirituais, como o conhecimento do Grande Espírito. Este é um quadro da mente não-localizada em ação – a mente solta no mundo, estendendo-se além do cérebro e do corpo a fim de comunicar-se por formas para as quais não temos nenhuma explicação física.

Para as culturas chamadas primitivas, o mundo inteiro estava vivo. Ele era *encantado, realmente* vivo para eles, e todas as formas de matéria possuíam mente. Insinuar outra coisa seria uma blasfêmia contra a natureza. Nossa idéia moderna de uma mente localizada teria sido considerada uma crença perigosa, pois representaria aquele tipo de *hybris* que os deuses nunca deixariam impune.

Partilhando a Mente com os Animais: Xamanismo

Embora todos os membros das sociedades primitivas percebessem de modo geral um mundo encantado e consciente, não eram todos igualmente capacitados a percorrê-lo. Nessas culturas, o mestre no acesso e na compreensão dessa realidade viva era o xamã, e é do estudo do xamanismo que podemos aprender muito sobre as interações mentais entre homens e animais. A palavra "xamã" veio, através do russo, do tungúsio *saman*. Naquela imensa área da Ásia Setentrional e Central, onde nasceu esse vocábulo, a função xamânica localizava-se no centro da vida mágico-religiosa de todas as tribos. Mas não só lá; o xamã estava presente em inúmeras culturas, do Ártico às regiões próximas ao pólo sul; da América do Norte à Europa e sul da Ásia; na Indonésia, Oceania e alhures. Estavam em toda parte, porque as necessidades a que servia eram universais: a necessidade de conhecer o mundo dos espíritos, e como ele afetava os negócios dos homens. Em todas as culturas, seu papel era amplo. O xamã era curandeiro, manipulador dos ritos sagrados, pressagiador da caça e da colheita, intercessor pelas almas perdidas – no geral, um especialista em estabelecer pontes entre o profano e o sagrado.

Os etnólogos estudaram o papel do xamã em culturas do mundo inteiro, e hoje há poucas dúvidas de que os xamãs acreditavam na existência de uma consciência coletiva que os vinculava ao reino animal. Tão íntima era essa união que os xamãs acreditavam ser possível *tornar-se* um animal. Segundo o brilhante erudito do xamanismo, Mircea Eliade:

> As relações entre o xamã (e, de fato, o homem "primitivo" em geral) e os animais são de natureza espiritual, e de uma intensidade mística tal que se torna difícil para a mentalidade dessacralizada moderna sequer imaginá-las. *Para o homem primitivo, vestir a pele de um animal era tornar-se esse animal*. . . mesmo hoje, os xamãs acreditam que podem transformar-se em animais. . . . Temos razões para crer que essa transformação mágica resulta num "sair do próprio eu" (a ênfase é nossa).[4]

Assim, de imediato, notamos uma profunda diferença na maneira como o xamã enxergava os animais e o modo como nós os concebemos atualmente. Tão pessoal era a sua relação com o reino animal que ele nunca usaria a palavra "animalesco" no sentido pejorativo em que é empregada hoje em dia, pois os animais não eram criaturas inferiores, mas, na verdade, estavam mais próximas de Deus, a fonte última de poder, do que nós. Muito se ganharia, portanto, tornando-se um animal. Eliade:

> O animal com o qual o xamã se identificava era. . . um animal mítico, o Ancestral ou Demiurgo. Ao se tornar esse animal mítico, o homem trans-

formava-se em algo maior e mais forte do que ele próprio. Temos razão em supor que essa projeção num ser mítico, centro ao mesmo tempo da existência e da renovação universal, induzia à experiência eufórica que, antes de terminar em êxtase, revelava ao xamã o seu poder, pondo-o em comunhão com a vida cósmica.[5]

Transformar-se num animal não era privilégio dos xamãs. Existia uma técnica marcial entre os povos indo-europeus, e nas culturas não-européias há também manifestações análogas, em que o guerreiro se transformava numa fera predadora, assumindo a ferocidade e a selvageria do animal em questão. Esses "guerreiros-feras" eram chamados de *berserkir*. Isso mostra que a comunicação e a transformação entre animais e homens estendia-se bem além do domínio do xamã. Uma outra expressão pode ser encontrada nos ritos de caça dos povos páleo-siberianos, em que a transformação no animal predado trazia ao caçador uma grande vantagem, já que tornar-se o animal caçado ajudava a espantar a fome.[6]

Há relatos do xamã que, assumindo a consciência da garça, subitamente desaparece da vista daqueles que o cercam, deixando apenas o som de um bater de asas; ou aquele que, tornando-se um urso, deixa apenas rastros desse animal, em vez do seu próprio, a certa altura da trilha. Essas transformações ocorrem realmente? É claro que há truques em muitos desses relatos (foram documentados e até admitidos por alguns xamãs), mas não em todos. E é extremamente improvável que uma tradição pudesse resistir durante milênios até os dias atuais se a sua única sustentação fosse o truque, a fraude e as mentiras.

Talvez não seja importante formular um veredito, falso ou verdadeiro, quanto ao que "realmente" acontece no xamanismo, mas sim guardar um grande respeito por essa tradição cultural que existe desde os primórdios da história humana. O próprio Eliade sugere que há algo de inefável nessas práticas – algo de impressionante, espiritual, que a mente cética faria muito bem em não violar. Afinal de contas, não estamos familiarizados com os estados incomuns de consciência conhecidos pelo xamã, um fato que certamente limita qualquer observação que possamos fazer. O xamanismo jamais entregará seus segredos ao observador intruso, especialmente àquele que rejeita como patológico o domínio psicológico extático, que é o ponto central dessa operação. As descrições objetivas do antropólogo nunca poderão captar plenamente a essência do xamanismo, assim como um cientista não pode descrever adequadamente o *Davi* de Michelangelo com uma mera explicação da estrutura molecular do mármore no qual ele foi esculpido.

O acesso à consciência animal trouxe consigo certas habilidades difíceis de ser postas em prática no mundo ordinário. Na consciência do dia-a-dia, o homem está limitado às leis de causa e efeito. Ele está preso ao tempo linear, com suas rígidas divisões de passado, presente e futuro. De um modo geral, com exceções ocasionais, como nos estados oníricos premonitórios, ele é capaz de viver apenas no presente, embora se esforce em vislumbrar as coisas vindouras. Mas, ao tornar-se, ou ao compartilhar, a consciência de um animal, o xamã acredita que pode transcender o tempo e o espaço, e as leis de causa e efeito que fazem parte deles. Para o xamã, os animais parecem pertencer a um tempo mítico e a uma existência paradisíaca, ocorridos antes de o mundo assumir suas atuais características. Assim, ele acredita que, como animal, ver o futuro não é problema, nem comunicar-se com o passado. Nesse estado, certas coisas que não podem ser feitas na existência profana tornam-se possíveis, e essa habilidade pode ser aproveitada para o bem. O xamã consegue encontrar companheiros perdidos na tundra, na montanha, no deserto. Localiza cavalos desgarrados. Encontra água. Faz previsões sobre a colheita e a caça. Sabe onde achar esta última. Sabe quem morrerá e quem viverá. Conhece o resultado das batalhas, onde e quando será melhor lutar. Pode prever o tempo e quando plantar ou colher. Tudo isso porque a cosmologia, a experiência da consciência animal é diferente: não está amarrada às limitações temporais e espaciais da vida diária. É não-localizada no espaço e no tempo. Não vem ao caso saber se os próprios animais, na "consciência animal", podem realmente ocupar-se dessas percepções. É a *crença* do xamã sobre a natureza da consciência animal que parece crucial e que possibilita o florescimento desses elevados poderes de percepção.

Cada vez que um xamã consegue partilhar do modo de ser de um animal, ele, em certo sentido, restabelece a situação existente *in illo tempore*, nos tempos míticos, quando não ocorrera ainda o divórcio entre o homem e o mundo animal.[7] Isto lhe confere uma vantagem adicional sobre as coisas, um modo de anular os efeitos de desvio e decadência do tempo profano linear. Tornando-se um animal, o mundo se vitaliza e renova.

Não era sempre o homem que tomava a iniciativa de atualizar a consciência coletiva não-localizada que encerrava em si. . . homem e animal. Às vezes, a primeira iniciativa era tomada pelo animal. Isto fica evidente na *vocação* do xamã – o apelo para que ele se torne um mestre – e na sua iniciação. Freqüentemente, em sonhos ou em visões, o futuro xamã se defronta com feras que podem devorá-lo ou torturá-lo da maneira mais hedionda possível. No fim, geralmente ele é reconstituído e, não raro, a fera devoradora torna-se o seu guia tutelar ou animal protetor. Na tradição dos xamãs (buriates), o animal tutelar é chamado *khubilgan*, um termo que pode ser interpretado como "metamorfose" (de *khubilku*, "transformar-se a si mesmo", "assumir outra forma"). Assim, o animal tutelar não só habilita o xamã a se transformar; ele é, num certo sentido, o seu "duplo", o seu *alter ego*. Este é uma "alma" do xamã, a sua "alma vital".[8] Se o seu *alter ego* for morto numa luta, a morte do xamã não tarda.[9]

Os fenômenos xamânicos muitas vezes foram atribuídos a anormalidades neurofisiológicas. Mas, conforme declarou S. F. Nadel em seu estudo das tribos sudanesas, "nenhum xamã, na vida diária, é um indivíduo 'anormal', um neurótico ou um paranóico; se fosse, seria classificado como lunático, e não respeitado como um sacerdote. Nem, finalmente, pode o xamanismo ser correlacionado com anormalidades incipientes ou latentes; não me recordo de nenhum caso de um xamã cuja histeria profissional deteriorasse em grave desordem mental. . . . [Não se pode, portanto, dizer que] o xamanismo. . . seja uma válvula de escape para a anomalia mental em geral, [ou que] se baseie numa predisposição psicopática de extraordinária difusão; por certo, não pode ser explicado meramente como um mecanismo cultural criado para absorver a primeira ou aproveitar-se da segunda."[10]

De fato, o xamã geralmente parece ter uma constituição nervosa supranormal, pois deve ser capaz de uma concentração excepcional. E, sob qualquer aspecto, sua capacidade intelectual supera de longe a dos companheiros. Por exemplo, o vocabulário poético de um xamã yakut contém doze mil palavras, ao passo que a linguagem comumente utilizada tem apenas quatro mil. Intelectualmente, o xamã é superior àqueles do seu meio. Ele costuma ser o guardião de uma rica literatura heróica oral, além de ser o cantor, o poeta, o músico, o adivinho, o sacerdote, o médico e o protetor geral das lendas seculares.[11]

E os deveres profissionais do xamã são tão exigentes que poucos podem competir com a sua coragem física. Ele tem de ser capaz de suportar a solidão e os perigos da selva; tem de agüentar os rigores do jejum e as horas de dança e canto. Assim, precisa de um corpo maleável e forte, bem como de uma energia ilimitada para suplementar a agudez de sua inteligência. Segundo certo relato, "Mytchyll, um xamã yakut. . . , embora sendo velho, durante uma representação venceu os mais jovens pela altura de seus saltos e pela energia de seus gestos... Tornou-se agitado, transbordou em inteligência e vitalidade. Feriu a si próprio com uma faca, engoliu varas, comeu carvão em brasa..."[12]

O xamã também se destaca política e socialmente. "Para os yakut, o xamã perfeito... deve ser sério, cuidadoso, capaz de convencer os vizinhos; acima de tudo, não pode ser presunçoso, orgulhoso, mal-humorado. Deve-se perceber nele uma força interior que, sem qualquer arrogância, seja consciente de seu poder."[13] O melhor xamã, então, seria o híbrido de um grande atleta, de um intelectual capaz de sintetizar grandes reservas de conhecimento e do mais nobre dos estadistas.

Os xamãs, como grupo, certamente estão entre os homens mais talentosos e inteligentes que passaram pela Terra. A crença numa consciência não-localizada partilhada com os animais nos vem de uma elite de seres humanos. Isso não significa que eles não estivessem errados. Talvez estivessem coletivamente iludidos; talvez sua noção de que o mundo dos animais, das plantas e das coisas fosse encantado e vivo se constituísse num remanescente de épocas anteriores ao momento em que a consciência do homem se dissociou do mundo que a cerca, quando o ego e o conceito de si mesmo eram tão frágeis que não se havia ainda desenvolvido um sentimento de "eu". Ou, talvez, tendo desenvolvido o sentido de si mesmo, o xamã, esteja simplesmente regredindo a um tempo desejado de inocência paradisíaca.

Partilhando a Mente com os Animais: Evidências Modernas

Se quiséssemos olhar para o mundo moderno e não para o mundo do xamã, onde poderíamos procurar evidências de uma mente partilhada com os animais? A evidência pode estar em toda parte. Por exemplo, seria difícil convencer milhões de donos de animais de estimação de que eles, às vezes, não se "comunicam" com seus cães, gatos, pássaros, ou mesmo com seus peixinhos dourados. Todos, em alguma ocasião, já se sentiram na mesma "freqüência" do animal. Esse sentimento é particularmente pronunciado em alguns vegetarianos que se sentem tão ligados à vida animal que não conseguem comer carne. É impossível explicar a opção de algumas pessoas pelo vegetarianismo como uma decisão puramente intelectual. Há aí algo mais – talvez um autêntico sentimento de consciência partilhada entre humanos e animais. Numa inclinação semelhante, o crescente movimento contra as experiências com animais pode representar a mesma vinculação. Nesses três exemplos – donos de animais de estimação, vegetarianos e a reação contra experiências com animais –, podemos estar testemunhando vestígios da época em que a humanidade realmente sentia que compartilhava a consciência com o reino animal.

Às vezes, os bichos devolvem o favor, comportando-se de forma a sugerir que compartilham a consciência conosco. Será este o motivo do eufemismo que diz ser o cão "o melhor amigo do homem"? Por que ele deseja sê-lo? Só pelos restos de comida? Talvez, embora eu não esteja convencido disso. E as histórias lendárias de animais que vão em auxílio de seres humanos em perigo, como golfinhos que salvam marinheiros prestes a se afogarem, ou cães e cavalos que conduzem pessoas perdidas a um lugar seguro? Não se pode descartar de imediato a possibilidade de que eles estejam respondendo a *seus* sentimentos de uma consciência partilhada *conosco*.

O biólogo Lyall Watson descreveu vários exemplos extraordinários de casos em que pessoas parecem de algum modo comunicar-se com outras espécies.[14] Numa vila polinésia, um homem acorda de um sonho e dirige-se a uma lagoa situada a uma certa distância do povoado, para encontrar-se com as tartarugas marinhas ou com os golfinhos, pois *sabe* que esses animais estão lá, naquele momento, esperando por ele. Ou inclina-se sobre a amurada do barco de pesca, enfia a cabeça dentro d'água e "sabe" qual a direção tomada pelo cardume, a que distância se encontra e qual o tipo de peixe. É bem possível que certos sentidos físicos estejam sendo utilizados nestes e em exemplos semelhantes. Mas não temos nenhuma teoria que os explique, segundo a biologia moderna.

Uma pessoa que se convenceu de que há uma mente envolvendo de igual modo humanos e animais é J. Allen Boone. Boone, produtor de cinema e ex-chefe dos estúdios RKO, é o eloqüente autor de *Kinship With All Life* [Afinidade Com Toda a Vida].[15] A experiência de Boone com Strongheart, um pastor alemão campeão internacional e celebridade do cinema, deixou-o bastante impressionado e mudou para sempre suas idéias sobre a mente.

Quando Boone ganhou a posse desse famoso cão, foi aconselhado a tratá-lo como se ele fosse um ser humano inteligente. Foi instruído a não dizer nada ao animal que não sentisse em seu coração, e também a ler para ele todos os dias algo que valesse a pena. Mas, pouco depois da chegada de Strongheart na casa de Boone, surgiram conflitos de estilo de vida, e ele queixou-se ao cão. Strongheart ouviu e então começou a expressar em pantomima as razões do seu comportamento. Boone descreve o intercâmbio entre eles:

> Eu tinha falado com Strongheart na minha linguagem, uma linguagem de pensamentos e sentimentos revestidos por símbolos sonoros humanos. Ele fora realmente capaz de receber e entender o que eu tinha dito. Então ele me respondeu com uma linguagem feita de sons simples e de pantomima, que ele obviamente achou que eu pudesse compreender sem muita dificuldade. Strongheart havia me entendido perfeitamente, e com sua aguçada e penetrante sabedoria canina me fez compreendê-lo também.[16]

Pura fantasia? Estaria Boone apenas projetando seus próprios sentimentos na situação? Ele tinha a certeza de que isso não estava acontecendo:

> Pela primeira vez, eu tinha realmente consciência de estar em correspondência racional com um animal. . . . Eu tive o privilégio de observar um animal que, agindo por iniciativa própria, expressava qualidades de pensamento independente. . . raciocínio claro. . . juízo. . . previdência. . . prudência. . . bom senso. Haviam-me ensinado a acreditar que essas qualidades pertenciam quase que exclusivamente aos membros da espécie humana, ou, antes, aos "membros instruídos" da nossa espécie. E ali estava um cão cheio delas![17]

A experiência de Boone talvez não seja a única. Milhões de amantes de animais de estimação têm certeza de que seus bichinhos são "em parte humanos". Mas ele foi mais longe e elaborou em sua obra uma ética e uma filosofia da mente universal que une seres humanos, animais e todas as coisas vivas – incluindo as *moscas*.

Depois da notável experiência com o pastor alemão Strongheart, Boone fez amizade com uma mosca doméstica a que chamou de Freddie. Todas as manhãs, Freddie cumprimentava Boone pousando pontualmente às sete horas no espelho do banheiro. A mosca aprendeu a vir quando chamada pelo nome, e Boone fazia uma brincadeira com ela. Convidava-a a subir em seu dedo e afagava-lhe as asas. Numa variante, arremessava a mosca no ar e apanhava-a novamente na ponta do dedo.

Recordando o que havia aprendido de sua experiência com Strongheart, o pastor alemão, Boone formulou, a partir da experiência com Freddie, as seguintes convicções:

(1) Que, intrinsecamente, Freddie, a mosca, e eu, como seres viventes, éramos partes inseparáveis de uma Totalidade inter-relacionada, interfuncional e todo-abrangente. (2) Que, nem ele nem eu éramos causas de coisa alguma, mas sim expressões individuais vivas de uma Causa ou Mente divina, que sempre fala e vive através de cada um de nós e de tudo mais.[18]

O credo de Boone não era apenas um constructo intelectual, era um programa de vivência. Ele *vivia* a crença de que estava incluído numa totalidade que envolvia todos os seres. Ele sustentava que havia muito a aprender "conversando silenciosamente com [Freddie]. Não como a uma mosca, com todas as limitações e coisas desagradáveis que nós, seres humanos, atribuímos às moscas, mas como a um companheiro inteligente".[19]

É improvável que os céticos em relação à mente não-localizada considerem como "evidência" a comunicação entre homens e cães, para não falar das moscas. Para aqueles que duvidam, a mente continua sendo uma propriedade exclusiva do homem, encerrada em cérebros e corpos, não se transviando além da nossa espécie.

Numa notável série de experiências iniciadas por Pierre Duval e Evelyn Montredon, na França, e continuada na América por Walter Levy, gerbos e *hamsters* foram colocados numa pequena gaiola separada em duas metades. A parede que dividia a gaiola era suficientemente baixa para permitir que os animais pudessem saltá-la sem dificuldade. Uma vez a cada minuto, um choque de cinco segundos era aplicado no piso de uma das divisões, a seqüência sendo determinada por um gerador de números aleatórios. A motivação dos animais era, presumivelmente, a de evitar a dor, saltando para o lado da caixa onde o piso não estivesse eletrificado. Mas como poderiam antecipar qual o lado a receber o próximo choque? Não podiam decifrar um padrão para os choques, porque não havia nenhum: estes eram aplicados aleatoriamente. Todavia, eles pareciam saber; pois, como indicaram os registros eletrônicos das posições dos animais, analisados por computador, os gerbos e os *hamsters* de algum modo conseguiam ficar no lugar certo para evitar os choques, numa relação bem mais alta do que a que poderia ser atribuída ao acaso.[20] Este estudo sugere a possibilidade, ao menos, de que a mente dos gerbos e dos *hamsters*, se a podemos chamar assim, não está confinada ao presente, mas pode estender-se em direção ao futuro, examiná-lo e fornecer informações significativas ao animal.

Mas não seria esse um caso de telepatia que, conforme o modelo de Boone, poderia ocorrer se as mentes de todas as criaturas vivas fossem unidas numa comunhão mental universal? Se seu modelo fosse verdadeiro, os experimentadores poderiam, por telepatia, fornecer às cobaias a informação de que elas precisavam para evitar os choques nocivos. Mas não nesta experiência; pois os pesquisadores *também* não sabiam qual o lado da caixa a ser eletrificado em seguida, uma vez que a seqüência era inteiramente determinada por um gerador de números aleatórios.

Num outro estudo em que os animais pareciam ser capazes de saber o futuro, os experimentadores, C. E. M. Bestall e James Craig, colocaram ratos e camundongos num labirinto que lhes dava duas opções. Os animais conseguiam prever qual delas era a correta e virar na direção certa, embora a escolha certa fosse determinada somente *mais tarde* por um procedimento aleatório.[21]

Estudos como esses sugerem que a mente dos animais podem violar o "agora". Mas ela também pode violar os limites espaciais e operar além do "aqui".

Numa determinada experiência, uma cadela mãe e um de seus filhotes foram ensinados a encolher-se quando um pedaço de jornal fosse levantado. Então os cães foram colocados em salas separadas e o filhote foi ameaçado com o jornal. No mesmo instante em que ele se encolheu, a mãe fez o mesmo.[22]

Num outro estudo, acoplou-se um aparelho de eletrocardiograma (ECG) a um boxer, numa sala à prova de som, enquanto sua dona se encontrava numa sala distante. Então, sem que a avisasse, um estranho entrou na sala e começou a gritar injuriosamente e a ameaçá-la com violência. Nesse momento, o ECG registrou um grande aumento de batimentos cardíacos no cão, que se encontrava na sala separada, à prova de som.[23]

Até agora as evidências mais notáveis de que a mente dos animais pode violar o confinamento espacial são os inúmeros casos de "animais perdidos". Estes são bastante comuns, e quase todas as pessoas conhecem um exemplo ou dois. Eles parecem muito mais interessantes do que as experiências artificiais montadas em laboratório. Mas isso não surpreende. Se a capacidade da mente do animal em transcender o tempo e o espaço surgiu no processo evolutivo, certamente o fez na selva e não no laboratório. Portanto, não causa surpresa que as demonstrações mais nítidas da mente não-localizada em animais, se ela existe, ocorram em cenários naturais.

Como mostra o autor Bill Schull em sua fascinante coleção de histórias sobre animais, *The Psychic Power of Animals* [O Poder Psíquico dos Animais],[24] realmente não surpreende que um pombo-correio encontre o caminho de volta se for levado numa caixa fechada a quilômetros de distância e depois for solto. Acredita-se que essas criaturas podem interpretar muitos dados, tais como as posições do sol e das estrelas e os fluxos geomagnéticos. Porém, essas explicações não nos dizem como os animais encontram destinos desconhecidos ou lugares onde nunca estiveram.

É preciso muito cuidado ao avaliar histórias de "animais que voltam". Há muitos animais parecidos, e o cão que retornou pode não ser aquele que estava perdido. Porém, rigorosas precauções podem ser tomadas para evitar o engano, tal como nos cinqüenta e quatro casos de "animais que voltaram", coletados pelo Dr. J. B. Rhine e Sara Feather do Laboratório de Parapsicologia da Universidade de Duke. Rhine chamou essa habilidade animal de "rastreamento psi" (psi é uma letra grega utilizada para designar uma variedade de fenômenos parapsicológicos não-localizados). Para que um determinado relato pudesse ser considerado um caso-tipo, a fonte da informação tinha que ser considerada confiável; devia haver uma característica específica do animal, como uma etiqueta com o nome ou uma cicatriz identificável; o caso devia fazer sentido e ter coerência intrínseca; e era preciso que houvesse dados de apoio, tais como corroboração independente por outros observadores, ou disponibilidade do animal para inspeção por parte dos pesquisadores. Cinqüenta dos casos envolviam cães ou gatos, e quatro envolviam pássaros. Quase metade dos casos compreendiam distâncias de mais de cinqüenta quilômetros.[25]

Um caso típico de "rastreamento psi" é o de Bobbie, uma jovem *collie*. Ela viajava com a sua família de Ohio para o novo lar em Oregon, onde nunca havia estado antes. Durante uma parada em Indiana, Bobbie desgarrou-se e não pôde ser encontrada. Finalmente, a família desistiu da busca e prosseguiu a viagem. Quase três meses depois, Bobbie apareceu na porta de seu novo lar em Oregon. Não houve engano: ela ainda tinha o nome na coleira, além de várias marcas e cicatrizes de identificação.

Quando a história chegou aos jornais, um homem chamado Charles Alexander decidiu investigar a odisséia de Bobbie. Ele colocou anúncios nos jornais de Indiana a Oregon, e muitas pessoas que durante esse período tinham cuidado de uma *collie* perdida que correspondia à descrição de Bobbie se apresentaram. "Quando o caminho foi mapeado, verificou-se que Bobbie escolhera um trajeto razoável, com poucos desvios."[26]

Uma notável coleção de casos de animais que voltaram foi reunida pelo grande naturalista texano, Roy Bedichek, um eloqüente escritor (um dos melhores que o Texas já produziu, segundo um outro texano, o ganhador do Prêmio Pulitzer, Larry McMurtry) e uma autoridade enciclopédica sobre a fauna e a flora do Estado. Durante sua vida, Bedichek vasculhou cada parte do Texas e registrou suas observações numa prosa muito atraente. Um de seus lugares favoritos era o Refúgio Nacional de Animais Selvagens de Aransas, localizado ao longo da costa do Golfo do Texas, entre Galveston e Corpus Christi. Essa região selvagem, que serve como local de invernada para os grous ameaçados, compreende 47.000 acres de pântano, lagos de águas doce e salgada, dunas de areia cobertas de mato, campos costeiros e savanas. O Refúgio provou ser particularmente hospitaleiro para os cervos que, de tão abundantes, são apanhados e relocados para outros lugares do Estado, para fins de controle de população. Depois de capturado, o cervo é etiquetado com uma peça de metal que é grampeada na orelha, sendo então transportado às vezes até a centenas de quilômetros do Refúgio.

Os cervos revelam uma vontade muito grande de retornar ao lar, e durante anos muitos têm voltado ao Refúgio, onde são novamente apanhados. Do ponto em que são soltos, eles de algum modo percorrem centenas de quilômetros por entre fazendas, ranchos, vilas e cidades, enfrentando inimigos humanos e caninos. Bedichek relata vários casos da década de 40, período em que passou muito tempo no Refúgio. Na primavera de 1942, uma corça solta perto de Goliad, 144 quilômetros a oeste do Refúgio, voltou em vinte e um dias, sendo então novamente apanhada. Na primavera de 1944, um gamo com seis pequenas manchas foi pego e transportado 640 quilômetros a oeste até Sheffield, no Texas. No outono de 1945, ele foi apanhado outra vez numa armadilha no Refúgio. A habilidade para encontrar o caminho surge bem cedo. Um cervato foi apanhado no outono de 1946 e levado de noite para San Angelo, Texas, situada 625 quilômetros a oeste do Refúgio, e de lá para o condado de Nolan, 123 quilômetros ao norte. Apenas duas semanas depois, o mesmo cervato foi pego em outra armadilha a 122 metros do local da primeira captura no Refúgio.

Esses casos são particularmente irrefutáveis porque a possibilidade de identidade equivocada está eliminada: todos os animais são etiquetados antes de serem soltos. Poderiam os animais estar perambulando sem rumo em todas as direções, alguns finalmente vagueando de volta para o Refúgio por puro acaso? Bedichek acha que não; houve apenas um caso documentado de um cervo etiquetado vagueando para o oeste e afastando-se do Refúgio depois de solto.

Tais casos suscitam em Bedichek, um observador extremamente sensível do comportamento animal, uma certa admiração reverente. "Alguma coisa traz esses caminhantes de volta", diz ele. "Um observador pode chamar isso de 'Providência', outro de 'instinto'; mas, chame-o como for, o mistério permanece. . . . Isto é um mistério, um profundo mistério!"[27]

Entretanto, a profundidade do mistério poderia ser diminuída concebendo-se a mente do animal que volta como não-localizada. Afinal de contas, o mistério depende em grande parte da pressuposição de que a mente do animal está confinada ao cérebro, e que portanto não pode perceber nada "a distância". Por outro lado, se a mente do animal não estivesse confinada a pontos no espaço (seu próprio cérebro e corpo) nem ao tempo (o momento presente), ela seria livre para perscrutar o espaço e o tempo e obter informações sobre o "caminho de casa" por trilhas que nunca antes percorrera. Outra possível explicação para a volta dos animais em grandes distâncias pode ser encontrada no xamanismo e na telepatia. Se os relatos sobre os xamãs forem corretos, e existir de fato uma comunicação significativa entre homens e animais, então o conhecimento do homem sobre o "caminho de volta" pode ser partilhado com a mente animal. Assim, no caso de Bobbie, a *collie* perdida, a informação de como viajar da casa em Ohio até a nova residência em Oregon, onde ela nunca estivera antes, poderia ter sido transmitida por seus donos, que conheciam o caminho. E, do mesmo modo, os cervos de Bedichek obtiveram o conhecimento de seus raptores.

O Dr. Robert L. Morris, coordenador de pesquisa na Fundação de Pesquisa Psíquica, em Durham, Carolina do Norte, acredita ser importante a evidência do psi nos animais. Segundo ele, "a descoberta de um considerável montante de evidências para o psi nos animais já apresenta uma importante implicação. Ela nos mostra que o psi pelo que parece não faz parte da evolução recente. . . ."[28] Se Morris estiver certo – se a mente não-localizada manifestou-se há muito tempo atrás nos animais durante a sua ascensão evolutiva – poderíamos esperar, numa inferência feita a partir dos princípios da biologia evolutiva, que o psi também ocorre na espécie humana. Não designamos a nós mesmos de *Homo sapiens*, o homem sábio, a criatura que é mentalmente superior a todas as outras?

A evolução fornece uma outra perspectiva para a mente não-localizada. É sempre interessante perguntar se um fenômeno cuja existência está sendo questionada possui algum valor de sobrevivência para a criatura suspeita de manifestá-lo. Se for assim, isso pode contar como uma evidência de sua existência, já que aquelas características que favorecem a continuidade da espécie tendem a ser perpetuadas geneticamente. Uma mente partilhada com os animais pareceria ter esse valor de sobrevivência para os humanos; e estudos sugerem, de fato, que ela é boa para a nossa saúde.

Uma pesquisa mostrou que a posse de um animal de estimação é o fator mais importante na previsão do andamento clínico de um paciente depois de um ataque cardíaco – mais importante do que qualquer daqueles clássicos fatores de risco, como o fumo, a alta pressão sangüínea, os altos níveis de colesterol no sangue ou o diabetes melito.[29]

Ou tomemos o caso relatado pelo Dr. Gustav Eckstein no seu livro *Everyday Miracle* [O Milagre de Cada Dia]. Ele descreve um pequeno cão lulu que atuava como enfermeiro noturno de sua patroa, que era diabética. Todas as noites o cãozinho enroscava-se no ângulo do braço da mulher. Ele acordaria imediatamente se o padrão de respiração da dona apresentasse qualquer mudança, o que seria um dos sinais indicadores da cetoacidose, uma das complicações mais terríveis do diabetes.[30]

Uma grande massa de informação tem-se acumulado nos últimos anos, mostrando que vínculos íntimos com animais são vantajosos para a saúde humana. Esta nova área, que une a medicina tradicional e a veterinária, costuma ser chamada de "*pet therapy*"*.[31]

Muitos casos de comunicação humano-animal podem ser explicados por interações sensoriais comuns, não sendo necessário recorrer ao conceito de mente partilhada. Mas não são todos. Se faz sentido do ponto de vista biológico que uma comunhão psicológica não-localizada entre homens e animais tenha evoluído como um trunfo para a sobrevivência, então as histórias de animais que voltam, gerbos premonitivos e moscas talentosas podem ser mais do que divertidos contos de salão. Elas podem ser indicadoras de que a natureza, em sua sabedoria, de fato teria criado uma mente que envolve todas as criaturas grandes e pequenas.

* Terapia dos animais de estimação (N.T.).

São Francisco: Santo Padroeiro da Mente Não-localizada

A idéia de mente não-localizada implica que nossa mente individual faz parte de algo maior, algo que não podemos reclamar como sendo de nossa propriedade. Levar esta idéia ao coração requer uma certa humildade – não a humildade como uma gentileza existencial que não passa de uma máscara para o sempre engenhoso ego, mas a verdadeira humildade. É ela que nos permite perceber que a consciência não é uma propriedade exclusiva do ego; que é partilhada não apenas por outras pessoas, mas talvez por outros seres vivos também. É a humildade que nos permite levar a sério a possibilidade de estarmos em pé de igualdade com as outras criaturas de Deus.

Essa possibilidade tem sido uma experiência imediata vivenciada por muitas culturas, como as dos nativos americanos. O chefe dacota, Lutero Urso em Pé, assim expressou esse vínculo:

> A afinidade com todas as criaturas da terra, do céu e da água era um princípio ativo. Em relação ao mundo animal e aos pássaros havia um sentimento fraterno que mantinha os dacotas seguros entre eles, e tão íntimos alguns dacotas ficaram de seus amigos peludos e emplumados que, em verdadeira fraternidade, eles falavam uma língua comum.[32]

A maior figura da tradição cristã a personificar vivamente essa característica foi São Franscisco de Assis, que a maioria das pessoas vêem como um homem meigo, dócil, que amava todos os animais e que não fazia mal a uma pulga. Mas esta visão dificilmente se ajusta ao quadro pintado por um especialista em sua personalidade, o historiador da Idade Média e do Renascimento, Lynn White Jr. O professor White chamou São Francisco de "o maior radical da história cristã desde Cristo", pois o santo defendia uma verdadeira democracia entre todas as criaturas de Deus. Esta concepção – de que os outros seres vivos têm o mesmo *status* no mundo que o nosso – esteve e ainda está em discordância com a concepção ocidental da natureza. Porém, está se tornando necessário levá-la a sério se queremos preservar a vida na Terra, incluindo a nossa própria. Assim é que o professor White propôs São Francisco como o santo padroeiro dos ecologistas, por causa de sua profunda compreensão e respeito pela Terra e suas criaturas.[33]

White acredita que "mais ciência e mais tecnologia não vão nos tirar da atual crise ecológica, até que encontremos uma nova religião, ou repensemos as antigas". Ele propõe que os axiomas cristãos, segundo os quais a natureza não tem outra razão de existir senão a de servir ao homem e sujeitar-se ao seu domínio, são, em grande parte, os responsáveis pela profanação que temos imposto impiedosamente ao nosso planeta. Mas White *não* nos exorta a abandonar nossas tradições religiosas em favor de uma filosofia mais orientada para a Terra, tais como as encontradas no Oriente e entre os nativos americanos, pois ele tem dúvidas sobre sua viabilidade para nós. White defende que repensemos *nossas próprias* atitudes básicas. Mas não só as atitudes intelectuais ou racionais. Ele acredita que as raízes dos problemas ecológicos são em grande parte religiosas, e que as soluções devem englobar elementos religiosos e espirituais. É aqui que entra São Francisco: a base espiritual para uma reavaliação da nossa atitude em relação à natureza pode ser encontrada, acredita White, na herética crença franciscana na "autonomia espiritual de todas as partes da natureza".[34]

Conta uma lenda que um lobo assolava as terras próximas a Gubbio, nos Apeninos. São Francisco *conversou* com o lobo; ele *discutiu* com a fera e convenceu-a de que suas atitudes eram erradas. O lobo arrependeu-se e ao morrer foi enterrado em terra sagrada. Essa doutrina franciscana da alma animal foi logo eliminada. A concepção de São Francisco era por demais radical, pois baseava-se numa "espécie singular de pan-psiquismo de todas as coisas animadas e inanimadas, destinado à glorificação do Criador transcendente. . . "[35]

Há um inequívoco sabor de não-localização nas relações de São Francisco com "as criaturas". Ninguém considera as formigas e o fogo como irmãos, nem prega a palavra de Deus aos pássaros e aos lobos, a não ser que sinta uma profunda ligação que se estenda além do eu. A crença de São Francisco na virtude da humildade, que tornou possível o seu discurso íntimo com as criaturas, é um pré-requisito para cogitar da possibilidade de não-localização da mente. Sem a humildade, a idéia de uma autêntica qualidade não-localizada para a consciência torna-se ofensiva. É uma ameaça ao ego, à pessoa, ao sentido do eu que tem sido venerado como um elemento de cultura no Ocidente. Possuindo essa humildade em abundância, São Francisco estava verdadeiramente apto a crer num genuíno compartilhamento da consciência com o mundo das criaturas, e todas as suas ações foram compatíveis com essa convicção.

Talvez haja uma boa razão para que São Francisco tenha podido falar com as criaturas; para que os xamãs, desde tempos imemoriais, tenham se "tornado" animais; e para que animais perdidos voltem para casa, desde que alguém, como seus donos, saiba o caminho de volta. A explicação pode estar na natureza ilimitada e partilhada da mente – a eterna e infinita Mente Una, a Mente Universal – que é o tema central deste livro. Lyall Watson, um naturalista perspicaz, um observador errante, e autor de muitos livros, se expressa deste modo:

> Penso que pode muito bem existir um fluxo de padrões ou de instruções que cruza as fronteiras das espécies, permitindo que mesmo organismos radicalmente diferentes adotem idéias uns dos outros. . . . Como biólogo, às vezes percebo – especialmente quando intensamente familiarizado com algum ciclo natural – um tipo de consciência intemporal, ilimitada pelo espaço ou pelos limites da minha própria identidade. Nesta condição, vejo as coisas com muita clareza e sou capaz de obter informação quase que por um processo de osmose. Nessas ocasiões, percebo que o conhecimento vem diretamente de algo muito maior, de uma espécie de ecologia global da mente. E essa experiência é literalmente maravilhosa.[36]

Watson sugere que, se quisermos conhecer a Mente Una – a *nossa* Mente –, podemos descobri-la penetrando, com São Francisco, na natureza.

Se achamos estranha a idéia do ilimitado, da Mente Una, a razão pode ser a perda gradual do nosso vínculo com o mundo natural. Como conseqüência, o mundo agora corre sério perigo por causa da nossa insensatez, da nossa alienação da Mente, da falta de sensibilidade para com o todo. Pois a perda da sanidade, a perda da Mente e a perda da Terra andam de mãos dadas. E se quisermos preservar o mundo, devemos primeiro encontrar a nossa Mente, recuperando os vínculos com os céus e a Terra. Aprender novamente a preferir, como Yeats, um pouco de alga marinha em nossa água; a falar com as criaturas, como fazia São Francisco.

eterna e infinita Mente Una, a Mente Universal — que é o tema central deste livro. Lyall Watson, um naturalista perspicaz, um observador errante e autor de muitos livros, se expressa deste modo:

> Penso que pode muito bem existir um fluxo de padrões ou de instruções que cruza as fronteiras das espécies, permitindo que mesmo organismos radicalmente diferentes adotem idéias uns dos outros. . . . Como biólogo, às vezes percebo — especialmente quando intensamente familiarizado com algum ciclo natural — um tipo de consciência intemporal, ilimitada pelo espaço ou pelos limites da minha própria identidade. Nesta condição, vejo as coisas com muita clareza e sou capaz de obter informação quase que por um processo de osmose. Nessas ocasiões, parece-me que o conhecimento vem diretamente de algo muito maior, de uma espécie de ecologia global da mente. E essa experiência é literalmente maravilhosa.[26]

Watson sugere que, se quisermos conhecer a Mente Una — a nossa Mente —, poderemos descobri-la penetrando, como São Francisco, na natureza.

Se acharmos estranha a idéia do ilimitado, da Mente Una, a razão pode ser a perda gradual do nosso vínculo com o mundo natural. Como conseqüência, o mundo agora corre sério perigo por causa de nossa insensatez, da nossa alienação da Mente, da falta de sensibilidade para com o todo. Pois a perda da santidade, a perda da Mente e a perda da Terra andam de mãos dadas. E se quisermos preservar o mundo, devemos primeiro encontrar a nossa Mente, recuperando os vínculos com os céus e a Terra. Aprender novamente a precisar, como Yeats, um pouco de alma matutina em nossa fome; a falar com as criaturas, como fazia São Francisco.

Parte II
CIÊNCIA:
As Provas

A idéia de uma Mente ou Logos universal seria, penso eu, uma inferência razoavelmente plausível da situação atual da teoria científica; ao menos, está em harmonia com ela.

Sir Arthur Eddington[1]

Quando nos percebemos no espaço e no tempo, nossas consciências são, obviamente, entidades separadas dentro de um quadro multifacetado. Mas, quando vamos além do espaço e do tempo, elas talvez consistam em componentes de um único fluxo de vida. Assim como acontece com a luz e a eletricidade, é possível que ocorra com a vida; os fenômenos podem ser entidades que levam existências separadas no espaço e no tempo, enquanto que na realidade mais profunda, além do espaço e do tempo, seríamos todos membros de um só corpo.

Sir James Jeans[2]

5
A Mente Una e Imortal: Schrödinger, Gödel, Einstein

Pela sua própria natureza, a mente é um singulare tantum. *Eu diria: o número total das mentes é um.*

Erwin Schrödinger[3]

Agora deixamos para trás as experiências com pacientes, a prece, a cura e a unidade de tratamento coronário, para examinar as evidências que eminentes cientistas têm acumulado sobre a mente não-localizada. Afinal de contas, os cientistas, mais do que os poetas e os místicos, são os profissionais que hoje consideramos os mais persuasivos. Algumas pessoas acreditam que a ciência já fez um pronunciamento final, e desolador, sobre a mente: que ela evoluiu por caminhos tortuosos do processo evolutivo, emergindo de algum modo como uma expressão da matéria, uma propriedade do cérebro, surgindo num certo estágio de complexidade biológica. Quando o cérebro morre, a mente morre, e assim encerra-se o assunto. Este é um quadro de um processo puramente localizado, sancionado pela ciência moderna.

Mas nem toda a ciência concorda com isso. As teorias científicas sempre tiveram seus dissidentes. Quando o assunto são teorias da mente, as concepções de alguns dos maiores cientistas mostram que a mente não-localizada não é uma teoria sustentada apenas pelos poetas, místicos, transviados ou simplórios.

Nesta seção queremos analisar as idéias de três eminentes personalidades da ciência do século XX que acreditavam em concepções não-convencionais da mente e do indivíduo – o físico Erwin Schrödinger, o matemático-lógico Kurt Gödel e Albert Einstein.

Dos três, a posição de Schrödinger é mais bem desenvolvida em forma escrita. Ele acreditava numa consciência coletiva ou mente grupal para toda a humanidade, que denominava Mente Una. Para este físico, a Mente era eterna e indestrutível pelo tempo. Schrödinger tinha consciência de que essa idéia estava contida na sabedoria antiga, mas achava que seu perfil poderia ser inferido também da ciência moderna.

Kurt Gödel, um inconteste gênio matemático deste século, também acreditava na Mente Una da qual fazem parte todas as pessoas. E o físico mais famoso de todos os tempos, Albert Einstein, tinha uma visão complexa dos seres humanos e da mente humana. Suas idéias sobre o indivíduo são extremamente não-convencionais e, em grande parte, não-localizadas. Como veremos, Einstein não admitia a existência de uma vontade individual independente; via a vontade como algo disseminado entre as pessoas e os eventos ao longo do tempo.

As notáveis concepções desses homens ilustres são um antídoto contra a visão mecanicista e materialista que hoje prevalece na ciência convencional, que considera a mente como sendo apenas uma função do cérebro e do corpo mortal e localizado. Esses três cientistas dizem ser possível uma outra concepção, a qual, acreditavam, não é incoerente com outras evidências científicas. É uma concepção do homem além do indivíduo e do corpo, do homem além do espaço e do tempo.

Erwin Schrödinger

> *Dividir ou multiplicar a consciência é algo que não faz sentido. Não há, em todo o mundo, nenhum tipo de estrutura dentro da qual possamos encontrar a consciência no plural; isto é simplesmente algo que construímos por causa da pluralidade espaço-temporal dos indivíduos, mas é uma construção falsa... As categorias de* número, totalidade *e* partes *simplesmente não se aplicam neste caso; a expressão... mais adequada dessa situação é a seguinte: as autoconsciências dos membros individuais são numericamente idênticas tanto entre si quanto àquele Eu que, pode-se dizer, elas formam num nível mais elevado.*
>
> Erwin Schrödinger[4]

Uma das aventuras mais audaciosas no domínio da mente anímica não-localizada foi feita por um dos maiores físicos deste século, Erwin Schrödinger. Sob qualquer juízo, Schrödinger foi um dos mais notáveis arquitetos da moderna teoria física: suas famosas equações de onda encontram-se na base da mecânica quântica. Mas suas contribuições não se esgotam na física. Embora isto seja pouco conhecido, ele também abriu novas possibilidades para um reencontro com a alma – mostrando que a consciência da raça humana forma uma unidade, é imortal e infinita.

"Arriscando-nos a Fazer Papel de Bobos"

Em 1958, Schrödinger publicou um livro muito aclamado, *Mind and Matter* [Mente e Matéria], que nas edições atuais vem acompanhado de um tratado mais antigo, *What Is Life?* [O que é a Vida?].[5] Em seus comentários introdutórios, ele demonstra uma sinceridade e coragem que permeiam toda a sua obra. "Não vejo outra maneira de escapar deste dilema [o dilema colocado pela existência de uma única mente abrangendo todos os dados existentes numa única totalidade]. . . do que alguns de nós aventurarem-se numa síntese de fatos e teorias, embora com um conhecimento indireto e incompleto de algumas delas – e arriscando-nos a fazer papel de bobos."[6]

Schrödinger acreditava que o mundo ocidental sofre de uma grande ilusão coletiva, a suposição de que a mente e a consciência são pessoais e individuais:

> Nós nos acostumamos a pensar na personalidade de um ser humano. . . como estando localizada no interior do seu corpo. Descobrir que ela realmente não pode ser encontrada ali é tão surpreendente, que uma tal idéia esbarra na dúvida e na hesitação, e muito relutamos em admiti-la. Estamos acostumados a localizar a personalidade consciente dentro da cabeça de uma pessoa – eu diria três a cinco centímetros atrás do ponto médio entre os olhos. . . . É muito difícil para nós compreendermos o fato de que a *localização da personalidade, da mente consciente, dentro do corpo, é apenas simbólica, é só um apoio para uso prático*. (A ênfase é nossa.)[7]

Afinal, Onde Estamos Nós?

À primeira vista, essa concepção conflita com o sentimento inato de que o meu "eu" está atrás dos olhos, ou pelo menos em algum lugar na minha cabeça. Esta idéia, aceita pelo senso comum, de uma mente e de um eu consciente localizados, ocupando um determinado lugar no espaço, faz surgir a crença de que somos observadores olhando para fora a partir de nossos corpos. Essa suposição teve papel importantíssimo durante toda a nossa história cultural, ocupando uma posição central na ciência clássica. Esta afirma que podemos observar e medir as coisas a partir de um ponto de vista exterior, e depois pensar sobre o significado do que vimos. Mas, na física moderna, esta concepção, com a ajuda de Schrödinger, foi abandonada.

Hoje em dia, a maior parte dos físicos acredita que não se pode explicar as descobertas da física moderna enquanto se mantiver essa concepção. A maioria deles é a favor da assim chamada interpretação de Copenhagen (denominação devida ao fato de Niels Bohr, o primeiro arquiteto da nova idéia, ser dinamarquês). De acordo com esta perspectiva, no nível atômico simplesmente não existe um mundo real até que seja feita uma medida ou observação. Antes deste momento há somente uma variedade de resultados possíveis para cada evento subseqüente, cada um com a sua própria probabilidade de ocorrência uma vez feita a observação. O observador – ou um dispositivo de medida, segundo alguns físicos – desempenha a ação fundamental de reunir todas as possibilidades coexistentes num resultado único e coerente, que só então pode ser chamado um evento. Antes deste momento não é legítimo falar de um mundo real de coisas e eventos verdadeiros, apenas de possibilidades com *potencial* de realizarem-se.

O eminente cosmólogo e teórico quântico, John Archibald Wheeler, expressa o papel crucial do observador do seguinte modo:

> Uma antiga lenda descreve um diálogo entre Abraão e Jeová. Este repreende Abraão: "Sequer existirias se não fosse por mim!". "Sim, Senhor, eu sei", responde Abraão, "mas o senhor também não seria conhecido se não fosse por mim". Em nossa época, mudaram os participantes do diálogo. São eles o universo e o homem.[8]

A imagem atual do mundo só faz sentido quando se combina observador e observado numa única totalidade. Esta é uma das diferenças mais radicais que separa a visão de mundo moderna da clássica. A idéia de uma realidade externa e fixa seguindo o seu próprio curso, totalmente independente de um observador, foi transcendida na física moderna por outra que incorpora em essência a humanidade. Este aspecto essencial da nova concepção é expresso pelo professor Wheeler:

Nada é mais importante no princípio quântico do que isso, ou seja, que ele destrói o conceito de mundo como "algo lá fora", com o observador separado dele, em segurança.... Para descrever o que aconteceu, é preciso eliminar a palavra "observador" e colocar em seu lugar a palavra "participante". Num estranho sentido, o universo é um universo participatório.[9]

Deve-se enfatizar que as novas concepções não sacralizam o tipo de consciência humana que valorizamos como um componente necessário desse "observador" ou "participante". Conforme já mencionamos, alguns físicos sustentam que uma máquina poderia fazer a observação tão bem quanto um ser consciente; outros dizem que "uma consciência pura e estúpida", talvez nem mesmo de qualidade humana, também serviria. Independentemente de como seja resolvida esta polêmica, importante em nossa análise é que a ciência atômica atual – a ciência mais precisa já arquitetada pela humanidade – transcendeu a noção de uma realidade fixa existente "lá fora".

Essa evolução – a união de observador e observado – afetou tanto a mecânica quântica como a relatividade, as duas principais áreas da física moderna. A situação na relatividade foi expressa pelo cientista e filósofo Jacob Bronowski:

> A relatividade é derivada essencialmente da análise filosófica que afirma não haver um fato e um observador, mas a combinação de ambos numa observação... de que evento e observador não são separáveis.[10]

E Schrödinger expressou como este reconhecimento aplicou-se ao seu campo, a mecânica quântica:

> Sujeito e objeto são um só. Não se pode dizer que a barreira entre eles foi derrubada como resultado das recentes experiências nas ciências físicas, pois essa barreira não existe.[11]

Schrödinger encontrou nos escritos antigos da Índia uma importante confirmação deste ponto de vista unitário em que sujeito e objeto não podem ser separados. Ele estudou os Vedas, textos de sabedoria que datam, em suas partes mais remotas, de 1500 a.C., e os Upanishades, um conjunto de tratados metafísicos compostos entre 800 e 500 a.C. A questão principal nesses textos é: "Qual a verdadeira natureza da realidade?" A resposta é que a Realidade Última procurada é a mesma do eu individual. Do *Mundaka Upanishad*:

> Invisível, incompreensível, sem genealogia, sem cor, sem olhos ou ouvidos, sem mãos ou pés, infindável, a tudo permeando e onipresente, este é o imutável que os sábios consideram a fonte de todos os seres.[12]

Assim, o eu individual (Atman) e a realidade última (Brahman) que se quer encontrar constituem um todo indivisível. Do *Chandogya Upanishad*:

> Aquele que é a mais pura essência – este mundo o tem como alma. Aquele é a Realidade. Aquele é *Atman*. Aquele és tu [*tat tvam asi*].[13]

Nos Upanishades, Brahman é considerado a fonte de todas as coisas. É, portanto, anterior ao tempo, ao espaço, à matéria, à energia e à causalidade, não podendo ser limitado por estes elementos. E se Atman (o eu individual) e Brahman são um só, isto significa que em certo sentido o eu é a personificação da perfeição, não podendo ser afetado pelas devastações do espaço e do tempo. Assim, do *Chandogya Upanishad*:

> O Eu (*atman*)... está livre do mal, livre da velhice, livre da morte, livre da aflição, livre da fome e da sede, seu desejo é real [e] seus pensamentos são verdadeiros.[14]

As implicações dessas concepções da imortalidade, unicidade e unidade de todos os "eus" individuais, como veremos, impressionaram profundamente Schrödinger, pois pareciam coerentes com a ciência moderna. Nisto ele não estava sozinho. Seu contemporâneo, o famoso físico Niels Bohr, ficou da mesma forma impressionado com as muitas implicações do pensamento oriental. Bohr foi nomeado cavaleiro pelo governo dinarmarquês, sendo necessário que criasse um brasão de armas. Sua escolha para a figura central do desenho foi o signo do Tao da China antiga, o *yin* e o *yang* cingindo um ao outro, que para eles simbolizava uma de suas maiores idéias, o princípio da complementaridade.

Influenciado tanto pela física como pelos ensinamentos antigos, Schrödinger acreditava que a mente não podia ser separada do mundo e colocada numa caixa, o cérebro. Nem o "eu" podia ser posto dentro de um corpo. Em última análise, a mente e o eu individual não são fundamentais. Em princípio, não podem ser limitados; fazem parte, intrinsecamente, de um todo maior.

Um dos enigmas perenes sobre a mente é este: por que, se há

tantos egos conscientes, existe apenas um mundo que é elaborado por todos eles? Por que não um mundo diferente para cada pessoa? Por que não vivemos numa Torre de Babel, cada um de nós com uma imagem diferente do mundo, incapazes de nos comunicarmos uns com os outros?

Há pelo menos duas respostas, uma das quais foi dada há três séculos pelo filósofo Gottfried Wilhelm Leibniz, com sua doutrina das mônadas. Leibniz sustentava que cada mônada era uma mente única e um mundo em si mesma, não havendo comunicação essencial entre elas. A concordância entre as mônadas quanto à natureza do mundo surge por meio de alguma harmonia preestabelecida. Mas essa alternativa, que satisfez Leibniz, não servirá para Schrödinger, que a chama de "doutrina assustadora" e "um tanto lunática". Uma das razões que levou à rejeição da posição de Leibniz é sua incoerência com a ciência moderna. Mas ela também não é satisfatória para pessoas que estão fora da ciência, embora seja bem elaborada. Afinal de contas, a maioria dos indivíduos realmente *não* se sente incomunicável; eles *não* se sentem isolados.

Que outra alternativa há para explicar como uma única visão de mundo surge de mentes que parecem estar separadas? Schrödinger dá a resposta:

> É óbvio que há uma única alternativa, a saber a unificação das mentes ou consciências. A multiplicidade é apenas aparente; na verdade existe uma única mente.[15]

Aqui Schrödinger nos leva para além do primado do indivíduo. A mente não mais é localizada no indivíduo, mas é transpessoal, universal, coletiva – ou seja, é *não-localizada*.

Este problema, é claro, já era conhecido bem antes de Leibniz. Os filósofos védicos da Índia antiga, que escreveram os Upanishades, também o enfrentaram. Da concepção desses sábios, Schrödinger diz:

> A união mística com Deus geralmente acarreta essa atitude [a idéia da Mente Una], a não ser que a ela se oponham fortes preconceitos; e isto significa que ela é menos facilmente aceita no Ocidente do que no Oriente.[16]

Para enfatizar essa visão espiritual, ele cita o místico persa islâmico do século XIII, Aziz Nasafi:

> Com a morte de qualquer criatura viva, esse espírito retorna ao mundo espiritual e o corpo ao mundo corpóreo. Neste todo, porém, apenas os corpos estão sujeitos à mudança. O mundo espiritual é um único espírito que se mantém como uma luz por detrás do mundo corpóreo, e que, quando uma determinada criatura nasce, brilha através dela como por uma janela. Conforme o tipo e o tamanho da janela, penetra mais ou menos luz no mundo. A luz em si mesma, porém, permanece imutável.[17]

Que evidência pode ser oferecida em favor da Mente Una? Sua existência pode ser sustentada, diz Schrödinger, pelo fato incontestável de que a consciência *nunca* é vivenciada no plural, mas *sempre* no singular. "Não só nenhum de nós jamais vivenciou mais de uma consciência [ao mesmo tempo], mas também não há qualquer traço de evidências circunstanciais de que isso tenha ocorrido em algum lugar do mundo." E isso apesar dos "casos ou situações nos quais a pessoa esperaria e quase necessitaria de que uma coisa assim tão inimaginável acontecesse"[18] – como nos casos de "personalidade dividida", ou síndrome de múltipla personalidade, tal como hoje é chamada pelos psiquiatras.

Como sustentação adicional à idéia de mente unificada, Schrödinger cita as concepções sobre a consciência de *Sir* Charles Sherrington, uma das maiores figuras da história da ciência neurológica. Sherrington descreveu o cérebro como um "tear encantado" e foi levado a uma visão unitária da mente:

> A matéria e a energia parecem ser granulares em sua estrutura, o mesmo acontecendo com a "vida", mas não com a mente.[19]

Mas, a despeito de sua estatura inconteste de grande cientista, Schrödinger não acredita que a ciência por si só possa descrever como a mente torna-se una. E ele também não acredita que o misticismo oriental sozinho tenha a resposta completa. Mais precisamente, *ambas* as abordagens serão necessárias. As respostas virão "quando a ciência ocidental assimilar a doutrina oriental da identidade [das mentes]".[20]

A Mente Imortal

Schrödinger sustenta que também há razões válidas para crer que a Mente Una é imortal. Essa afirmativa repousa, em grande medida, sobre novas concepções acerca da natureza do tempo. Na física moderna, um tempo exterior, assim como um mundo totalmente objetivo em seu conjunto, não existe. Não há nenhuma evidência de que o tempo seja aquela entidade retratada na concepção de Newton; não se realizou ainda uma experiência demonstrando que o tempo flui. Conforme observamos, a física moderna suprimiu a idéia do mundo-como-objeto, e junto com ela a do tempo-como-objeto. Simplesmente não há nenhum mundo exterior, objetivo, em que um tempo exterior, objetivo, possa existir. Assim, na física moderna não apenas mente e mundo são unidos em essência, mas também mente e tempo.

Agora, se a mente e o tempo dependem um do outro, isto suscita a questão de como o tempo poderia destruir a mente. A hipótese de Schrödinger é a de que não pode:

> Eu me arrisco a chamá-la [a mente] de indestrutível, uma vez que ela tem uma escala de tempo peculiar; isto é, a mente é sempre *agora*. Não há antes e depois para a mente. Existe apenas o agora, que inclui memórias e expectativas.[21]
>
> Podemos, creio eu, afirmar que a teoria física no presente estágio sugere nitidamente o caráter indestrutível da Mente pelo Tempo.[22]
>
> Permanece o fato de que o tempo não mais se nos apresenta como uma [força] gigantesca e dominadora, nem como uma entidade primitiva, mas como algo que deriva dos próprios fenômenos. É uma invenção de meu pensamento. Que, como tal, ele possa algum dia pôr um fim a este último, está além de minha compreensão. Mesmo o antigo mito faz Cronos devorar seus filhos, e não o genitor.[23]

Schrödinger descreve com clareza uma co-evolução da mente e do mundo, em que um nunca se manifesta sem o outro – uma possibilidade aceitável, sem dúvida, uma vez que não há antes ou depois para a mente. Segundo ele, durante o processo da evolução:

> Só um pequeno número de [espécies] empenhou-se em "conseguir um cérebro". E, antes que isto acontecesse, teria tudo sido uma representação para poltronas vazias? Mais ainda, podemos chamar assim um mundo que ninguém contempla?... um mundo que existe por muitos milhões de anos sem nenhuma mente para percebê-lo, contemplá-lo, afinal de contas, é alguma coisa? Ele existiu? Pois não vamos esquecer: dizer... que o vir-a-ser do mundo reflete-se na mente consciente não passa de um clichê, de uma frase, de uma metáfora que se nos tornou familiar. O mundo é apresentado uma só vez. Nada é refletido. O original e a imagem do espelho são idênticos. O mundo expandido no espaço e no tempo não passa de uma representação nossa.... A experiência não nos dá a menor pista de que seja qualquer coisa além disso.[24]

A nossa mente do dia-a-dia, claro, não está adaptada a pensar no "agora" que tanto impressionou Schrödinger. É por essa razão que preferimos as descrições lineares, progressivas e cronológicas da ciência clássica às descrições atemporais da física moderna. Simplesmente estamos acostumados a elas. Em conseqüência, tomamos a mais surpreendente das decisões: optamos por uma visão de mundo que é inteiramente objetiva e que contém em si um inexorável tempo de sentido único – tudo isso apesar de ela acarretar a morte e a destruição. Assim, nós mesmos nos *exterminamos* com a nossa concepção de mundo. Ante esse fato, só podemos ficar assombrados.

Muitos ocidentais ilustres desenvolveram idéias semelhantes à de Schrödinger sem recorrer à física ou à filosofia oriental. Entre estes estava Dostoievsky. Numa passagem de *O Possesso*, Stavrogin pergunta a Kirilov se ele acredita numa vida eterna futura, a que responde este último:

> "Não, não numa vida eterna futura, mas nesta vida eterna presente. Há momentos – pode-se atingir momentos – em que o tempo de repente pára e torna-se eterno."
>
> "E você espera atingir um tal momento?"
>
> "Espero."
>
> "Isso é pouco provável em nosso tempo", disse lentamente Stavrogin, pensativo e também sem qualquer ironia. "No Apocalipse, o anjo promete que não haverá mais tempo."
>
> "Eu sei. Há muita verdade nisso; é claro e preciso. Quando o homem atingir a graça, não haverá mais tempo, pois ele não será mais necessário. Isto é uma verdade."
>
> "Onde esconderão o tempo?"
>
> "Em lugar nenhum. O tempo não é uma coisa, é uma idéia. Ele desaparecerá da mente."[25]

Nos Upanishades há uma analogia corroborativa da idéia de Schrödinger sobre a imortalidade:

> A lua é o mel de todas as coisas; e todas as coisas são o mel da lua. O Ser resplandecente e eterno que está na lua, o Ser resplandecente e eterno que vive na mente, são a mesma coisa; isso é a imortalidade, isso é o Espírito, isso é tudo.[26]

Não há dúvida de que existem alguns leitores de inclinação intuitiva ou mística, solidários ao fato de Schrödinger utilizar conceitos espirituais para apoiar suas idéias sobre a mente e a imortalidade, mas que não aceitam seu uso da física moderna: o que pode a física dizer sobre algo tão etéreo como a consciência, a alma e o espírito? A ciência física lida com o físico, e as pessoas de orientação empírica em geral relutam em acreditar que o espírito, a alma e a mente sejam de natureza física, embora possam manifestar-se em formas físicas. Se a física não pode tratar do não-físico ou do transfísico, por que preocupar-se com isso?

A razão é bem simples. A antipatia que a maioria das pessoas sente pela física é dirigida à física dos dois séculos passados e não a esta. Em nosso século, algo de novo aconteceu. Como diz o físico Paul Davies, em conseqüência das "estranhas e assombrosas idéias novas sobre o espaço e o tempo, sobre a mente e a matéria, . . . [os físicos] aprenderam a abordar seu objeto de estudo de maneiras completamente inesperadas e inusitadas, que pareciam virar o senso comum de cabeça para baixo, em concordância mais próxima com o misticismo do que com o materialismo. [Como resultado,] a ciência realmente avançou até um ponto onde as questões religiosas podem ser seriamente enfrentadas."[27] Mas isto não significa que a ciência possa emascular ou controlar o espiritual. Se lembrarmos que a essência da mente e da consciência (em oposição às suas manifestações físicas) encontra-se além do alcance da ciência, nada temos a temer atentando para suas mensagens. E, de certa forma, a ciência moderna tem-se mostrado positivamente amistosa em relação às eternas aspirações espirituais da humanidade e suas implicações de unidade, unicidade e não-dualidade entre "homem" e "mundo". Como disse Schrödinger, a barreira entre sujeito e objeto "não existe".[28]

Porém, Schrödinger fazia reservas ao uso da ciência na exploração da mente e do espírito. Reconhecia que a ciência, que vai longe iluminando a realidade, finalmente se depara com cantos escuros que não consegue alumiar. É necessário então uma outra fonte de luz, um raio de compreensão que não pode vir dos métodos que a ciência utiliza. Mas qual será a fonte alternativa? Schrödinger responde:

> Nossa ciência – a ciência grega – baseia-se na objetivação, pela qual desligou-se de um entendimento adequado do Sujeito do Conhecimento, da mente. Mas acredito que este é justamente o ponto em que o atual modo de pensar precisa ser corrigido, talvez com um pouco de transfusão do sangue do pensamento do Oriente. Isto não será fácil, devemos ter cuidado com erros crassos – transfusões sempre precisam de muita cautela, para evitar coagulação. Não queremos perder a precisão lógica alcançada pela nossa ciência, e que é incomparável, seja lá qual for o lugar e a época considerados.[29]

A afirmação de Schrödinger sobre as limitações da ciência na investigação da consciência tem sido rejeitada por muitos cientistas, que descrevem uma "revolução cognitiva" na moderna neurobiologia, na inteligência artificial e na psicologia, que vem ocorrendo desde a época de Schrödinger. Se o grande físico estivesse vivo hoje, sua perspectiva poderia ser diferente. Essas visões mais recentes estão provando ser cada vez mais desnecessário empregar conceitos como "espírito", "alma" ou "mente". Um único exemplo: em um dos relatos mais recentes sobre os impressionantes avanços de nosso entendimento a respeito do conhecimento humano, o admirável *The Mind's New Science: A History of the Cognitive Revolution* [A Nova Ciência da Mente: Uma História da Revolução Cognitiva], a palavra "consciência" nem ao menos está incluída no índice.[30] E a maioria das referências a "mente" está relacionada às suas semelhanças com um computador, a referência final sendo "*ver também* cérebro". "Tempo" e "espaço" estão ausentes do índice, para não mencionar "imortalidade". É curioso notar que, na análise das idéias historicamente relevantes sobre o conhecimento, não há uma única referência aos filósofos do Oriente, que, segundo T. S. Eliot, fazem os filósofos ocidentais parecerem alunos de colegial.

Schrödinger acreditava que algumas questões sobre a mente e o espírito nunca poderão ser respondidas em bases científicas, não importa qual seja o alcance da revolução cognitiva. Em princípio, alguns assuntos são intocáveis pela ciência empírica. Como ele disse, ". . . não esperamos que as ciências naturais nos forneçam uma compreensão direta sobre a natureza do espírito". Nossa única esperança, a não ser que queiramos permanecer "desligados. . . de um entendimento adequado do Sujeito do Conhecimento, da mente", é encontrar outros caminhos para o saber que procuramos.[31]

O "Tudo em Tudo"

Com a sublime passagem que vem em seguida, terminamos de focalizar a filosofia da mente de Erwin Schrödinger. Trata-se de um resumo digno de sua majestosa e vasta concepção. Sem um conhecimento prévio, seria difícil saber se a declaração é de um físico, de um poeta ou de um místico. Mas, afinal, o que foi Schrödinger, senão tudo isso?

Há cem anos, talvez, outro homem tenha-se sentado neste lugar; como você, ele fitou, com admiração e um anseio no coração, a luz que agonizava sobre as geleiras. Como você, ele foi gerado por um homem e nasceu de uma mulher. Sentiu dor e uma breve felicidade, como você. Seria ele outra pessoa? Não seria você mesmo? O que é esse seu Eu?. . . Que significado *científico*, claro e inteligível, pode ter essa "outra pessoa"? Olhando e pensando [dessa] maneira, talvez você possa ver, num lampejo, . . . a impossibilidade de essa unidade de conhecimento, sentimento e vontade que você chama de *eu* ter nascido do nada num dado momento há não muito tempo atrás; antes, esse conhecimento, sentimento e vontade são eternos e imutáveis em essência, sendo *um*, em termos numéricos, em todos os homens ou, mais ainda, em todos os seres dotados de sentidos. Mas não no sentido – de que você é uma parte, uma peça, de um ser infinito e eterno, um aspecto ou modificação dele. . . Não, conquanto pareça inconcebível à razão ordinária, você – e todos os outros seres conscientes como tais – são tudo em tudo. Portanto, essa sua vida não é apenas uma peça da existência total, mas, sim, em certo sentido, o *todo*; só que esse todo não é constituído de forma que possa ser examinado num único relance. . . . Assim, você pode atirar-se ao chão, estender-se sobre a Mãe Terra, com a convicção de ser um com ela e ela com você. Você está tão solidamente estabelecido, é tão invulnerável quanto ela – na verdade, mil vezes mais. Tão certo quanto ela irá engolfá-lo amanhã, ela fará com que nasça de novo para lutar e sofrer. E não só "algum dia": agora, hoje, todos os dias ela o faz nascer, não *uma vez*, mas milhares e milhares de vezes, assim como todos os dias o engolfa mil vezes. Pois, eternamente e sempre, há apenas o *agora*, aquele mesmo agora; o presente é a única coisa que não tem fim.[32]

Kurt Gödel

No mundo da matemática, Gödel é um personagem quase mítico. Em 1931, este jovem matemático austríaco assombrou a comunidade internacional de lógicos e matemáticos apresentando dois espantosos teoremas, de cujos efeitos o mundo científico ainda se ressente – os chamados "teoremas da incompletude".

O primeiro teorema de Gödel diz que qualquer sistema lógico suficientemente complexo para incluir, pelo menos, a aritmética simples, é capaz de expressar asserções verdadeiras que não podem ser deduzidas de seus axiomas. E, de acordo com o segundo teorema, não se pode demonstrar de antemão que os axiomas num tal sistema, com ou sem afirmações de apoio adicionais, estejam livres de gerar contradições. O que significam essas estranhas asserções? Em resumo, elas nos dizem duas coisas: (1) seja qual for a riqueza de um sistema lógico, ele nunca poderá ser completo, (2) não há garantias de que seja coerente. As provas de Gödel têm sido examinadas por matemáticos e lógicos da mais alta capacidade por mais de meio século, e não revelaram qualquer incoerência.

O significado das visões de Gödel pode ser formulado de maneira simples, bem menos desconcertante do que a prova original. Um exemplo vem do humorista americano Ambrose Bierce, que expressou a mesma conclusão em sua definição de mente incluída no *Devil's Dictionary* [Dicionário do Diabo]. A mente, segundo ele, é uma substância escondida bem dentro do cérebro, cuja principal preocupação é pensar sobre si mesma – o problema é que ela só tem a si mesma como instrumento para fazê-lo. Seria difícil ilustrar o problema colocado por Gödel de forma mais sucinta. Para pensar sobre a mente, tem-se que empregar a mente; é preciso posicionar-se fora dela. Nesta situação a mente funciona ao mesmo tempo como sujeito e objeto. Mas surge um dilema: a mente torna-se então incompleta, pois algo foi retirado; e isto afetará qualquer observação futura sobre ela. Porém, se o indivíduo não se posiciona fora da mente para observá-la, a observação não é possível. Pelo processo inerente de pensar sobre a mente *com* a mente, tanto a integridade quanto a coerência de nosso raciocínio estão fadados a ser prejudicados.

Estas constatações minam pela base a própria meta ideal da ciência, que é a de elaborar uma imagem completa e coerente da natureza. Gödel demonstrou que isto não pode ser feito. Não se trata aqui da impossibilidade de acumular-se a infinidade de dados necessários à construção de uma tal imagem; a meta em si é destituída de fundamento. Os teoremas de Gödel demonstram que as leis naturais, para serem coerentes como esperamos que sejam, devem estruturar-se em torno de uma formulação interna completamente diversa de qualquer realidade por nós conhecida; a qual, segundo Jacob Bronowski, "não temos ainda idéia de como conceber".[33]

As demonstrações de Gödel, embora negligenciadas por cientistas de orientação empírica, atraíram a atenção de todos os grandes personagens que dedicaram-se a pensar os fundamentos conceituais da ciência. O matemático Rudy Rucker, em seu livro *Infinity and the Mind* [O Infinito e a Mente], considera Gödel, "sem dúvida, o maior lógico deste século".[34] Para Rucker, o matemático pode também ter sido um de nossos maiores filósofos. Quando Gödel faleceu, em 1978, um dos oradores numa homenagem a sua memória comparou-o, não a Einstein, mas ao escritor tcheco Franz Kafka – devido ao caráter quase sinistro e ameaçador dos teoremas que descrevemos acima. Eles são, de fato, kafkanianos – o pensamento racional afirmando sua impossibilidade essencial de penetrar a verdade suprema e derradeira.

Essa constatação não é necessariamente desanimadora. Rucker expressa a surpreendente experiência de liberdade que pode advir do aprofundar-se nas concepções de Gödel, acompanhando seu raciocínio até as últimas conclusões:

> Paradoxalmente, a compreensão final dos teoremas de Gödel acarreta uma espécie de libertação. Para muitos estudantes de lógica, o penetrar no pleno entendimento do Teorema da Incompletude assemelha-se a uma experiência de conversão. Isto é, em parte, um subproduto da mística associada ao próprio nome de Gödel. Mas, num nível mais profundo, a visão da natureza essencialmente labiríntica do *castelo* implica, de algum modo, a libertação do labirinto.[35]

Rucker visitou Gödel em várias ocasiões, a partir de 1972, e nos forneceu um quadro íntimo do matemático austríaco. Ele era um homem baixo. Sua voz era aguda e melodiosa. "Costumava erguer a voz no final das sentenças, dando a sua fala um caráter de indagadora incredulidade. Era freqüente sua voz sumir numa cantarola divertida. E, sobretudo, havia aquelas complexas explosões rítmicas de riso. A conversa e o riso de Gödel eram quase hipnóticos. Ouvindo-o, eu me enchia de uma sensação de perfeita compreensão."[36]

Embora não fosse judeu, Gödel foi forçado a fugir da Europa por causa da II Guerra Mundial. Veio para Princeton, no Instituto de Estudos Avançados. Lá conheceu Einstein, e os dois mantiveram muito contato. Mas Gödel passou a maior parte da vida na solidão. Preocupava-se bastante com a saúde e sempre se mantinha bem agasalhado. Tornou-se cada vez mais recluso, misterioso até, em seus últimos anos.

Seria, talvez, extremamente improvável que uma pessoa assim abraçasse a idéia de uma mente universal não-localizada. Mas em seu último encontro com Rucker pelo telefone, em 1977, uns dez meses antes de sua morte, Gödel expressou suas visionárias concepções sobre a mente:

> Eu [Rucker] vinha estudando o problema de se as máquinas podem pensar... Em resumo, eu começava a pensar que a consciência realmente não era nada mais do que a simples existência. Para chegar a esse ponto, perguntei a Gödel se ele acreditava que houvesse uma única Mente por detrás das várias aparências e atividades do mundo.
>
> Ele respondeu que sim, que a Mente é aquilo que é organizado, mas que ela existe independentemente de suas propriedades individuais.

Então perguntei se ele acreditava que a Mente está em todo lugar, em oposição a estar localizada no cérebro das pessoas.

Gödel respondeu: "É claro. Este é o ensinamento básico do misticismo."

... "O que causa a ilusão da passagem do tempo?"

Gödel não discutiu diretamente essa pergunta, mas sim o que ela significava – isto é, por que alguém acreditaria na realidade da passagem do tempo.

Em seguida, relacionou o abandono da crença na passagem do tempo com o esforço para vivenciar a Mente Una do misticismo. Finalmente, disse o seguinte:

"A ilusão da passagem do tempo surge ao se confundir o *suposto* com o *real*. A passagem do tempo surge porque pensamos ocupar diferentes realidades. Na verdade, ocupamos apenas diferentes suposições. Há uma só realidade."[37]

Albert Einstein

Quando Einstein publicou sua teoria da relatividade restrita, em 1905, o mundo nunca mais seria o mesmo. Ele abalou os sólidos alicerces da física clássica de Newton – sua estrutura determinista e causal; seu tempo linear e fluente, e o espaço vazio; a matéria e a energia divididas em rígidos compartimentos. Mas isto não nos interessa aqui. Queremos focalizar algumas de suas idéias não-convencionais sobre o lugar do homem no mundo, e sobre a mente.

Uma Física Viva

Uma das mais notáveis características de Einstein foi o modo como ele parecia *viver* a física. Seu exemplo faz ruir a idéia de que esta ciência seja uma ocupação puramente intelectual. Já no início, quando ele raciocinava sobre o que mais tarde seria a teoria da relatividade restrita, se nos apresenta o quadro de um homem atormentado com a força de suas idéias. Lidar com elas exigia um grande esforço físico. De fato, essa sobrecarga mental quase resultava em doença, e ele freqüentemente tinha de se retirar para o campo para descansar, de modo a recuperar as energias. Não se vê aqui a imagem de uma intelecção fria, mas de um homem motivado por poderosas forças vitais.

Ninguém lê os relatos de sua vida sem se impressionar com o senso de sacralidade com que ele via toda a criação. Para ele, a física não era uma coisa insípida; era uma tentativa de entender o trabalho de Deus. A teologia e a ciência de Einstein estavam intimamente ligadas; que elas pudessem viver separadas, parecia-lhe impensável.

Dizendo a Deus o que Fazer

Essa atitude, ele compartilhava com seu predecessor, *Sir* Isaac Newton. Ambos marcam um contraste rígido e paradoxal em relação ao ideal que veio a prevalecer na ciência moderna: que esta fosse purgada de quaisquer vestígios de Deus e de divindade. A natureza é desapaixonada, dizem-nos agora; ela é simplesmente o que é. O "selo divino" e o "relojoeiro" que construiu o relógio são projeções nossas, afirma-se. Mas Einstein não concordava com isso. Sua meta, na compreensão de qualquer problema, era sempre perguntar a si mesmo: como Deus pensa? Certa ocasião, um colega admoestou-lhe a que parasse de dizer a Deus o que fazer!

A ciência tem estranhas maneiras de lidar com pessoas como Einstein. Ela seleciona e escolhe entre suas visões. Aquelas que estão de acordo com a moda, ou são aceitáveis, são submetidas a exame cuidadoso, enquanto as demais são rejeitadas. Esta atitude procura justificar-se com a asserção de que, mesmo para os grandes homens, muitas de suas idéias são científicas e válidas, ao passo que outras não o são; não somos obrigados a ficar com o pacote todo. Certamente, é necessário ter cuidado; a ciência deve confiar apenas em provas, e não na autoridade individual. Mas a questão é mais complexa, pois às vezes as razões apresentadas para rejeitar "parte do pacote" são inteiramente anticientíficas, cometendo-se as mesmas falácias a que alegam opor-se.

Tomemos o caso de Newton. Ele acreditava em Deus com fervor. Despendeu grandes esforços estudando alquimia, convencido de que sua reputação finalmente se apoiaria mais sobre as contribuições alquímicas do que na física. Porém, as inclinações de Newton para Deus e a alquimia foram esquecidas, e a física como um todo foi esvaziada de tais coisas. A ciência que se seguiu a Newton passou a considerar a natureza como uma máquina neutra e sem Deus. As máquinas são deterministas e funcionam de acordo com as leis rígidas e invariáveis da natureza. Nesta concepção não há lugar para a alquimia de Newton, notadamente antropomórfica e permeada por Deus. Portanto, estas idéias foram aos poucos sendo filtradas de seu legado. O resíduo restante tinha que ser compatível com essa imagem neutra de mundo, livre de valores e mecanicista que daí em diante dominou por completo a ciência.

Mas aqui, o paradoxo, expresso pelo biólogo Rupert Sheldrake, é o seguinte:

> O que podia ser mais antropomórfico, no sistema humano de representações, do que dizer que tudo é uma máquina? Máquinas são criações inteira e especificamente humanas... baseadas num determinado tipo de atividade humana.[38]

E como disse o físico David Bohm,

> [O modelo da máquina] baseia-se em projetar na matéria o tipo de coisas que se faz com o corpo.[39]

Os deuses nunca desaparecem de nossas imagens da natureza. A natureza ainda é divina, só que o deus não é o de Newton, mas o atual objeto de adoração – a máquina (no caso do universo) ou o computador (no caso do cérebro).

Como o maior cientista desde Newton via a si próprio em relação às outras pessoas? A resposta não é simples. Se formos julgar pelo seu comportamento social, Einstein parecia possuir um forte senso de isolamento interior. Assim ele descreveu este sentimento:

> Dardos de ódio também me foram atirados, mas nunca me atingiram, pois de algum modo eles pertenciam a um outro mundo, com o qual eu não tinha nenhuma ligação. Vivo naquela solidão que é dolorosa na juventude, mas deliciosa nos anos de maturidade.[40]

E

> Meu apaixonado senso de justiça e responsabilidade social sempre contrastou estranhamente com uma pronunciada falta de necessidade de contato direto com outros seres humanos e com outras comunidades humanas. Na verdade, sou um "viajante solitário", e nunca pertenci ao meu país, aos meus amigos, ou mesmo à minha família, com todo o coração; a despeito desses vínculos, nunca perdi o sentimento de distância e a necessidade de solidão – sentimentos que se intensificam com os anos.[41]

Mesmo quando estava entre outras pessoas, Einstein ainda conseguia ficar sozinho com seus pensamentos. Amigos íntimos, como o físico Leopold Infeld, falavam da "inacreditável obstinação" de seus processos mentais, que ele exercitava até em público. Seu genro fez esta observação sobre a sua capacidade:

> Independentemente de quantos o cercam, ele está sempre sozinho – não solitário, mas sozinho. Einstein não precisa das pessoas. Ele as recebe com cordialidade e generosidade, mas elas não são de modo algum necessárias para ele. Pode-se ver isso em seus olhos quando vão embora; a expressão é de extrema contemplação, e ele mal percebe que esteve com elas; o curso do seu pensamento não é interrompido.[42]

Einstein não só se colocou socialmente à parte do mundo como também distanciou-se dele de outra forma. Na sua concepção, o universo é só parcialmente cognoscível, e este fato, por si só, num certo sentido o separa de nós. Assim ele expressou este sentimento:

> Lá fora havia este mundo imenso, que existe independentemente dos seres humanos, e que se coloca diante de nós como um grande e eterno enigma, só em parte acessível à nossa investigação e pensamento.[43]

Einstein acreditava numa realidade independente do conhecimento humano. Mas, conquanto distante de nós, ela é intrinsecamente harmoniosa e legítima. Isto a torna cognoscível até certo ponto pelas "construções livres" formadas pela mente humana, que começam e terminam na experiência. O fato de o mundo *ser* cognoscível, pelo menos em parte, foi uma ponte interminável de espanto e admiração para Einstein.

Superficialmente, parece haver aqui pouca ligação com a filosofia de Schrödinger ou com a de Gödel. Eles parecem descrever mundos diferentes. O mundo de Einstein não aparenta ser o tipo de lugar onde a mente e o ser não-localizados que vimos focalizando até agora pudessem deitar raízes e florescer. De fato, ele parece sem dúvida ser localizado; é um mundo separado de nós, que acentua a nossa solidão e isolamento, no cotidiano dos objetos.

Mas isso é apenas parte da história. Esse homem reservado, que acreditava firmemente numa realidade independente de nós, demonstra, em outros momentos elementos em sua vida e em suas idéias nos quais resplandece uma inequívoca unidade. Por exemplo, ao ser perguntado, quando seriamente doente, se tinha medo da morte, Einstein respondeu:

> Sinto uma sensação de solidariedade com todos os seres vivos que não me importa onde o indivíduo começa e onde termina.[44]

Onde o indivíduo começava e terminava para Einstein? Os limites da pessoa eram aparentemente extensos. Temos uma indicação desta concepção em sua atitude a respeito do livre-arbítrio, em que ele revela a crença de que temos vínculos inseparáveis com todas as coisas e eventos do mundo – uma afinidade tão íntima que toda a questão da liberdade individual torna-se absurda. Num certo sentido, nosso conceito de livre-arbítrio é muito limitado, implicando a existência de um indivíduo isolado, situado no aqui-e-agora, e que pode exercitá-lo. Einstein não compartilha desse conceito localizado. Para ele, o livre-arbítrio está ligado a uma interminável cadeia de eventos que se estende na direção do passado numa expansão indefinidamente grande. Assim ele se expressou:

> Sinceramente, não entendo o que as pessoas querem dizer quando falam sobre o livre-arbítrio humano. Por exemplo, tenho a sensação de que quero alguma coisa; mas qual a relação que isto tem com a liberdade, não consigo entender. Eu percebo que quero acender o cachimbo e o faço; mas como posso ligar isto com a idéia de liberdade? O que há por trás do ato de acender o cachimbo? Um outro ato da vontade? Schopenhauer uma vez disse: "o homem pode fazer o que quiser, mas não pode querer o que quer". . . . quando se mencionam pessoas que falam de coisas como o livre-arbítrio na natureza, é difícil para mim encontrar uma resposta adequada.[45]

O que Einstein parece rejeitar é a tenacidade com que as pessoas se agarram à idéia de um ego isolado e original, e de um "eu" em volta do qual tudo gira. Mas o ego que suplica pelo seu livre-arbítrio não é a medida de como o mundo funciona. A vontade *não* se concentra nem culmina em mim neste momento. Nesta concepção, Einstein não se vê privado de sua capacidade de ação: ele *ainda* pode acender o seu cachimbo. O que ele rejeita, creio eu, é a patológica e mórbida focalização *localizada* no ego como o átomo definitivo da humanidade.

Além do mais, na sua teoria da relatividade, Einstein dá um grande passo além do indivíduo isolado como o único árbitro de uma imagem do mundo. Na sua concepção, a imagem do mundo não pode ser entendida supondo-se que haja um conjunto de eventos uniformemente observado por todos os observadores independentes. Em vez disso, o mundo deve ser entendido, não como uma coleção de eventos externos objetivos que são a mesma coisa para todos, mas como um conjunto de *relações*. De fato, "evento" e "observador individual" não podem ser definidos independentemente um do outro nesta nova concepção. Em decorrência de sua descoberta, nasceu uma nova unidade na física, como diz Bronowski, formada por uma inextricável tríade: o evento, o observador e o sinal que os une:

> A física não consiste em eventos; consiste em observações, e entre o evento e nós que o observamos, deve passar um sinal – um raio de luz, talvez, uma onda ou um impulso – que simplesmente não pode ser extraído da observação... . Evento, sinal e observador: esta é a relação que Einstein viu como a unidade fundamental da física. A relatividade é compreensão do mundo não como um conjunto de eventos, mas como um conjunto de relações.[46]

Assim, na relatividade restrita, os indivíduos participam da imagem do mundo somente por estarem incluídos em algo maior que o eu individual. A não ser que se vá além do eu, não há *nenhuma* imagem do mundo. Esta formidável teoria, já demonstrada além de qualquer dúvida e que é universalmente aceita, harmoniza-se com a convicção de Einstein de que os indivíduos se ajustam em unidades cada vez maiores – estando, assim, ligados "a todas as coisas vivas".

Em sua concepção religiosa pessoal, Einstein afasta-se definitivamente da primazia do indivíduo em relação ao Todo, ao Uno. Isto é ainda uma outra expressão da transindividualidade e da não-localização da pessoa no seu pensamento. Conforme ele comentou,

> A pessoa sente a futilidade dos desejos e das metas humanas e a sublimidade da maravilhosa ordem reveladas tanto na natureza como no mundo do pensamento. A existência individual o impressiona como uma espécie de prisão e ele quer vivenciar o universo como um todo único e significativo.[47]

Ir além da prisão da individualidade para uma percepção experimental desse "todo significativo" era, para Einstein, uma grande tarefa que ele descreve numa observação freqüentemente citada:

> Um ser humano é uma parte limitada no tempo e no espaço, de um todo por nós chamado de "universo". Ele tem pensamentos e sentimentos como algo separado do restante – uma espécie de ilusão de óptica da consciência. Essa ilusão é como uma prisão para nós, restringindo-nos a decisões pessoais e ao afeto por algumas pessoas mais próximas. A tarefa que nos cabe é libertar a nós mesmos dessa prisão, ampliando nosso círculo de compaixão para abraçar todas as criaturas vivas e toda a natureza em sua beleza.[48]

Em certos momentos, Einstein afirma enfaticamente a importância de acabar com a servidão ao ego pessoal, com o sentimento de "eu" localizado. Ao dizer isso, sua filosofia soa decididamente oriental:

> O verdadeiro valor de um ser humano é determinado basicamente pela proporção e pelo sentido em que ele atingiu a libertação do eu.[49]

Porém, Einstein sempre volta para a Terra depois desses vôos místicos, e sua visão é invariavelmente suplementada pela percepção da importância do aqui-e-agora. Não basta ficar apenas no domínio espiritual, pois:

> . . .aqueles que preservam o espírito também devem cuidar do corpo, ao qual o primeiro está ligado.[50]

De fato, a semelhança entre as concepções oriental e einsteiniana da relação entre o eu libertado (que é parte do Todo) e a pessoa localizada e limitada, é notável. Compare os comentários acima com aqueles do Lama Govinda, um moderno erudito budista:

> [Nossa unidade essencial com o universo] não é a igualdade ou a identidade absoluta, mas uma relação orgânica, na qual a diferenciação e a singularidade de funções são tão importantes quanto a unidade última ou fundamental... . A individualidade e a universalidade não são valores mutuamente excludentes, mas, sim, dois lados da mesma realidade, que se compensam, se realizam e se complementam entre si, tornando-se um na experiência da iluminação. Essa experiência não dissolve a mente num Todo amorfo, mas, antes, traz a percepção de que o próprio indivíduo contém a totalidade focalizada dentro de si.[51]

Há uma inequívoca insinuação de imortalidade nas concepções de Einstein, concepções que nascem das interpretações do tempo na física moderna, em que este é despojado de seu caráter externo, fluido e linear. Baseados nessas idéias, surgem significados completamente novos para o passado, presente e futuro; e o conceito de morte como evento último e final se esboroa.

Em 1905, Einstein publicou seu tratado sobre a relatividade restrita. No final desse trabalho, que mudaria para sempre nossos conceitos de espaço e tempo, ele agradeceu a seu amigo íntimo, Michele Besso. Foi com Besso, quando eles trabalhavam no escritório de patentes em Berna, que ele se havia debruçado sobre essas idéias embrionárias. A amizade entre os dois durou toda uma vida, e em 1955, quando Besso morreu, Einstein escreveu uma carta ao filho e à irmã do falecido onde expressa sua concepção sobre a imortalidade:

> A origem da nossa amizade vem do tempo em que éramos estudantes em Zurique, onde nos encontrávamos regularmente nas reuniões musicais... mais tarde, o Escritório de Patentes nos uniu. Nossas conversas durante o caminho de volta para casa eram fascinantes.... E agora ele me precedeu um pouco no adeus a este estranho mundo. Isto não quer dizer nada. Para nós, físicos crentes, a distinção entre o passado, o presente e o futuro é só uma ilusão, mesmo que teimosa.[52]

Não encontramos no pensamento de Einstein os vôos místicos de Schrödinger, contudo, sua filosofia se eleva a grandes alturas. O "sentimento religioso cósmico", do qual ele fala com freqüência, é exatamente isto – *cósmico*, no sentido literal da palavra. Apesar de ser aparentemente sozinho e de sua necessidade de isolamento, em sua filosofia Einstein não diviniza o indivíduo. Há algo além da pessoa: há o Todo, do qual faz parte o indivíduo. E há também a imortalidade.

Esses cientistas – Schrödinger, Gödel, Einstein – nos conduzem em direção ao mesmo território, ainda que com diferentes ênfases. Eles nos dizem que há mais do que a pessoa individual, mais do que o aqui-e-agora. Cada um à sua maneira, eles afirmam que nossas interpretações da mente e do eu, baseadas no senso comum, apresentam graves falhas. A realidade – incluindo tempo, espaço, pessoa, mente e morte – não é aquilo que sempre pensamos que é.

6

A Mente e a Física Quântica

O universo apresenta evidência de... mente em três níveis. O primeiro nível é o dos processos físicos elementares na mecânica quântica. Nesta, a matéria não é uma substância inerte, mas um agente ativo que constantemente faz escolhas entre possibilidades alternativas, segundo as leis da probabilidade. Toda experiência quântica obriga a natureza a fazer escolhas. Parece que a mente, manifestada como a capacidade de escolher, é, até certo ponto, inerente a cada elétron. O segundo nível em que detectamos... a mente, é aquele da experiência humana direta. Nossos cérebros parecem dispositivos aptos para a amplificação do componente mental das escolhas quânticas feitas pelas moléstias que estão dentro da cabeça.... Há evidência... de que o universo como um todo é hospitaleiro ao crescimento da mente.... Portanto, é razoável crer na existência de um terceiro nível da mente, um componente mental do universo. Se acreditarmos nesse componente, então podemos dizer que somos pequenos pedaços do aparato mental de Deus.

Freeman Dyson[1]

Talvez o sujeito não tenha uma alma que seja sua, mas só um pedaço de uma grande alma – a grande alma que pertence a todos.

John Steinbeck
As Vinhas da Ira

Henry Margenau e a Mente Universal

É fácil encontrar entre os poetas, místicos e filósofos apoio para a natureza anímica, não-localizada, da mente; pode-se até acrescentar à lista alguns cientistas que de quando em quando se entretiveram com a idéia. Mas é extremamente raro encontrar um cientista contemporâneo, respeitado entre seus colegas por suas contribuições fundamentais a sua área, que tenha declarado em público que a mente é universal. Um tal indivíduo é Henry Margenau, Professor Emérito de Física e Filosofia Natural da Universidade de Yale. Completando uma carreira como eminente teórico tanto em física molecular quanto em física nuclear, o professor Margenau começou a investigar as bases filosóficas da ciência natural.

Hoje, a maioria dos físicos levam vidas um tanto curiosas. Eles vêem a física de maneira completamente utilitária – como uma ferramenta, como um meio para um fim. Esse modo de enxergar a ciência conduz a uma clara duplicidade existencial. A visão de mundo da física é radicalmente diferente daquela em que o físico – e nós – vivemos fora do laboratório. Quando ele guarda suas ferramentas no final do dia, deixa atrás de si aquela visão de mundo necessária ao uso desses instrumentos no laboratório, e assume outra, dominada pelo senso comum.

É claro que todas as pessoas possuem múltiplas visões de mundo que as orientam em diferentes circunstâncias, como no caso do homem de negócios que, no domingo, é um devoto, mas nos outros dias é cruel e impiedoso em sua conduta profissional. Em todo caso, visões múltiplas da realidade são absolutamente necessárias para se permanecer vivo e operante neste mundo, conforme demonstrou o psicólogo Lawrence LeShan em seu livro *Alternate Realities* [Realidades Alternadas].[2] A tarefa é sempre escolher o modo de encarar o mundo que melhor se ajuste à situação. Seria impossível, e bastante insensato, viver coerentemente de acordo com uma só visão de mundo. Sabemos disso intuitivamente, e ninguém tenta aferrar-se à mesma visão da realidade o tempo todo. Quando trabalhamos, brincamos e sonhamos, estamos constantemente assumindo e abandonando diferentes pressuposições sobre a realidade, embora possamos não fazê-lo conscientemente.

O professor Margenau ampliou a visão de mundo do laboratório de física, sugerindo que esta ciência alude a uma realidade significativa não apenas quando se faz física, mas também ao se fazer um lance no recinto da bolsa de valores, atravessar a rua ou limpar a geladeira. Esta concepção é de longo alcance e a tudo inclui, contendo em si todas as visões de mundo auxiliares e utilitárias que assumimos e abandonamos em nosso dia-a-dia.

Recentemente, têm aparecido muitos livros sobre a "nova física" e sobre como este conhecimento pode relacionar-se com os assuntos humanos. Mas a contribuição de Margenau é singular. Sua obra, *The Miracle of Existence* [O Milagre da Existência],[3] é a mais vigorosa e excitante exposição surgida nos últimos anos, talvez desde as propostas de Schrödinger. As implicações espirituais revelam-se inequivocamente, pois não se trata apenas de um livro sobre física, mas de um livro sobre Deus.

Margenau usa o termo "Mente Universal", que é equivalente à nossa mente não-localizada. Empregamos este último do começo ao fim deste livro por conter ele uma neutralidade que "Mente Universal" não possui, devido às conotações religiosas que têm pesado sobre esta denominação. Mas, na análise que segue, utilizaremos fundamentalmente a própria terminologia de Margenau. O leitor pode trocar livremente o termo "universal" por "não-localizado", sem cometer nenhuma injustiça para com as elevadas concepções desse cientista.

"Unidade" e "unicidade" são a base da dieta diária do poeta e do místico. Mas por que os físicos, hoje, falam desses assuntos? Nossos físicos "viraram místicos"?

Uma das razões que justificam os físicos voltarem-se para essas questões é um "fato tão banal, conquanto peculiar, que não é capaz de causar espanto ao cientista moderno[:] . . . a igualdade das propriedades dos constituintes elementares da matéria".[4] Todo estudante de escola primária sabe que há uma espantosa coerência e unidade na natureza. Todos os átomos de oxigênio, e todos os átomos de uma dada espécie, têm a mesma massa ou peso. Todos os elétrons têm a mesma massa, spin e carga, o que reflete uma precisão que nunca poderia ser atingida nas coisas feitas pelo homem. E isto é verdadeiro para todas as propriedades dos constituintes elementares conhecidos da matéria. Quando encontramos esta igualdade e unidade no mundo macroscópico do dia-a-dia – como, por exemplo, no fato de as moedas e as cédulas serem do mesmo valor e os automóveis serem da mesma fabricação, ou na uniformidade do maquinário de uma linha de montagem –, de imediato supomos que foram planejadas pelo homem e, portanto, refletem a mente do homem. "Não deveríamos fazer uma suposição semelhante, e não somos compelidos a fazê-la com respeito às entidades fundamentais da física atômica e nuclear. . . [embora] a inteligência que há por trás delas não seja a do homem[?]"[5]

Margenau admite a resistência óbvia, emocional e racional que os cientistas ocidentais sentem em postular uma Mente Universal, da qual fariam parte todos os seres conscientes e "talvez todas as entidades que compõem o mundo".[6] Com o intuito de tornar esta idéia "menos repulsiva ao físico moderno", ele faz uma série de observações adicionais para atenuar o choque.

Há um aspecto na física nuclear recente, contido na atual teoria da medida, que implica algo como uma unicidade no mundo físico. Ao explicá-lo, Margenau faz uso do termo *onta*, que ele emprega para designar "qualquer entidade seja lá qual for, especialmente quando ela desafia a intuição comum".[7] (*Onta* é o plural de *on*, palavra grega que significa "ser".) As descobertas da física nuclear sugerem que, em certas situações, diferentes *onta* conseguem juntar-se, perdendo a sua identidade – uma clara sugestão de que a unicidade existe nos níveis mais fundamentais da natureza. Mas esta forma de unicidade é complexa; pois, embora haja uma perda de identidade, os *onta* não se fundem numa total indistinguibilidade; eles ainda conservam o seu "número". Assim, a individualidade persiste, paradoxalmente, no movimento que conduz à unidade deste nível da natureza.

Como exemplo, considere o comportamento dos nêutrons e dos prótons. Quando estão separados no espaço e, portanto, não interagem, um deles é neutro e o outro carrega uma carga positiva. Ao chegarem suficientemente próximos entre si, "suas identidades desaparecem, suas propriedades se fundem, tornando-se então impossível uma distinção entre eles. Mas são ainda dois *onta*".[8]

Além disso, Margenau mostra que os cientistas de hoje admitem a existência de três forças fundamentais distintas entre os constituintes do mundo nuclear. A potência dessas forças depende da energia das entidades interagentes. A baixas energias de interação, sua potência difere enormemente. "Estranhamente, porém, valores das três forças quase equivalem-se em energias extremamente altas, se as teorias atuais estiverem corretas."[9] Mais uma vez, uma indicação de unicidade.

O que concluímos dessas observações? Átomos não são seres humanos e elétrons não são mentes. Há algum ponto de comparação entre as "unicidades" existentes nos níveis físico e mental? Margenau está convencido de que é *possível* falar, como físico, sobre a unicidade que abrange níveis distantes da natureza, devido às revelações da ciência moderna. Como evidência de que não está sozinho nesta convicção, ele arrola os pontos de vista de duas figuras centrais da física moderna, Werner Heisenberg e David Bohm. Pouco antes de morrer, Heisenberg publicou um artigo que continha a proposta de que certos conceitos fundamentais e mecanicistas do senso comum, tais como "ser composto de" e "ter partes distintas e designáveis", podem não ter sentido para as realidades extremas com as quais a física procura lidar. E o físico Bohm expressou a mesma opinião. "Assim", disse ele, "chega-se a uma nova noção de *totalidade ininterrupta*, que nega a idéia clássica de analisabilidade do mundo em partes separadas e independentes."[10] E como o "pensamento particulado" desaparece no nível dos átomos, Margenau faz uma pergunta fundamental:

> Não seria esse tipo de negação [a negação da separabilidade em partes] necessária também para a consciência, para a mente, de modo que a questão das mentes separadas, contribuindo para ou formando a mente universal, pudesse tornar-se significativa? Alguns filósofos que contribuíram para os Vedas e os Upanishades responderiam afirmativamente, sem dúvida; e as afirmações dos místicos que fundiram-se em êxtase com Deus fornecem evidências adicionais para a natureza a-numérica das almas.[11]

Esses grandes cientistas sugerem que o conceito de totalidade não está limitado ao domínio atômico. Se o "pensamento particulado" é ineficaz ao nível atômico, também é inadequado ao nível mental. E o que é uma mente sem partes? É a Mente Una ou Mente Universal, o "Tao, Logos, Brahman, Atman, o Absoluto, Mana, Espírito Santo, Weltgeist, ou simplesmente Deus".

Para Margenau, o fato de percebermos o mesmo mundo evidencia a existência da Mente Universal. Sim, a concepção que as pessoas têm das coisas não é precisamente idêntica, fato este documentado por décadas de experiências em psicologia da percepção. Contudo, há uma equivalência aproximada entre nossas percepções, de que ninguém pode duvidar; podemos comunicar experiências partilhadas sobre o mundo sem muita dificuldade. Então, que conclusão tiramos do fato de compartilharmos coletivamente um quadro coerente do mundo? Este fato é de grande importância, diz Margenau. Depois de recebermos os estímulos que nos chegam, eles são

> transcritos... [para uma] realidade física, em essência a mesma para todos.... [Esta] unidade do todo implica a universalidade da mente, se lembrarmos que a matéria é um constructo da mente.[12]

Essa possibilidade significativa é sistematicamente ignorada pelos psicólogos da percepção, neurologistas e filósofos da mente. Se, conforme admite a neurociência moderna, nada podemos saber exceto por meio dos sentidos, então por que não um mundo diferente para cada cérebro? Os cérebros *não* são iguais até em gêmeos idênticos. E o mesmo cérebro, de um momento para o outro, pode perceber os mesmos estímulos de maneira diferente, e fazer uma imagem diferente do mundo. Ao pensarmos quão diferentes as imagens de nossos cérebros *poderiam* ser, é espantoso que elas se mostrem tão coerentes.

E a razão de elas *serem* coerentes, sugere Margenau, *não* é porque nossos cérebros sejam semelhantes ou funcionem do mesmo modo, *mas porque nossas mentes são unas*. É preciso uma única consciência para fazer uma única imagem do mundo, especialmente quando essa imagem é compartilhada por uns cinco bilhões de cérebros neste planeta. Só a Mente Una, uma Mente Universal, poderia fazer tal coisa. Para funcionar dessa maneira, ela deve ser não-localizada, no sentido de estar além dos cérebros e corpos individuais. Se a Mente Una não estivesse operante, moldando a grande quantidade de dados sensoriais processados a cada momento pelo mar de cérebros que há na Terra, poderíamos esperar a formação de imagens de mundo tão díspares quanto incomunicáveis.

Alguns rebatem essa proposta, dizendo que as imagens que fazemos do mundo são uma só porque há apenas um mundo para imaginar. Essa concepção é a do realismo ingênuo. Margenau e a física moderna nos pedem que sigamos além, pois na realidade não há um "lá fora" totalmente exterior, objetivo e igual para todos. Há um aspecto da realidade que é mais profundo que o dos objetos "exteriores", e que deve incluir a mente. Em última instância, essa é a realidade da Mente Una, Universal, que em sua expressão mais abrangente é Deus.

Mesmo admitindo nossa participação na Mente Universal de Margenau, ainda estaremos tentados a nos colocar à parte dessa concepção. Persistimos em nossa tendência de pensar sobre o Uno do mesmo modo como pensamos nos objetos – uma árvore, uma rocha, ou o pôr-do-Sol. É provável que o Uno torne-se para nós uma coisa como outra qualquer. E assim agarramos o conceito de Mente Universal e o reificamos como A Grande Coisa Una. Mas o Uno não pode ser equivalente à Coisa Una. Esse é um exemplo de "pensamento particulado". Nas antigas mensagens dos Vedas e dos Upanishades, às quais se referem Margenau e Schrödinger, o Uno nunca é mencionado como se ele sugerisse A Maior Coisa do Mundo. É usado metaforicamente. A idéia de Ken Wilber é útil e clara sobre este ponto:

> Falar da Realidade como o Uno... sem dúvida é útil, pois *metaforicamente* a coloca como espaço "singular" e absoluto de todos os fenômenos – [mas] é útil *contanto* que lembremos que trata-se de uma metáfora... Assim, sempre que... as tradições [espirituais] falam do "uno", elas... não se referem literalmente ao "uno", mas ao que melhor seria expresso como "não-dual". Esta não é uma teoria do monismo ou do panteísmo, mas uma experiência da não-dualidade.[13]

A idéia de Mente Una é coerente com a física moderna e com muitas das grandes tradições espirituais da humanidade. E se de fato o Uno é isso, se *ele é* Uno, então somos parte dele – mas não apenas uma "parte", pois senão violaríamos a relação não-dual, contra o que Wilber nos adverte. Em última instância, devemos ir além da idéia de que nossa mente faz parte de alguma outra coisa – reconhecendo, como disse o físico Schrödinger, que em algum nível *somos* a Mente Una. Pois se algo estivesse fora dela, incluindo nós mesmos, ela não poderia ser o Uno – total, completo, fundamental. Margenau, como Schrödinger, percebe claramente as implicações espirituais da absorção da "parte" no todo. Trata-se, nada menos, que da relação da humanidade com Deus. Conforme ele disse,

> Se minhas conclusões forem corretas, cada indivíduo é parte de Deus ou parte da Mente Universal. Uso a frase "parte de" com hesitação, lembrando a sua imprecisão e inaplicabilidade mesmo na física recente. Talvez uma forma melhor de colocar a questão seja dizer que cada um de nós é a Mente Universal, porém com limitações que obscurecem tudo menos uma pequena fração de seus aspectos e propriedades.[14]

A Mente como um Campo

Nas ciências da vida, como a biologia e a medicina, os cientistas não estão acostumados a lidar com entidades não-materiais. A própria expressão evoca idéias de fantasmas e espíritos. Mas na física moderna a situação é diferente. Nela os cientistas têm conceitos para várias entidades não-materiais, muitas das quais são chamadas *campos*. Embora estes não sejam materiais, a maioria deles não obstante está associada à matéria. Incluem, por exemplo, o campo de fluxo de um fluido em movimento, os campos elétrico e magnético envolvendo os corpos, o campo de temperatura da atmosfera, o campo de tensão num sólido comprimido.

Mas há alguns campos que *não* requerem a presença da matéria para serem significativos. Não estão ligados a coisas materiais e nunca poderiam ser chamados de materiais – por exemplo, o campo métrico na relatividade geral, os campos de radiação, e vários campos abstratos que ocorrem na física nuclear. Além disso, há os campos de probabilidade, que estão entre os "observáveis" fundamentais da física quântica, diz Margenau, juntamente com quantidades como posição, velocidade, massa e energia. Os campos de probabilidade caracterizam a essência da física quântica, desempenhando um papel chave no modelo de Margenau da Mente Universal.

A idéia de que a mente pudesse ser um campo não-material capaz de operar mudanças físicas no mundo não foi recebida com muita simpatia pela biologia moderna. Os biólogos só com relutância começam a perceber, se tanto, que a mente não depende, em termos físicos, do cérebro e do corpo, e que ela não será entendida de forma cabal pela química e anatomia do cérebro. Segundo o físico britânico Paul Davies, "a física, que tem ido à frente das outras ciências, agora segue na direção de uma concepção mais condescendente em relação à mente, enquanto que as ciências da vida, seguindo o caminho dos físicos do século passado, estão tentando aboli-la por completo".[15] Davies cita a observação do biocientista Harold Morowitz sobre esta "curiosa inversão":

> O que aconteceu é que os biólogos, que outrora postularam um papel privilegiado para a mente humana na hierarquia da natureza, vêm seguindo de modo inflexível na direção do materialismo radical que caracterizou a física do século XIX. Ao mesmo tempo, os físicos, em face de irresistíveis evidências experimentais, vêm se afastando dos modelos estritamente mecânicos do universo para uma concepção em que a mente desempenha um papel integral nos eventos físicos. É como se as duas disciplinas estivessem em trens em alta velocidade, indo em direções opostas, sem notar o que está acontecendo nos trilhos.[16]

Embora heréticas quando vistas contra o pano de fundo do moderno materialismo biológico, as idéias de Margenau sobre a natureza não-material da mente seriam recebidas com simpatia por alguns dos maiores físicos deste século. Niels Bohr declarou que, "reconhecidamente, não podemos encontrar nada na física ou na química que tenha qualquer relação, mesmo remota, com a consciência".[17] E seu contemporâneo, Werner Heisenberg, o criador do Princípio da Incerteza na física moderna, também colocou a questão claramente. "Não há qualquer dúvida", disse ele, "de que a consciência não ocorre na física e na química, e não consigo ver como ela poderia resultar da mecânica quântica."[18] Cada um a seu modo, estes físicos – Bohr, Heisenberg e Margenau – ocupam essencialmente a mesma posição: a consciência não pode ser plenamente explicada pelas ciências físicas, conforme elas são entendidas na atualidade.

Muitos biólogos foram além da versão radical de materialismo enunciada em 1750 pelo influente cientista francês Julien de la Mettrie. "Concluamos com coragem, então", instou ele, confiante, "que o homem é uma máquina."[19] Hoje, uma das formas favoritas de transcender essa posição extrema é por meio do materialismo emergente, teoria segundo a qual a mente "emerge" num certo nível de complexidade da função cerebral. Mas este é ainda um modo materialista de pensar, pois a mente continua dependente do cérebro quanto à origem, como um bebê, depende da mãe. A teoria da "emergência" permite essencialmente à biologia retornar ao materialismo pela porta dos fundos.

Mesmo se a mente, em certo sentido, de fato "emergiu" do cérebro, pode-se questionar o que, em última análise, é explicado pela palavra "emergiu". Os problemas que envolvem a teoria emergente são explicados com clareza pelo filósofo da ciência *Sir* Karl Popper. "De um ponto de vista evolutivo", declara ele, "considero a mente autoconsciente como um produto que emerge do cérebro. . . [mas] quero enfatizar quão pouco é dito ao se falar que a mente é um produto que emerge do cérebro. Isso não tem nenhum valor explanatório, e de certo modo equivale apenas a pôr-se um ponto de interrogação num certo lugar da evolução humana."[20]

Muitos biólogos e filósofos colocam restrições às idéias de Margenau sobre a natureza não-material da mente. Como uma entidade não-material, totalmente independente da matéria, poderia *fazer* alguma coisa? Podem "coisas" não-materiais agir sobre coisas materiais? Margenau sugere a possibilidade irracional de que coisas espirituais possam mover coisas materiais. Mas na mecânica quântica, o irracional de fato tem ocorrido: interações entre o não-material e o material são comuns. Como afirma Margenau, "sabe-se que interações entre [o] imaterial e [o] material acontecem, na verdade são abundantes [na física moderna]. Todo motor elétrico depende disso. . . entidades evasivas tais como os campos de probabilidade, um constructo puramente matemático. . . afetam o comportamento de entidades atômicas.[21]

Como poderia ocorrer essa interação mútua entre mente não-material e cérebro material? Na situação típica, quando algum trabalho se realiza entre duas entidades interagentes, uma certa quantidade de energia é transferida entre elas. Mas nem todas as interações do mundo físico são trocas de energia. Há mecanismos de controle e direção, por exemplo, em que não se realiza nenhum trabalho e, portanto, não se transfere energia. Outro exemplo citado por Margenau é o de um trem fazendo uma curva: os trilhos fazem pressão contra as rodas do vagão, aplicando uma força, mas esta é exercida em ângulos retos ao deslocamento e, assim, nenhum trabalho é realizado. Aqui é fundamental perceber que as noções ordinárias, comuns, do que significa um sistema "realizar trabalho" sobre outro, podem sucumbir.

Quando entidades interagem na natureza, a energia total do sistema permanece a mesma antes, durante e depois da interação (a energia é "conservada"). Mas, no mundo da física quântica, afirma Margenau, isso nem sempre é verdadeiro:

> Há casos em que o princípio de conservação de energia na sua forma habitual não se aplica: como exemplos podem-se citar a passagem de elétrons através de barreiras... e talvez o mais miraculoso de todos: uma massa física pode ser criada do nada sem contradição às leis da física.[22]

Isso dá uma grande abertura para a ação da mente não-material sobre o cérebro material, sem que aquela precise apresentar algum quociente de energia para despender no processo. O quadro que emerge das observações de Margenau, portanto, é o seguinte: *a mente não-material pode ser livre e independente do cérebro físico, sendo porém capaz de influenciá-lo sem ter que fornecer qualquer parte da energia necessária à interação entre ambos*. Esta possibilidade, por muito tempo, negada na biologia, é plenamente admissível na física moderna, afirma Margenau, estando em perfeita concordância com os princípios conhecidos, sem violar qualquer lei. Ele discorre longamente sobre como a interação mente-cérebro poderia efetuar-se:

> Em sistemas físicos muito complexos, tais como o cérebro, os neurônios e os órgãos dos sentidos, cujos constituintes são suficientemente pequenos para serem governados por leis quânticas probabilísticas, o órgão físico está sempre pronto para um grande número de possíveis mudanças, cada qual com uma probabilidade definida; se ocorre uma mudança que requer energia... o intrincado organismo a fornece automaticamente. Por conseguinte, mesmo que a mente tenha algo a ver com a mudança, isto é, mesmo havendo uma interação mente-corpo, aquela não seria exortada a fornecer energia.[23]

Assim, a resposta ao eterno enigma de como a mente não-material fornece energia para afetar o cérebro ou o corpo material pode ser a seguinte: ela não fornece. A energia vem do cérebro.

Através do Espelho Misterioso: A Fenda do Tempo e o Muro Individual

Com que se "pareceria" uma Mente Universal? Sobre esta Mente, Margenau declara:

> Seu conhecimento compreende não só todo o presente, mas também todos os eventos passados. Assim como o nosso pensamento pode analisar e conhecer todo o espaço, a Mente Universal pode viajar à vontade para trás e para a frente no tempo.[24]

Se a nossa mente faz parte dessa Mente Universal, então ela também é não-localizada no tempo e no espaço. Mas se é assim, por que nos sentimos tão *localizados*? Por que essa sensação tão esmagadora do presente e um tal sentido de confinamento a este espaço imediato? Por que nos sentimos tão *individuais*, trancados dentro do corpo? Por que deveríamos ficar tão atormentados, como temos estado por milênios, com a questão de termos ou não alguma liberdade de escolha, ou de o resultado do jogo ser ou não determinado já desde o início? Não são estas as características que esperaríamos de mentes que são parte de uma Mente Universal não-localizada.

Margenau acredita que nossa noção de universalidade é obscurecida pelas limitações físicas do corpo. Porém, essas limitações físicas não são absolutas, sendo que, durante toda a história, muitas pessoas conseguiram superá-las. Todas as grandes tradições espirituais estão repletas de evidências de que, se certas prescrições forem seguidas, a natureza divina, universal, não-localizada, emergirá.

Mas as limitações são reais. Uma das mais incômodas é a maneira rígida como percebemos o tempo. Margenau usa a metáfora da "fenda do tempo" para enfatizar a nossa capacidade de ver apenas uma pequenina fatia do panorama total do tempo. Assim como podemos ver somente uma estreita faixa do espectro eletromagnético, a que chamamos luz, da mesma forma notamos uma só diminuta fatia do tempo, a que chamamos "agora". Essa incapacidade de conhecer a totalidade do tempo contribui para nos sentirmos presos e encalhados nesse mesmo tempo – limitados a uma única vida, irremediavelmente mortais, destinados à morte.

Uma outra grande restrição ao uso universal e não-localizado da mente é o que Margenau chama de "muro individual". Este "produz a sensação dominante de isolamento individual, dando-nos uma identidade, bem como um ego". Na pior das hipóteses, cria uma sensação de isolamento e solidão que pode ser opressiva e mórbida, fatal até.

Mas como veremos, nem a fenda do tempo nem o muro individual são absolutos. Sob certas circunstâncias, muitas das quais podemos aprender a controlar, eles tornam-se "mais ou menos opacos".

O Muro Estocástico

Além da fenda do tempo e do muro individual, que encobrem nossa identificação com a Mente Universal, há ainda um outro obstáculo que molda decisivamente o caráter da nossa condição humana: o "muro estocástico". A palavra "estocástico" deriva do grego *stochos*, que se refere a "alvo", "meta", ou "estimativa". Este termo sugere que há casualidade e incerteza na condição humana. E quem pode negá-lo? Na verdade, ninguém vive a vida como se ela fosse fixada e determinada, nem mesmo aquelas pessoas que professam uma crença no determinismo.

Para Margenau, nossas vidas parecem permeadas pela incerteza porque o mundo, no nível invisível e silencioso dos processos subatômicos, *é* incerto. Mas esta não é uma situação lastimável – de fato, é o oposto. Pois é justamente a incerteza do mundo que permite a possibilidade, pelo menos, do livre-arbítrio humano. Mas, além da incerteza, é preciso haver outro elemento, que é a escolha. Portanto, dois elementos são necessários, declara Margenau, para fazer com que a liberdade humana seja uma realidade: a escolha agindo sobre o acaso.

Segundo Margenau, não há limites para o nível mais elevado da Mente:

> A Mente Universal não tem fenda do tempo, nem muro individual; seu conhecimento não é limitado por probabilidades quânticas[25] ... a Mente Universal não precisa de memória, uma vez que todas as coisas e todos os processos – passados, presentes e futuros – estão abertos à sua apreensão.[26]

A metáfora da fenda do tempo, de Margenau, é rica em implicações para o conhecimento humano, como, por exemplo, no que se refere à faculdade da memória. Quanto mais larga a fenda, menos limitados estamos no tempo e mais podemos lembrar. Se as bordas da fenda forem bem definidas, nossa memória será prontamente interrompida em pontos definidos do tempo. Se forem imprecisas, a memória será portanto inexata. Todos os problemas conhecidos relativos à memória podem ser metaforicamente imaginados como decorrências das variações na definição das bordas da fenda do tempo, ou das flutuações na sua largura. E, para todos esses problemas de memória, há uma cura – o retorno da mente individual, com sua fenda do tempo, para a Mente Universal, que não tem nenhuma.

Não só a fenda do tempo, mas também o muro individual é culpado de muitos dos males humanos. Em certos estados de esquizofrenia, o muro individual dissolve-se dramaticamente, e a pessoa não consegue mais distinguir a si própria dos outros indivíduos ou das outras coisas. Além disso, a fenda do tempo pode dilatar-se, de forma que a noção de passado, presente e futuro seja destruída. O muro estocástico também pode desmoronar, e o senso de liberdade e de escolha torna-se distorcido. O sujeito pode sentir que possui pleno controle de todos os eventos, o que pode manifestar-se em alucinações messiânicas ou levá-lo a pensar que é Deus encarnado. Ou então ocorre uma hipertrofia do muro estocástico, que fica mais espesso e mais alto, o que faz com que o indivíduo se sinta totalmente paralisado, incapaz de escolher ou agir mesmo da maneira mais simples.

É freqüente, porém, essas limitações variarem na vida de pessoas comuns, não só dos esquizofrênicos. Por exemplo, a fenda do tempo pode dilatar-se de modo que sua borda dianteira se expanda, permitindo a premonição ou o "conhecimento do futuro". O muro individual pode baixar, permitindo que a pessoa sinta uma saudável empatia ou ligação com outros indivíduos e coisas. Assim Margenau descreve esse processo positivo:

> [A diminuição do muro individual] aumentaria a nossa identidade com os outros. Este rebaixamento do muro pode ocorrer em caso de rara simpatia e amor, na empatia espontânea por meio da atenção concentrada, nas meditações, sonhos, experiências individuais que... revelam realidades alternativas. É possível que ocorra na prece, quando o indivíduo se funde com a Mente Universal. O rebaixamento do muro individual permitiria a percepção extra-sensorial na forma de coalescência de informações, talvez como leitura da mente.[27]

Assim, é errado enfatizar apenas a natureza negativa das flutuações da fenda do tempo e dos muros individual e estocástico, pois muitas pessoas consideram esses estados genuinamente edificantes e realizadores.

Meios de ocasionar essas flutuações intencionalmente têm sido conhecidos durante milênios. As grandes tradições espirituais fornecem prescrições que, se seguidas, modificam radicalmente a largura da fenda do tempo e a rigidez e altura do muro individual. Desse modo, ensinam-nos a perceber o eterno e o infinito no nosso ser – para conhecer a Deus, ao Tao, ao Absoluto, ao Uno. Mas, se a pessoa *não* estiver trilhando um caminho espiritual cuidadosamente monitorado e testado pela experiência, o súbito alargamento da fenda do tempo e o desmoronar do muro individual podem ser desastrosos. O confronto inesperado com a realidade não-localizada pode ser chocante e avassalador. Talvez a expressão mais turbulenta dessa experiência ocorra por meio do uso de drogas que alteram a consciência. Aqui a fenda do tempo pode ser dilacerada e o muro individual demolido em questão de segundos ou minutos. Dependendo de muitos fatores complexos, pode-se descrever essa experiência como êxtase, consciência superior ou puro terror. Algumas pessoas até recorreram ao suicídio ao fazerem um repentino e inesperado contato com a realidade não-localizada em experiências com drogas. Portanto, a decisão de entrar em contato com esse aspecto do eu nunca deveria ser tomada de maneira leviana. Sempre deve-se persegui-lo com o espírito da reverência condizente com a busca da Verdade, e nunca, *nunca*, pelo prazer da recreação. Como disse o famoso mitólogo, Joseph Campbell, "Aqueles que não resistem à experiência se afogam na água em que os místicos nadam. Para atravessar esse oceano, é preciso estar preparado."[28]

Margenau assim recomenda que a fenda do tempo e o muro pessoal sejam respeitados, pois "num sentido profundo, eles são bênçãos no âmbito de uma existência humana finita".[29] Mesmo que limitem a nossa consciência, não obstante ajudam a nos manter intactos até que estejamos preparados para ir em busca de quem realmente somos.

Entretanto, em algum momento, a fenda do tempo deve ser alargada e os muros individual e estocástico abaixados, se quisermos perceber a nossa natureza universal não-localizada. Não conseguiríamos enfatizar suficientemente as implicações espirituais de um relaxamento dessas restrições. A total erradicação do muro individual, e o alargamento da fenda do tempo até o infinito, permitiria a fusão da pessoa com o Uno, com Deus. Margenau descreve como isto poderia ser:

O que eu... sugiro é que o eu consciente retornará à sua suposta origem, que é a Mente Universal, e disso parece resultar que, como parte de Deus, ele teria a faculdade de revisitar todos os aspectos de sua experiência e, talvez, até a escolha de esquecê-los todos e fazer cair a si próprio no esquecimento (ou mesmo na extinção). Mas o pensamento crucial, a expectativa de uma união com Deus, já contém algum alívio e esperança, e a promessa da morte como uma experiência única.[30]

Em resumo, a concepção de Margenau segue a tradição dos físicos Schrödinger e Bohm. O conflito entre a ciência e a eterna busca espiritual da humanidade ocorre porque a ciência ainda não foi suficientemente longe. Se nossas interpretações do mundo físico ficarem aquém do desejado, como na concepção clássica, seríamos como um fragmento de imagem vagando à deriva para um fim no tempo. Mas, se em vez disso seguirmos as implicações da moderna visão do universo, poderemos talvez confirmar as percepções perenes dos grandes visionários – de que somos eternos, infinitos e Um.

David Bohm: Mente Grupal num Universo Holográfico

Em última análise, todo o universo (com todas as suas "partículas", incluindo aquelas que constituem os seres humanos, seus laboratórios, instrumentos de observação, etc.) tem de ser entendido como uma totalidade indivisa, em que a análise em partes separadas e independentes não possui status *fundamental.*

David Bohm[31]

A parte contém o todo; exemplos deste fato estão a nossa volta:

As caixas chinesas, cada qual réplica da caixa que a encerra, cada uma contendo uma réplica exata da caixa que a encerra, e cada uma contendo uma miniatura exata de si mesma.

Espelhos, um defronte de outro, refletindo uma série interminável de imagens idênticas que aos poucos vão diminuindo de tamanho, para finalmente desaparecerem do nosso campo óptico.

Um carvalho gigantesco produzindo um fruto que contém toda a informação necessária para replicar-se; a árvore sucedente continuando o mesmo padrão de reprodução, ininterruptamente.

O padrão de cada ser humano transcrito nos genes do esperma e dos óvulos – informação miniaturizada e concentrada, encerrada na parte, mas suficiente para reconstituir o todo.

A idéia de que a parte contém o todo é antiga, mas em tempos modernos tem recebido legitimidade científica. Desde que Gregor Mendel, monge austríaco, estabeleceu a noção de padrões previsíveis de herança, passamos a aceitar, como ortodoxia científica, que as totalidades *estão* contidas nas partes. Mendel trabalhava com ervilhas num jardim de mosteiro, onde demonstrou que os padrões de cores eram transmitidos em proporções específicas de regularidade previsível. Seu trabalho forneceu os fundamentos da moderna ciência da genética. Porém, desde Mendel, o cenário mudou. O monge tornou-se o físico. As ervilhas deram lugar ao universo como objeto de investigação, e o jardim de Mendel transformou-se no próprio cosmo. As simples proporções numéricas de ontem são hoje a matemática complexa da teoria quântica e da relatividade. A descrição de padrões previsíveis e determinísticos de herança cedeu lugar à linguagem da probabilidade e da estatística.

Alguns físicos quânticos expandiram os princípios subjacentes às descobertas mendelianas a uma escala enorme: não só, dizem eles, o gene das ervilhas do jardim de Mendel contém informação suficiente para reproduzir a ervilha, mas cada parte do universo contém toda a informação presente em todo o cosmo!

Essa afirmação é tão audaciosa que seria rejeitada imediatamente, não fosse pela estatura científica de seu principal proponente, David Bohm. Antigo colega de Einstein, Bohm é agora professor de física teórica aposentado do Birkbeck College, na Universidade de Londres, e um dos físicos teóricos vivos mais eminentes da atualidade.

Bohm sustenta que a informação de todo o universo está contida em cada uma de suas partes. Segundo ele, há um exemplo formidável desse princípio na fotografia: o holograma (literalmente, "mensagem total"). Um holograma é uma imagem especialmente construída que, ao ser iluminada por um raio *laser*, parece estar suspensa num espaço tridimensional. O aspecto mais incrível de um holograma é que qualquer de seus *pedaços*, se iluminado com luz coerente, fornece uma imagem do holograma *inteiro*. A informação do todo está contida na parte. Este princípio, diz Bohm, estende-se a todo o universo de um modo geral.

Uma vez que Bohm recorre freqüentemente à analogia holográfica, daremos uma breve descrição desse processo. A teoria matemática que possibilitou o desenvolvimento dos hologramas foi criada inicialmente nos anos 40 pelo Nobel de física Dennis Gabor. Quando esse cientista propôs essa possibilidade, os hologramas não podiam ser construídos – foi preciso esperar pela invenção do *laser*, vinte anos depois.

Os hologramas são criados por um tipo de fotografia sem lente. É necessária uma luz coerente – luz cujas ondas são aproximadamente da mesma freqüência, propagando-se em fase e na mesma direção. Esta luz, proporcionada, por exemplo, por uma fonte *laser*, atravessa um espelho semitransparente que permite a passagem de uma parcela sua diretamente para uma placa fotográfica. Este é o feixe de referência. O espelho reflete a parcela restante da luz na direção do objeto a ser holografado. O objeto reflete a luz na direção da placa registradora, mas suas irregularidades de superfície, forma e cor perturbam a coerência da luz. Assim, quando o feixe de luz vindo do objeto alcança a placa, seu padrão vibratório não mais se iguala àquele do feixe de referência. As frentes de onda dos dois feixes interagem ou interferem uma com a outra, e o padrão composto de interferência é o que a placa fotográfica registra como um holograma.

Agora emerge o aspecto verdadeiramente singular dos hologramas. Ao contrário de um negativo ou *slide* fotográfico, nenhuma imagem é visível na placa revelada. Mas quando um feixe de luz coerente atravessa a placa, um observador colocado do lado oposto a esta vê, suspensa no ar, uma impressionante "imagem" tridimensional do objeto original. E, se qualquer pedaço do holograma for iluminado com luz coerente, o mesmo fenômeno ocorre. Quanto menor o pedaço, mais indistinta a imagem resultante, e quanto maior a porção, mais detalhada torna-se a imagem; mas a representação inteira do objeto original está contida em cada porção do holograma.

Bohm propõe que o universo é construído sobre os mesmos princípios do holograma, e sustenta sua teoria com conceitos da física moderna. Na concepção desta última, o mundo não é uma coleção de partes individuais, mas é visto como uma totalidade indivisível de padrão, processo e inter-relação. Porém, o aspecto do mundo que comumente percebemos são as partes isoladas. Para nós, as coisas parecem desconexas e não-relacionadas. Todavia, para Bohm isto é uma ilusão, uma distorção da unidade e unicidade existentes atrás dos bastidores, que são qualidades intrínsecas ao mundo.

Esta unidade, diz Bohm, encontra-se "dobrada" no universo. É a expressão de uma ordem implícita – ou, ainda segundo ele, uma ordem "implicada" de ondas eletromagnéticas, ondas sonoras, feixes de elétrons e numerosas outras formas de movimento. Bohm chama isso de "holomovimento".

Os cientistas, é claro, selecionam para estudo alguns aspectos do holomovimento: elétrons, fótons, o som, e assim por diante.

> ... mas, geralmente, todas as formas de holomovimento se fundem e são inseparáveis. Assim, em sua totalidade, o holomovimento não é limitado por nenhum modo específico. Não se conforma com nenhuma medida em particular. Portanto, é indefinível e imensurável.[32]

Para ilustrar como a ordem pode estar escondida, dobrada, tornando-se não-aparente aos olhos, Bohm utiliza um exemplo simples. Imagine dois cilindros de vidro concêntricos com um líquido viscoso, como a glicerina, ocupando o espaço entre eles. Este sistema pode ser girado lenta e mecanicamente de modo que não ocorra difusão da glicerina. Suponha que sobre esta se adicione uma gotícula de tinta preta insolúvel e se comece a girar o sistema muito lentamente. Aos poucos a gotícula seria alongada numa linha fina, tornando-se finalmente invisível. Se o sistema fosse girado no sentido inverso, a gotícula de tinta preta gradualmente seria reconstituída, ficando novamente visível a partir da linha negra invisível. A gotícula, primeiro, ficou dobrada, invisível a olho nu. Não fazia parte da realidade desdobrada que podíamos reconhecer. No entanto, ainda estava presente num sentido *implicado*, e a inversão da direção de rotação do cilindro de glicerina tornou-a *explicada*, visível aos nossos sentidos.

Indo mais além, Bohm sugere que os hologramas possam estar em toda parte na natureza. Embora sejam construídos artificialmente de frentes de onda interferentes que colidem com uma placa fotográfica, é possível que esse fenômeno geral possa ser registrado de outra forma. Afinal de contas, a luz é apenas uma expressão de fenômenos de onda. Estas são comuns na natureza, e o holomovimento de Bohm está repleto delas. Feixes de elétrons poderiam fazer hologramas, assim como ondas sonoras ou "qualquer forma de movimento", incluindo os "movimentos conhecidos e os desconhecidos". O universo é permeado por formas de ondas; e talvez, sugere Bohm, vivamos num universo holográfico: o *holoverso*.

O aspecto central do holoverso de Bohm é uma unidade que existe além do mundo invisível na ordem implicada. É um mundo que na realidade nunca podemos conhecer plenamente: podemos *apreendê-lo*, afirma Bohm, mas nunca *compreendê-lo*. É da ordem explicada, do mundo visível de coisas e eventos, que estamos mais conscientes; e este é um mundo de manifestações. É da natureza da mente enxergar este mundo exterior como real, e tomar como válida a separação que vemos aqui.

Incluída como parte dessa realidade está a separação no *espaço* que sentimos entre o nosso eu e os outros, que reforça a impressão de que somos mentes separadas em corpos isolados. A sensação de separação irrompe também no modo como dividimos o *tempo* em compartimentos – passado, presente, futuro –, confinando nosso eu individual a apenas um deles, o presente. Mas essas separações não são fundamentais. Ao contrário, nosso mundo é uma "estrutura singular de vínculos indivisíveis", em que todas as partes, mesmo as mentes, estão unidas. Confiante, Bohm afirma:

> Bem lá no fundo, a consciência da humanidade é una. Isto é praticamente uma certeza, pois mesmo no vácuo a matéria é una; e se não estamos vendo isso é porque vendamos nossos olhos.[33] Se não estabelecermos essas fronteiras absolutas entre as mentes, . . . é possível que elas possam. . . unir-se em uma só mente.[34]

As idéias de Bohm vão além da unificação da consciência; elas também levam à conclusão de que a mente é imortal. O "lar" da mente, como de todas as coisas, é a ordem implicada. Nesse nível, que é a plenitude fundamental de todo o universo manifestado, não há tempo linear. O domínio do implicado é atemporal; os momentos não estão enfileirados em série como as contas num cordão. Assim, Bohm conclui:

> Em última análise, todos os movimentos são realmente um, . . . portanto agora é a eternidade. . . todas as coisas, incluindo a mim, estão morrendo e nascendo a cada momento na eternidade.[35]

A semelhança entre as concepções de Bohm e as de Schrödinger (apresentadas no capítulo 5) é notável. Schrödinger também proclamava que a vida é um desdobramento do atemporal no momento presente. Em perfeito acordo com Bohm, ele disse que, "todos os dias, ela [a mãe Terra] o faz nascer, não *uma* vez, mas milhares e milhares de vezes. Pois, eternamente e sempre, há apenas o *agora*, aquele mesmo agora; o presente é a única coisa que não tem fim".[36]

As teorias de Bohm sobre a unificação da consciência fazem parte de uma tradição dentro da física moderna que inclui, como vimos, alguns dos mais aclamados cientistas de nosso tempo. Suas teorias dão apoio à idéia de uma mente não-localizada – mente que não está limitada pelo espaço e pelo tempo, mente que não está confinada a cérebros ou corpos, mente que, em última análise, é Una, e não singular e individual; mente que é imortal.

Hoje muitas pessoas supõem que o veredito da ciência é o seguinte: não há nada de transcendente ou "superior" na psique humana. Portanto, é inútil falar do reencontro com a alma, pois esta não existe. É por isso que as teorias desses físicos são muito importantes para nós. Eles nos dizem que o veredito da ciência sobre a inexistência de "algo superior" *não* é final, que a opinião dos grandes cientistas *não* é unanimemente negativa, e que, de *dentro* da ciência, ainda podem ser fornecidas razões para a existência da alma e de sua afinidade com Deus. Mesmo numa época em que Deus tem sito freqüentemente proclamado como morto, o reencontro com a alma continua sendo um projeto auspicioso.

7
Um Mundo Novo

O que é isso entre nós?
Que são as centenas de anos que nos separam?...
Seja o que for, de nada vale – de nada valem a distância e o lugar.

Walt Whitman
"Crossing Brooklyn Ferry"

O Universo Não-localizado

Para voar tão rápido quanto o pensamento, para qualquer lugar que se queira, ... você deve começar sabendo que já chegou.

Conselho de Chiang a Fernão
Fernão Capelo Gaivota[1]

Não importa aonde você vá, lá está você.

Adesivo de pára-choque

O caminho da subida é o da descida; ambos são iguais.

Heráclito

Que espécie de mundo seria necessário para sustentar uma mente não-localizada – a Mente Una de Schrödinger, a Mente Universal de Margenau, a mente holográfica de Bohm? A resposta talvez seja, "a espécie de mundo que temos – um mundo que em si mesmo é não-localizado".

Até recentemente seria uma heresia científica propor que o mundo é inerentemente não-localizado, que uma conectividade invisível une todas as coisas, não importando quão díspares possam ser. Porém, há muitas evidências sugerindo que o universo deve ser entendido de uma nova maneira, de um modo que desafia as características localizadas da realidade que têm dominado a física desde Newton.

Hoje a maioria dos físicos está convencida de que o mundo é explicável por conexões inteiramente localizadas, conforme acreditava Newton, e que todas as interações atualmente conhecidas podem ser explicadas por apenas quatro forças fundamentais – as forças nucleares fraca e forte, a força eletromagnética e a força gravitacional. Todas estas forças comportam-se como se fossem mediadas por campos, os quais não se têm mostrado distintos das próprias partículas. Uma das características da realidade localizada é que a intensidade das forças decresce à medida que se vai afastando de sua fonte. Isto é verdadeiro para as "quatro grandes" forças que conservam o mundo unido. A gravidade e o eletromagnetismo diminuem em intensidade de acordo com o inverso do quadrado da distância da separação entre a fonte e o dispositivo de medida; as forças nucleares fraca e forte decrescem ainda mais rápido. Todas as forças para as quais os físicos dirigem a atenção, portanto, parecem inteligíveis de um ponto de vista estritamente localizado.

A física moderna estabelece uma outra limitação à idéia de não-localização, em seu entendimento da velocidade da luz. Segundo a teoria da relatividade restrita de Einstein, a velocidade com que a informação pode propagar-se deve ser menor que ou igual à velocidade da luz. Este é um princípio sagrado na física, que muitos físicos acreditam ser inviolável. Mas num mundo não-localizado, as conexões entre "objetos" distantes ocorreriam mais rápido do que a velocidade da luz: seriam instantâneas.

Em contraste com um mundo localizado, como seria um mundo não-localizado? Uma descrição clara pode ser encontrada no excelente livro *Quantum Reality* [Realidade Quântica], do físico Nick Herbert.[2] Herbert, autoridade das mais influentes em efeitos não-localizados na física, sustenta que as influências não-localizadas, se existem, não são mediadas nem por campos nem por nenhuma outra coisa. Quando A se relaciona com B de forma não-localizada, nada atravessa o espaço intermediário, portanto nenhuma quantidade de matéria pode evitar essa interação. Além disso, as influências não-localizadas não enfraquecem com a distância. Diferentemente dos efeitos localizados, são tão potentes a um milhão de quilômetros como a um milímetro. Mais ainda, as influências não-localizadas agem instantaneamente. A velocidade de sua transmissão não é limitada pela velocidade da luz. Assim, uma interação não-localizada associa um local a outro sem atravessar o espaço, sem declínio e sem demora. Em resumo, uma interação não-local é *não-mediada, não-atenuada* e *imediata*.[3]

Mas, uma vez que muitos físicos sustentam que um mundo não-localizado é impossível até em princípio, e se as quatro forças fundamentais da natureza podem ser adequadamente descritas sem que se recorra a conexões não-localizadas, por que preocupar-se em tratar de um tal mundo? A razão é que, em 1964, um físico irlandês, John Stewart Bell, demonstrou que um tal mundo de fato existe. Com uma prova matemática, confirmada por numerosas experiências, que desde então tem sido chamada de teorema de Bell, ele mostrou que a suposição de que o mundo na realidade seja localizado é errada. A situação que daí resultou na física é de considerável tensão entre aqueles físicos que levam a sério a prova de Bell, e é assim descrita por Herbert:

> Apesar da tradicional rejeição dos físicos quanto à interação não-localizada, apesar de todas as forças conhecidas serem incontestavelmente localizadas, apesar da proibição de Einstein às conexões supraluminais [mais rápidas do que a luz]. . . . Bell sustenta que o mundo está repleto de inumeráveis influências não-localizadas. Mais ainda, essas conexões não-mediadas estão presentes não apenas em circunstâncias raras e exóticas, mas formam a base de todos os eventos da vida diária. As conexões não-localizadas estão em toda parte porque a própria realidade é não-localizada.[4]

Nos últimos vinte anos, o teorema de Bell tem sido demonstrado de várias maneiras, a maior parte baseada no comportamento dos fenômenos subatômicos, tais como os fótons. Mas Herbert ofereceu uma prova que mostra ser o teorema aplicável não só ao mundo invisível dos eventos quânticos, mas também "ao mundo familiar de gatos e banheiras". Ele afirma que uma conectividade e unidade essenciais sustentam todos os níveis de realidade, e não apenas o nível do muito pequeno.

Muitos físicos consideram o teorema de Bell uma curiosidade interessante, mas desnecessária para o trabalho atual na física. De fato, a maioria deles acredita que estamos mais perto do que nunca de uma grande teoria unificada, que juntará as quatro forças fundamentais numa elegante e poderosa descrição da realidade atômica. Mas Bell mostrou que todas as teorias localizadas, por mais que pareçam dar certo, deixam algo de fora. Como diz Herbert, "Bell simplesmente não apenas sugere ou indica que a realidade é não-localizada; ele prova isso, recorrendo à clareza e ao poder do raciocínio matemático. Este aspecto compulsório da prova de Bell desagrada aos físicos mais afinados com a realidade localizada."

Mas como Bell poderia estar certo? O mundo a nossa volta é obviamente localizado. Os eventos levam tempo para ocorrer no nosso nível de realidade, e *estamos* cercados por objetos separados. Não vivemos num mundo de acontecimentos instantâneos. Os sinais têm de se propagar de A para B, e isso leva tempo. Porém, apesar das mensagens do senso comum, Bell e os experimentalistas que vieram depois dele provaram que este nosso mundo localizado deve basear-se sobre uma realidade não-localizada mais profunda. Seja qual for o modelo de realidade a que cheguemos na física, "*ele deve ser não-localizado*. . . Nenhuma realidade localizada pode explicar o mundo em que vivemos. . . embora os fenômenos do mundo pareçam estritamente localizados, a realidade subjacente a essa superfície fenomênica deve ser supraluminal [mais rápida do que a luz]. A realidade profunda do mundo é sustentada por uma conexão quântica invisível, cuja influência ubíqua é não-mediada, não-atenuada e imediata."[5]

Alguns físicos afirmam que o teorema de Bell é uma espécie de bobagem, uma amolação que será um dia rejeitada à luz de novas teorias, mais sofisticadas, da realidade. Afinal de contas, as teorias da física não são eternas. Mas Herbert argumenta que, "quando a teoria quântica juntar-se ao flogisto, ao calórico e ao éter luminífero no depósito de sucata da física, o teorema de Bell ainda será válido. Porque ele se baseia em fatos, . . .independe da teoria quântica ser correta ou não".[6]

Muitos dos modelos de realidade que examinamos até agora harmonizam-se com o teorema de Bell. A teoria da realidade do físico David Bohm, que inclui a ordem implícita invisível, é um modelo totalmente não-localizado. O mesmo ocorre com a teoria dos campos morfogenéticos do biólogo Rupert Sheldrake. Assim é também o modelo de Mente Universal do físico Henry Margenau – uma Mente não-material, não-localizada no espaço e no tempo. A teoria de Erwin Schrödinger da Mente Una é também, sem dúvida nenhuma, não-localizada. Todas essas teorias falam de um mundo existente atrás dos bastidores, que está além do mundo dos objetos e das pessoas. Subjacente aos fenômenos – tais como mentes individuais separadas – há uma unidade fundamental primária. O teorema de Bell é importante porque fornece uma confirmação potencial para o conceito de unidade subjacente, na forma de provas matemáticas e dados experimentais.

Herbert declara:

> O teorema de Bell *requer* que nosso conhecimento quântico seja não-localizado, instantaneamente ligado a tudo que antes delineou.[7]

Em essência, isto é uma definição da mente não-localizada: uma mente ligada a todas as outras coisas, uma mente vinculada a todos os outros momentos, lugares e pessoas. No entanto, não tem sido possível demonstrar que mensagens significativas podem ser transmitidas de modo não-localizado entre entidades separadas, tais como dois computadores. A despeito de muito esforço, até hoje não foi construído nenhum dispositivo de sinalização supraluminal, embora as conexões estejam aí. O teorema de Bell não nos diz como usar as conexões entre as entidades. Este fato inflexível levou Herbert a sugerir que talvez essas conexões não estejam aí para nosso "uso". Talvez não estejam "para" coisa alguma; quiçá simplesmente estejam.[8]

Mas não importa que a teoria implicitamente não leve em conta a ocorrência de algum tipo de comunicação direta, pois, parece que às vezes nos comunicamos de modo não-localizado. Não é necessário nenhum contato material entre as partes que se comunicam, e parece que não há nenhum sinal transmitido entre elas. Por vezes a comunicação parece ser não-mediada, não-atenuada e imediata – as três principais características da realidade não-localizada. Como vimos em outra parte deste livro, é possível que os efeitos da prece e da cura psíquica sejam um exemplo deste tipo de comunicação. E algumas das mais espetaculares demonstrações de comunicação aparentemente não-localizada têm ocorrido no campo da parapsicologia, notavelmente nos estudos dos físicos Harold Puthoff e Russel Targ, do Stanford Research Institute,[9] e de Robert G. Jahn, Decano Emérito da Faculdade de Engenharia da Universidade de Princeton, e sua colega Brenda J. Dunne.

O trabalho de Jahn e Dunne é descrito em seu livro *Margins of Reality*[10] [As Bordas da Realidade]. É especialmente valioso, pois abala de maneira convincente, e no nível do dia-a-dia, a suposição de uma realidade localizada. Os autores mostram que os resultados de uma variedade de experiências não podem ser explicados por mentes que agem de modo localizado – mentes limitadas ao presente e confinadas a cérebros singulares. Particularmente curiosos são seus experimentos de percepção remota, que foram reproduzidos por outros laboratórios independentes nos Estados Unidos. Nesses experimentos, um "transmissor" estacionário tenta transmitir alguma mensagem para um "receptor" que se encontra a uma distância de até 10.000 quilômetros, e a informação recebida é registrada por um computador. Não só provou-se que é possível transmitir informação por meios que revelam ser irrelevante a extensão da separação espacial, como às vezes o receptor "capta" a informação até três dias *antes de ela ser enviada*. Num mundo localizado esses eventos não seriam possíveis. Esses experimentos apontam para aquele mundo prenunciado no teorema de Bell, um mundo não-localizado onde as mudanças podem ser transmitidas de forma não-mediada, não-atenuada e imediata – e ainda mais rápido do que o "imediato": *antes* mesmo de algo ter acontecido. Uma vez que a informação foi obtida *antes* de ser conhecida pelo transmissor, foi como se a mente do receptor pudesse perscrutar o tempo no futuro e saber o que há lá adiante, antes que isso viesse a se manifestar como momento presente. Em resumo, esses experimentos sugerem que as mentes do receptor e do transmissor na verdade não eram separadas, mas uma só.

Jahn e Dunne também demonstraram que seres humanos podem influenciar mentalmente o desempenho de máquinas ajustadas a eventos microscópicos inerentemente aleatórios, tais como o decaimento radioativo. Mais ainda, esta habilidade se estende ao domínio macroscópico: as pessoas podem influenciar um processo aleatório de grande escala, como, por exemplo, os padrões formados por bolas de poliestireno que caem aleatoriamente numa série de fendas verticais. Curiosamente, o desempenho dos indivíduos nestas tarefas, ao longo de centenas de tentativas, estabelece um padrão de resultados característicos que é diferente para cada pessoa – um tipo de "assinatura psíquica" que pouco se altera de um experimento para o outro.

Assim como o teorema de Bell parece sólido por repousar sobre fatos experimentais, assim também é com o modelo das mentes unificadas – mentes que transcendem o espaço, o tempo e os indivíduos. Este modelo também está baseado em fatos. Mesmo que a teoria quântica seja substituída por alguma outra, e que nossas teorias da psicologia e da mente também o sejam, os fatos permanecerão. E estes nos mostram que o mundo é não-localizado e que, se olharmos bem de perto, podemos ver evidências dessa não-localização reluzindo em nossas vidas diárias.

Se as evidências de não-localização fossem tão sutis que só pudessem ser trazidas à tona em complicadas experiências de laboratório, tais como as que temos mencionado, os resultados provavelmente não seriam proporcionais aos esforços. Precisamos de algo além de equações diferenciais, dados rigorosos e análises estatísticas para nos convencer da importância das conexões não-localizadas em nossas vidas. A ciência pode nos mostrar que tais coisas são possíveis, mas precisamos *senti-las, experimentá-las*, para saber que são reais e importantes.

Há alguma coisa além das demonstrações frias e empíricas de não-localização na física, algo que possa satisfazer tanto o coração quanto a cabeça? Algo que possa saciar nossa fome espiritual e científica? Muitos cientistas respeitados acreditam que sim. Os físicos J. D. Barrow e F. J. Tipler indagaram-se: se, na física moderna, o observador é crucial para trazer à existência certas qualidades do mundo, este mundo parece essencialmente o mesmo para bilhões de observadores? Por que não um mundo diferente para cada mente? Eles propõem que possa haver "um Observador Último que, no final das contas, seja o responsável pela coordenação das observações separadas dos observadores menores, sendo assim responsável por trazer à existência todo o Universo" – em resumo, um argumento a favor de Deus.[11] E o físico Freeman Dyson, por sua vez, tem cogitado que podemos ser um com esse Deus. "Eu não faço uma distinção clara entre mente e Deus", diz Dyson. "Deus é o que a mente se torna quando ultrapassa a escala da compreensão. Deus pode ser considerado uma alma-do-mundo ou uma coleção de almas-do-mundo. Nós somos as principais vias de manifestação de Deus neste planeta, no presente estágio de sua evolução."[12]

No Capítulo 9 analisaremos as implicações espirituais da moderna concepção da física. Veremos que o verdadeiro sentido da conectividade, da unicidade e da unidade irrompeu espetacularmente na vida espiritual dos seres humanos ao longo de toda a história registrada, e assim continua. Veremos que o sentido da unidade com as outras mentes e com a Mente de Deus deixou uma marca indelével na cultura humana em muitas épocas. Em nossa busca, surgirão novas concepções sobre a vida, a morte e a imortalidade. Veremos que a visão não-localizada pode transformar vidas de maneira extraordinária – mesmo as nossas.

8
Mente e Forma

Embora um, Ele perambula em várias formas.

Aforismo védico

Ser em qualquer forma, o que isso?

Walt Whitman

Em vão acreditas, oh artista,
Seres o criador das coisas.
Por séculos elas vagaram pelo ar
Invisíveis aos nossos olhos.

A. K. Tolstoy[1]

A mente não emergiu como um produto tardio da evolução da vida, mas sempre existiu. . . , a fonte e a condição da realidade física.

George Wald
Nobel de Biologia[2]

O Problema da Forma

Forma: de onde ela vem? Como se explica o formato das coisas?

Antigamente, essas perguntas evocavam espanto e admiração. Ultimamente, porém, muito do mistério da forma desapareceu. Os biólogos moleculares nos asseguram que as formas das coisas vivas são controladas pelo ADN (ou DNA), as moléculas-mestras que contêm a informação a partir da qual todo o organismo é montado. Desde a sua descoberta por James Watson e Francis Crick, o ADN tem sido considerado o projeto completo dos organismos vivos.

O que, então, controla as formas das coisas não-vivas, como os cristais, as rochas, ou a argila? Elas não possuem ADN, portanto outros fatores devem estar envolvidos, tais como as forças atômicas intramoleculares, descritíveis pela física moderna. Nos cristais de quartzo, forças subatômicas internas fazem com que certos ângulos de ligação sejam formados entre e dentro dos átomos e moléculas constituintes. Estas formas contribuem não só para as configurações internas, mas também para o formato externo do cristal. *Todas* as moléculas, dos seres vivos e não-vivos, são configuradas por essas forças.

As configurações internas, talvez mais do que as externas, são responsáveis pelo "comportamento" das substâncias. Por exemplo, não é suficiente para um aminoácido ser composto de um certo número de átomos de nitrogênio, hidrogênio e oxigênio. As moléculas de aminoácido devem ter a forma correta, ou então o organismo não poderá utilizá-las. Moléculas de remédios também precisam ser assim modeladas, ou serão totalmente ineficazes. Por exemplo, a L-dopa, um remédio que foi recebido como um grande avanço por muitos pacientes com doença de Parkinson, é uma dessas moléculas. A molécula de configuração D, por sua vez, possui fórmula química idêntica, o que significa ser composta dos mesmos átomos nas mesmas porcentagens que a molécula de configuração L.* Porém, ela é ineficaz por causa de seu formato diferente. Conseqüentemente, não pode ajustar-se aos sítios receptores do tecido no qual precisa atuar. Como uma chave torta, a molécula de configuração D não consegue virar a fechadura para ativar certos processos físicos.

A vida simplesmente não pode ser entendida sem se levar em conta a forma. O que é que molda uma folha, a árvore inteira onde ela

* L de levogira e D de dextrogira. Estes termos indicam moléculas em solução que possuem, por sua configuração, a propriedade de girar a luz polarizada para a esquerda e para a direita, respectivamente. (N.T.)

cresce, o formato da lagarta que se alimenta da folha, os pássaros que se aninham na folhagem? Platão sugeriu que há formas ideais, habitantes de um mundo de perfeição, das quais os objetos do mundo visível tomam o seu formato. Esse mundo ideal é invisível, mas onipotente, moldando a aparência final de todas as coisas como um escultor invisível.

Cientistas que trabalham com o mundo microscópico – digamos, um biólogo que passa a vida estudando os neurotransmissores químicos do sistema nervoso de uma espécie particular de lesma – geralmente não se interessam pelo formato dos organismos com os quais estão lidando. Para eles, o importante são a química e a fisiologia envolvidas, que podem ser entendidas sem que se atente para formas exteriores, mas sim cavando cada vez mais fundo por meio de uma laboriosa análise. Por outro lado, cientistas que trabalham com organismos inteiros estão menos preocupados com minúcias e, conseqüentemente, parecem mais suscetíveis às questões da forma: de onde ela vem e o que a controla?

Uma tal pessoa foi Hans Driesch, biólogo alemão que deu contribuições fundamentais ao campo da embriologia no final do século XIX. Driesch concluiu de seus estudos sobre os ouriços-do-mar que as formas dos organismos vivos, bem como sua regeneração e regulação, são influenciadas por um fato não-físico que ele chamou de enteléquia. No entanto, Driesch e sua enteléquia foram desmerecidos, pois a ciência não vê com bons olhos entidades não-físicas, fantasmagóricas. De acordo com um princípio sagrado do pensamento ocidental, uma causa deve assemelhar-se a seu efeito. Sendo assim, não há como uma enteléquia imaterial exercer qualquer influência sobre uma coisa física e influenciar sua forma. As enteléquias, portanto, nunca tiveram êxito na ciência: simplesmente não havia lugar para elas.

Mas, a despeito da antipatia que muitos cientistas sentem por enteléquias, forças orientadoras ou formas ideais e eternas, o problema da forma permanece uma questão fundamental na biologia. Ninguém sabe, por exemplo, por que uma célula se desenvolve em célula de folha e outra em célula de talo, quando ambas pertencem à mesma planta e têm ADN idêntico; ou por que num ser humano uma célula torna-se célula de pele e outra, célula de fígado, quando o ADN de cada uma é o mesmo. A explicação ortodoxa é que o segredo está nas complexas interações entre células, controladas e reguladas por um código desconhecido de ADN; e que algum dia esse segredo será entendido.

Rupert Sheldrake e a Morfogenética

No começo dos anos 80, Rupert Sheldrake, um jovem fitofisiologista inglês, entrou nesse debate com uma teoria que abalou o mundo científico. A "hipótese da causação formativa" surgiu em seu livro *A New Science of Life* [Uma Nova Ciência da Vida].[3] A teoria tem sido alvo de reações apaixonadas, tanto por parte de seus defensores quanto dos detratores. Ela havia criado para Sheldrake quase a mesma reação provocada pela proposta de Driesch: difamação e rejeição por alguns de seus colegas cientistas. Contudo, outros deram forte apoio, vendo-a como uma proposta séria, que resistirá ou sucumbirá com base nas experiências que possam ser feitas para testá-la. Se provar-se correta, a hipótese configurar-se-á uma das grandes idéias deste século, na verdade de toda a era científica.

A hipótese de Sheldrake é importante para o nosso conceito de mente não-localizada, com o qual é bastante compatível. A idéia de causação formativa sugere que a mente humana é não-localizada tanto no espaço como no tempo; que não está confinada ao aqui-e-agora; que é não-material e não-energética, pelo que seu efeito não diminui com a separação espacial. Também, de outro modo, a mente é não-localizada: não está confinada ao cérebro nem é produzida por ele, embora possa atuar *por meio* desse órgão, assim como a eletricidade age num fio elétrico sem ser gerada por este. A hipótese de Sheldrake dá apoio a uma visão coletiva da consciência, em que ela pode ser cumulativamente reunida como uma só mente, escapando de seu confinamento no cérebro e no corpo de indivíduos particulares. Por sugerir que a mente é não-localizada no espaço, que pode persistir no tempo, e que está além do corpo, essa hipótese contém implicações formidáveis em relação à imortalidade. Além do mais, a consciência para Sheldrake não se limita necessariamente aos seres humanos. É passível de ser partilhada entre muitas formas de vida, ao menos em graus variados.

O Autor

Rupert Sheldrake estudou ciências naturais no Clare College, na Universidade de Cambridge, depois passou um ano em Harvard estudando filosofia e história da ciência. Voltou então para Cambridge, onde obteve seu doutorado em bioquímica e biologia celular em 1967; daí até 1973 foi um *fellow* do Clare College e Diretor de Estudos em Bioquímica. Foi também o membro Rosenheim da Royal Society, instituição onde sua atenção se dirigiu para o desenvolvimento de plantas e o envelhecimento das células. Em 1974 Sheldrake foi para a Índia com o desejo de aplicar seu treinamento científico em prol da humanidade, servindo até 1978 no Internacional Crop Research Institute for the Semi-Arid Tropics [Instituto Internacional de Pesquisa em Agricultura para o Trópico Semi-Árido], em Hiderabad. Aí trabalhou com fisiologia de legumes tropicais. Por muitos anos continuou a passar quatro meses por ano na Índia como Consultor de Fisiologia Vegetal do Instituto, vivendo em ambientes humildes com seus colegas indianos, procurando meios de maximizar as produções das colheitas de alimentos, algo de que muitos países precisam desesperadamente.

No entanto, alguns dos detratores de Sheldrake o pintaram como um filósofo brejeiro que não conhece ciência. Na verdade, Sheldrake conhece profundamente os íntimos detalhes da biologia, tanto no nível celular como no nível macroscópico, e também dedicou-se ao estudo formal da filosofia da ciência, coisa que poucos cientistas podem dizer que conhecem.

A Hipótese

De acordo com a hipótese de Sheldrake, os sistemas estão organizados do modo como se encontram agora porque sistemas semelhantes foram assim organizados no passado. Especificamente, as formas e o comportamento característicos de todos os sistemas químicos, físicos e biológicos que existem no presente são orientados e moldados por campos organizadores que, como uma mão invisível, atuam através do espaço e do tempo. Sheldrake chama esses campos de *campos morfogenéticos* (do grego *morphe*, forma, e *genesis*, vir a ser).

Os campos morfogenéticos de todos os sistemas exercem sua influência sobre os sistemas subseqüentes por um processo denominado *ressonância mórfica*. Por exemplo, pode-se dizer que a razão por que uma célula de planta torna-se uma célula de folha e não uma célula de raiz deve-se a uma sintonia, por assim dizer, através da ressonância mórfica, com os campos morfogenéticos de todas as folhas anteriores do mesmo tipo. Este processo ocorre em todos os sistemas, onde quer que possam ser encontrados na natureza.

A concepção da biologia atual, evidentemente, não é nada parecida com isso. Entretanto, a idéia de campos invisíveis não é nova. De fato, é admitida na física contemporânea (por exemplo, os campos eletromagnético e gravitacional). O mesmo acontece com a ação a distância (que é também um aspecto da teoria de Sheldrake), como na atração gravitacional da Lua sobre os oceanos da Terra, que cria as marés. Mas, embora os campos sejam comuns na física moderna, não têm guarida na biologia ortodoxa.

Uma outra grande diferença entre a proposta de Sheldrake e a da ciência ortodoxa é que esta supõe que todos os processos físicos sejam dirigidos por leis físicas invioláveis. Essas leis são eternas e existem fora do tempo. Os campos morfogenéticos, ao contrário, existem *no* tempo: são desenvolvidos com a passagem do tempo, são modificados pelas configurações e formas de todos os sistemas subseqüentes, e precipitam-se no tempo para influenciar sistemas futuros que ainda estão por vir a ser.

Não foi só Sheldrake quem levantou questões sobre a suposição de que as leis físicas sejam intemporais e imutáveis; muitos outros cientistas, trabalhando dentro de estruturas aceitas, começaram a lançar dúvidas sobre elas também. Talvez o maior desafio venha das atuais teorias da cosmologia. É amplamente admitido que o universo teve origem num instante inimaginável chamado *Big-Bang*. Nesse momento colossal foi gerada toda a matéria do universo, junto com todas as leis físicas que regulam o seu comportamento. Como não havia nada material ou físico antes do *Big-Bang*, não faz sentido falar então da existência de leis "físicas". E se elas então não existiam, não podem ser eternas. As leis, como as conhecemos, são, pois, derivativas e evolucionárias, não sendo permanentes por natureza. Analisada contra o pano de fundo da moderna teoria cosmológica, a sugestão de Sheldrake de que as leis físicas não são imutáveis nem eternas, mas se desenvolvem no tempo à medida que as coisas "passam", não parece tão herética assim.

Mas os cosmólogos não vão tão longe quanto Sheldrake. Eles afirmam que *depois do Big-Bang* as leis se calcificaram; tornaram-se fixas e daí em diante nunca mudaram. Ao contrário, Sheldrake afirma que as leis orientadoras das formas de todas as coisas estão sempre mudando no tempo, uma vez que os campos morfogenéticos são sempre suscetíveis de modificação.

O Furor

A publicação, na Inglaterra, de *A New Science of Life* provocou uma tempestade de controvérsias. Sheldrake foi comparado a Uri Geller, o famoso sensitivo que entorta colheres, sendo acusado de ter "virado místico".

Outros cientistas revoltaram-se e falaram em defesa tanto das idéias de Sheldrake como do processo de pesquisa sem restrições, declarando que nenhuma idéia deveria ser condenada antes de ser posta à prova, independentemente de quão chocante pudesse parecer. O físico Brian Josephson, um Prêmio Nobel, disse:

> Está surgindo um novo tipo de compreensão da natureza, que se vale de conceitos como a ordem implicada e a realidade dependente do sujeito (e agora, talvez, a causação formativa).[4]

Entre os mais vigorosos defensores da hipótese da causação formativa de Sheldrake, logo em seguida à sua publicação, estava a revista inglesa *New Scientist.* Corajosamente, ela declarou que "a ciência ocidental infelizmente interpretou mal o mundo e todas as criaturas que aí vivem... O que Sheldrake propõe é científico. Isso não quer dizer que ele esteja certo, mas que a teoria é passível de ser testada".[5]

Uma das primeiras pessoas nos Estados Unidos a reconhecer a importância potencial das idéias de Sheldrake foi Marilyn Ferguson, redatora-editora do *Brain/Mind Bulletin* e autora do famoso livro *The Aquarian Conspiracy: Personal and Social Transformation in the 1980s* [A Conspiração Aquariana: Transformações Pessoais e Sociais nos Anos 80].[6] Segundo ela,

> A hipótese surpreendentemente nova [de Sheldrake]... pode subverter muitos de nossos conceitos fundamentais sobre a natureza e a consciência. Em suas implicações, é tão importante quanto a teoria da evolução de Darwin.[7]

Nas criaturas vivas, todos os processos de desenvolvimento começam a partir de sistemas que já têm seus próprios padrões característicos de organização. O embrião que se desenvolve dentro de um ovo fertilizado, por exemplo, contém ácidos nucléicos e proteínas organizados de um modo específico. Não só há uma química específica envolvida nessas substâncias – certas fórmulas que descrevem o conteúdo molecular de nitrogênio, carbono, hidrogênio, oxigênio e outros elementos –, mas também formas específicas que já começaram a se configurar dentro dessas moléculas.

A forma, portanto, tem início nos primeiros estágios dos organismos vivos, começando nos mais íntimos recessos moleculares. E as formas contidas no interior das moléculas são moldadas por campos morfogenéticos, diz Sheldrake, já estabelecidos por moléculas semelhantes em sistemas passados.

Muitas pessoas visualizam os campos morfogenéticos como um escultor invisível que trabalha do lado de fora dos sistemas, martelando-os e entalhando-os em certas formas – moldando um braço aqui e uma pluma ali, convertendo um elefante num elefante e um salmão num salmão por meio de algum recurso benévolo e habilidoso. Embora essa imagem possa servir como uma simplificação conveniente para as concepções de Sheldrake, é possível ver o trabalho como sendo feito de dentro, e não a partir do lado de fora, pois os campos morfogenéticos funcionam como *restrições padronizadas* sobre a enorme multiplicidade de eventos probabilísticos indeterminados que ocorrem nos níveis mais profundos dos sistemas físicos. É nas formas interiores assumidas por átomos e moléculas que os campos morfogenéticos podem ser primeiramente experimentados. Este processo pode estender-se para fora, manifestando-se finalmente nas formas visíveis, externas, das coisas. Assim, o processo de formação causativa pode ser considerado como um "serviço interno", e não externo.

Até as emoções e os pensamentos são afetados por esses campos, à medida que os sentimentos são influenciados pela nossa química interna. Esta é uma das razões por que os campos são potencialmente tão penetrantes, e porque podemos saltar de átomos para pensamentos ao examinarmos as suas atividades. Na verdade, não há nenhum salto, uma vez entendido, segundo se imagina, como os campos funcionam – onde começam e terminam seus efeitos.

Mas, na verdade, não há "fim" para a expressão desses campos. Pois, uma vez que uma pessoa ou qualquer criatura viva são afetadas, elas, por sua vez, afetam os próprios campos, aumentando-os cumulativamente. Todas as coisas, pensamentos e comportamentos são reinvestidos no grande movimento dos campos morfogenéticos. Isto contraria totalmente a concepção dominante na ciência moderna, segundo a qual a influência de um organismo sobre o meio termina quando ele morre. De acordo com a hipótese da causação formativa, há uma perpétua absorção na Grande União do Ser, a partir da qual o organismo é do mesmo modo eternamente gerado, manifestando-se na forma de influências sobre os padrões internos e externos das coisas recém-nascidas.

O meio mais simples para entender a ressonância mórfica é pela analogia em que Sheldrake sempre se baseia, a da tevê ou do aparelho de rádio. Na tevê, os fios, transistores e outros componentes, juntos atuam como um aparelho de sintonia que capta o sinal da estação geradora. A imagem final que aparece depende de que os elementos internos do aparelho estejam adequadamente sintonizados à transmissão. Se os componentes forem mudados, pode-se alterar a sintonia e interferir na imagem. Isto pode resultar não só em distorção, mas na perda total da imagem.*

Por analogia, num ovo em desenvolvimento, o ADN e os outros compostos que ele contém dão origem às "características de sintonização" dessa espécie em particular, assim como o aparelho de tevê pode captar uma certa faixa de sinais, e não outra. Analogamente, o ovo em desenvolvimento pode "ressoar" com determinados campos mórficos que foram estabelecidos por ovos semelhantes no passado. Isto faz com que um ovo em particular torne-se um ovo de galinha, por exemplo, e não um ovo de perdiz ou de águia.

Do mesmo modo, o cérebro tem suas partes componentes – neurônios, vasos sangüíneos, estruturas de suporte, e assim por diante. Produz imagens mentais, pensamentos, emoções e ativa vários eventos motores. Mas não é o responsável por trazer esses eventos à existência, assim como o aparelho de tevê não produz sua própria imagem.

Quando se trata da relação entre a mente e o cérebro, os materialistas convencionais negam que essas analogias contenham alguma verdade. O cérebro é considerado a origem da consciência. Não há nenhuma fonte externa de onde o "sinal", a mente, se origine. Há muito tempo que os fisiologistas apontam a evidência de que um dano no cérebro faz com que certas funções deixem de existir – a fala, a audição, e funções vitais como o batimento cardíaco ou a respiração. Por outro lado, numa cirurgia, certas partes do cérebro podem ser estimuladas a produzir pensamentos reais, compulsão para agir, imagens, verbali-

* A idéia de que o cérebro é um receptor ou instrumento sobre o qual a mente, ou consciência, opera, é antiga. Quatro séculos antes de Cristo, Hipócrates disse que "o cérebro é o intérprete da consciência", e "para a consciência, o cérebro é o mensageiro". (Hipócrates, "The Sacred Disease", *Hippocrates*, vol. 2, W. H. S. Jones, trad. [Cambridge, MA: Harvard University Press, The Loeb Classical Library, 1952], p. 179). Em nosso século, o filósofo Henri Bergson expressou a mesma idéia, assim como um pequeno mas crescente número de cientistas. Entre eles está o eminente neurologista, *Sir* Charles Sherrington, que disse, falando da mente e do cérebro, "que nosso ser deva consistir em *dois* elementos fundamentais, não é, suponho, mais improvável que basear-se em apenas um". *Sir* Charles Sherrington, *The Integrative Action of the Nervous System* [New Haven: Yale University Press, 1947], p. XXIV; primeira publicação em 1906).

zação de palavras, ou o movimento de uma determinada parte do corpo – segundo dizem, isto são provas de que a nossa vida mental e motora está no cérebro. E admite-se que, ao suprimir totalmente a função cerebral, extingue-se de vez com a mente, como acontece depois de uma prolongada anoxia ou um severo trauma.

Mas voltemos à analogia da tevê e insistamos um pouco mais com ela. Imagine uma pessoa simplória que nunca viu uma tevê. Olhando para a imagem, ela se pergunta de onde vem aquilo. Poderia julgar que se origina de dentro da própria caixa – o que não é uma suposição insensata. Ela examina a tevê desmontando-a, puxando um fio aqui, mudando uma conexão ali. A cada modificação a imagem muda – primeiro imagens vagas, depois estas desaparecem por completo à medida que os componentes vão sendo mutilados, levando a pessoa a concluir que, se a imagem sumiu quando ela mexeu dentro do aparelho, é aí mesmo que deve estar sua origem. Sua "prova" é comparável à lógica do mecanicista que acredita que o dano ao cérebro prove ser este a origem da mente. Em ambos os casos, está tudo na máquina.

Nos dois exemplos, o raciocínio não percebe que forças externas podem estar atuando – o sinal da tevê ou no caso do cérebro e dos sistemas em desenvolvimento, tais como os embriões, diz Sheldrake, a consciência e os campos morfogenéticos. Nem tudo está presente no cérebro ou no ADN. Até certo ponto, o fisiologista está certo: *é possível* desordenar os sinais de saída interferindo com os fios, transistores, ADN, proteínas, sangue, oxigênio e outros componentes. Porém, esta não é a explicação completa, seja da tevê, do cérebro ou do embrião em desenvolvimento.

"Mas então os mecanicistas dirão", afirma Sheldrake, "Bem, admitimos que não podemos explicá-lo agora, mas seremos capazes de fazê-lo no futuro. Eles emitem notas promissórias sem datas para o pagamento. É, essencialmente, um ato de fé no método mecanicista, e não uma hipótese estritamente científica."[8] E um tema recorrente na nota promissória é o papel do ADN. Ele carrega o código genético, algo que se supõe governe tudo que acontece com as criaturas vivas em desenvolvimento. Células de ossos, de ouvido e de fígado, contêm todas o mesmo ADN, de modo que deve haver algo além do próprio ADN responsável por elas se tornarem diferentes. O código genético é considerado o fator oculto. Mas Sheldrake acredita que, ao postular o código genético como um dispositivo ordenador todo-poderoso que de alguma maneira impele a célula na direção de uma meta – tornar-se uma célula branca do sangue em lugar de uma célula de rim, digamos –, os mecanicistas estão inserindo algo que, de algum modo, assemelha-se aos campos morfogenéticos, que também têm uma meta. Este conceito de programa genético é, ao final, teleológico – ele pressiona em direção a uma meta específica – assim como fazem os campos morfogenéticos propostos. Isto vai além da própria abordagem mecanicista, que nega ostensivamente quaisquer propósitos ou metas na natureza. Até este ponto, há uma inesperada semelhança entre a hipótese de Sheldrake e as idéias que envolvem a ação dos genes.

Mas a semelhança não vai muito longe. Sheldrake faz um resumo dos problemas relativos ao pensamento biológico dominado pelo ADN:

> O ADN, ao fornecer o código para a seqüência de aminoácidos, habilita a célula a fazer determinadas proteínas. Isto é *tudo* que o ADN pode fazer... . Mas o problema para a morfogenética não é apenas a questão de obter as proteínas certas nas células certas na hora certa. E sim como, dadas essas proteínas, as células se organizam em formas específicas; como as células se reúnem num tecido de formas específicas; e como estes são moldados em organismos de formas específicas. O ADN nos ajuda a entender como são obtidas as proteínas que fornecem, por assim dizer, os tijolos e a argamassa com que o organismo é construído, mas não explica como esses tijolos e argamassas são reunidos em determinados padrões e formas. A idéia do ADN moldando o organismo ou programando seu comportamento é uma extrapolação ilegítima daquilo que sabemos sobre o ADN. . . . Tudo que se relaciona com hereditariedade e propriedades dos organismos vivos está sendo projetado no ADN, dentro do modelo mecanicista – todos os problemas não-resolvidos da biologia estão sendo atribuídos ao ADN. . . . Assim, o que começa como uma teoria rigorosa e bem-definida sobre o modo como o ADN codifica o ARN (RNA) e como este codifica as proteínas, logo se transforma num tipo de teoria mística em que o ADN possui poderes não explicados e propriedades que não podem ser especificadas de forma alguma em termos moleculares exatos... . Estas coisas suplementares que, supõe-se, o ADN faria, são, penso eu, o que de fato fazem os campos morfogenéticos.[9]

Atualmente há uma grande esperança de que as formas que se desenvolvem no embrião possam ser entendidas pela ação dos chamados morfogenes, compostos químicos que, presumivelmente sob a ação do ADN, controlam as configurações assumidas pelos embriões. Os primeiros trabalhos parecem promissores, e revelou-se que uma determinada substância química, o ácido retinóico, exerce ação comprovada nesse sentido.[10] Porém, não está claro se a identificação desses compostos poderá resolver o problema da forma, pois o mecanicista, quase certamente, continuará a colocá-los sob o controle do ADN, já que é uma heresia permitir que algo escape da hegemonia do código genético. Talvez a identificação dos morfogenes só viesse inserir um elo adicional na corrente do mecanicista, não respondendo às questões apontadas por Sheldrake. E, em todo caso, Sheldrake não está só interessado nas formas de seres vivos, como os embriões, mas também nas formas das criaturas não-vivas, como os cristais. E não há nenhuma hipótese de morfogenes que explicariam o aparecimento da forma nessas entidades.

De acordo com a doutrina do materialismo extremo ou radical, a consciência deve ser descartada, exceto como uma função dos processos físicos que ocorrem no cérebro. Mas não somos forçados a assumir esta medonha posição sob a hipótese da causação formativa. Nela, podemos seguir o bom senso, como afirma Sheldrake, de admitir a realidade de nossa própria consciência. Certamente que isto não é pedir demais. Afinal de contas, isto é o que todos os seres humanos – mesmo os mais dedicados materialistas – fazem.

A Criatividade e a Origem de Novas Formas

Mas e as formas inteiramente *novas*? Elas não conservam qualquer configuração preexistente. Sheldrake deixa a questão das novas origens em aberto, pois a considera fora do alcance da ciência natural, pertencendo ao domínio da metafísica. Mas ele especula sobre a possibilidade do novo e do original ocorrerem na natureza, e reconhece a influência do filósofo francês Henri Bergson sobre seu pensamento. Bergson ficou famoso por sua crença no *élan vital*, uma força vital original que dirige as criaturas vivas em seu desenvolvimento histórico. Segundo Sheldrake,

> Bergson. . . foi muito perspicaz ao afirmar a genuína criatividade do processo evolucionário. Muitas vezes ele mostrou que nossa mente tem uma tendência a negar a criatividade. Não podemos explicá-la. Ela envolve aquilo que é completamente novo, o original. Assim, preferimos dizer que a criatividade não é de forma alguma uma nova criação, mas tão-somente a expressão de algo "arquetípico" que já existe numa forma latente. Isto nega a verdadeira criatividade. É como dizer que tudo já está estabelecido de antemão, e que a evolução é mais ou menos como o desenrolar de um longo tapete – que é simplesmente desenrolado no tempo.[11]

E as origens últimas, a origem do universo? De onde ele vem? Sheldrake responde:

> O universo em si mesmo tem uma origem, e tanto a criatividade no universo como o próprio universo requerem uma explicação. E isso só pode ser explicado em termos de algo que esteja acima ou além do universo – neste sentido, que o transcenda. Isto corresponderia à concepção teística tradicional da criação, a qual postula um Deus que estaria além, acima, e no interior da natureza.... Eu fico com esta concepção.[12]

A Mente Não-localizada e a Hipótese de Sheldrake: O Banco de Memória Cósmico

Uma das maiores correspondências entre a hipótese de causação formativa e a mente não-localizada é o processo bidirecional que une passado e presente. Em certo sentido, o passado *é* o presente, porque o presente molda o passado realimentando-o e modificando os campos morfogenéticos preexistentes. Todo evento adiciona o efeito de seu próprio vir a ser ao campo morfogenético com o qual ressoou, ou então dá início a um novo campo morfogenético, em ambos os casos persistindo no futuro.

Agora, se começarmos a aplicar a linguagem psicológica, falando sobre pensamentos e não sobre eventos materiais como o desenvolvimento de embriões, o mesmo processo pode ser imaginado. Há um processo bidirecional unindo presente e passado – pensamentos passados influenciando pensamentos presentes via campos morfogenéticos, e pensamentos presentes aumentando ou modificando os campos. O presente não vem a ser apenas para morrer; ele é preservado num registro morfogenético invisível que daí em diante dá sua contribuição a eventos futuros. Deste modo, os pensamentos são reinvestidos no universo, numa espécie de banco de memória cósmico, segundo a expressão de Sheldrake. É possível imaginar uma espécie de mente universal tomando forma. Isto nos recorda as palavras de *Sir* James Jeans, o físico-astrônomo inglês:

> Os conceitos que agora provam ser fundamentais ao nosso entendimento da natureza... me parecem ser estruturas de puro pensamento... o universo começa a parecer mais um grande pensamento do que uma grande máquina.[13]

Essa visão do universo sugere que ele está cheio de pensamento, repleto de mente e consciência. Esta é uma concepção que prepara o terreno para a mente não-localizada – a mente não restrita ao espaço e ao tempo, a mente não confinada a cérebros e corpos individuais.

Sheldrake prontamente mostrou que muitas tradições adotaram a noção de uma mente cósmica, entre as quais o Budismo Mahayana, com a idéia de *alayavijnana*, ou armazém da consciência. Os teósofos postulam um processo semelhante, o *registro akāshico*. Esta concepção considera que tudo que acontece, seja físico ou mental, é codificado em dimensões sutis do espaço e do tempo, onde funciona como um banco de dados para o karma – uma idéia também encontrada no budismo tibetano.[14]

Será que a hipótese da causação formativa baseia-se em algo mais que pura especulação? A teoria da morfogenética tem um longo antecedente na ciência biológica. Histórias antigas não contam como evidência, mas, pelo menos, mostram que a idéia não foi produzida ontem e, portanto, merece mais atenção. O fato é que Alexander Gurwitsch e Paul Weiss desenvolveram o conceito-base dos campos morfogenéticos nos anos 20 deste século. O renomado biólogo C. H. Waddington também retomou o tema, mas considerou-o mera "conveniência descritiva", algo como uma representação simplificada das interações químicas que realmente acontecem nas criaturas vivas.

Grande parte das objeções à hipótese de Sheldrake advêm de ela conter, implícita, a idéia de que as características adquiridas podem tornar-se hereditárias, visão geralmente atribuída ao naturalista oitocentista Jean Baptiste Lamarck. O lamarckismo é dogmaticamente negado pela biologia moderna. Por exemplo: uma planta tolhida em seu desenvolvimento por crescer num ambiente rigoroso não produzirá descendência igualmente tolhida; ou, se um chimpanzé aprender uma certa habilidade, não poderá transmiti-la geneticamente às gerações subseqüentes. O código genético não pode ser mudado por circunstâncias exteriores, a despeito das mudanças ocorridas nas características externas do organismo, como a forma, a aparência, as habilidades ou o conhecimento – assim diz a moderna biologia.

Talvez os dados que dão maior sustentação à existência dos campos morfogenéticos venham de uma série de experimentos iniciados pelo psicólogo William McDougall na Universidade de Harvard, em 1920. Seu objetivo era descobrir se os animais podiam herdar habilidades adquiridas por seus pais. McDougall colocou ratos brancos, um por vez, num tanque com água. O único meio de escapar era nadando até uma prancha (havia duas) e subir. Uma das pranchas era bem iluminada, e a outra, escura. Se os ratos passavam pelo caminho iluminado, recebiam um choque elétrico, o que não ocorria se escolhiam a prancha escura. McDougall registrou quantas tentativas eram necessárias para que os ratos aprendessem definitivamente a escapar pelo caminho não-iluminado.

Para a primeira geração de ratos, foi necessária uma média de mais de 160 choques para cada rato para que evitassem a prancha iluminada. Porém, a segunda geração, produzida por esses pais experientes, saiu-se muito melhor. E sua descendência, melhor ainda. McDougall criou trinta gerações de ratos, e ao final da experiência os ratos erravam, em média, apenas vinte vezes.

McDougall concluiu que esses resultados apontavam para a herança de características adquiridas, mas esta conclusão foi extremamente polêmica. Ela fazia surgir o espectro de Lamarck. As experiências de McDougall foram examinadas pelos principais biólogos e nenhum pôde encontrar falhas em seu modelo experimental. Ficou decidido que, de algum modo, sem o saber, ele deveria ter criado os ratos mais inteligentes de cada geração, apesar de ter escolhido os pais aleatoriamente.

McDougall aceitou o desafio. Começou uma nova experiência em que selecionou somente os ratos mais estultos de cada geração para serem os pais da próxima. Era de se esperar que, conforme os princípios da teoria genética ortodoxa, as gerações subseqüentes teriam um desempenho cada vez pior. Em vez disso, elas se saíram melhor: depois de vinte e duas gerações, os ratos estavam aprendendo dez vezes mais rápido do que a primeira geração de ancestrais estultos.

Esses resultados foram assombrosos. Outros pesquisadores apressaram-se em reproduzir os experimentos de McDougall – o Dr. F. A. E. Crew em Edimburgo e o Professor W. E. Agar, e colegas, em Melbourne. Eles fizeram tanques semelhantes e utilizaram ratos brancos da mesma raça. Algo inexplicável aconteceu em suas experiências: logo na primeira geração, os ratos aprenderam a tarefa muito mais rápido do que as primeiras gerações de ratos do Dr. McDougall. De fato, alguns dos primeiros ratos testados por Crew "aprenderam" a escapar pelo caminho escuro imediatamente, sem cometer um único erro.

Agar estudou a mudança no ritmo de aprendizado de sucessivas gerações não apenas de ratos descendentes de pais treinados, mas também de uma linhagem de ratos que descendiam de pais não treinados. Nesta linhagem de controle, alguns animais eram testados no tanque de água e depois descartados, enquanto outros que não haviam sido testados serviam como pais de uma próxima geração. Os estudos de Agar continuaram por vinte cinco anos. Eles confirmaram as descobertas de McDougall: gerações sucessivas nas linhagens treinadas tendiam a aprender cada vez mais rápido. Porém, o mesmo ocorria com os ratos da linhagem de controle. Como o melhoramento no ritmo de aprendizado ocorria nas sucessivas gerações da linhagem de controle não treinada, assim como nos ratos treinados, os resultados não podiam ser devidos à transmissão de genes que pudessem ter sido modificados pelo aprendizado – a transmissão de características adquiridas. Assim, embora as conclusões de McDougall fossem refutadas, os resultados foram confirmados. Eles nunca foram explicados e ainda continuam sendo uma curiosidade totalmente incongruente com os conceitos convencionais da genética. Todavia, adaptam-se extraordinariamente bem ao conceito de campos morfogenéticos.

Uma das razões por que o trabalho de McDougall não teve maior aceitação foi devido aos seus laivos de lamarckismo. Mas as idéias de Lamarck, depois de relegadas à pilha de lixo da biologia, podem estar preparando a sua volta, pois recentes descobertas sugerem que mudanças evolutivas e genéticas são *dirigidas* por circunstâncias externas.

John Cairns e seus colaboradores, de Harvard, descobriram num estudo que bactérias geneticamente incapazes de metabolizar o açúcar lactose podem tornar-se consumidoras de lactose quando colocadas num meio em que este açúcar seja a sua única fonte de alimentação. A fim de consumir o açúcar e assim evitar morrer de fome, as bactérias tinham que sofrer mutações em seu código genético a um ritmo bem maior do que aquele que pode ocorrer aleatoriamente. Deste modo, as bactérias rapidamente adquiriam uma nova característica e transmitiam-na às futuras gerações, violando as proibições usuais.[15] Numa experiência similar, o pesquisador Barry Hall, da Universidade de Connecticut, submeteu bactérias a uma tarefa ainda mais difícil. A fim de metabolizar o novo açúcar que era o seu único nutriente, elas tiveram que realizar duas mutações, uma das quais era uma excisão de instruções genéticas existentes. A probabilidade de as duas mutações terem ocorrido aleatoriamente durante o mesmo período é de cerca de um em um trilhão.[16] Como no experimento de Cairns, as bactérias transmitiram a habilidade recém-adquirida aos organismos subseqüentes.

O significado dessas experiências atualmente é tema de intenso debate. Os resultados limitam-se a bactérias? Que porcentagem de todas as mutações pode ser explicada pelos mecanismos recém-descobertos? A maior parte das variações genéticas é ainda atribuível ao acaso, com a "experiência" desempenhando um papel secundário? Independente de como a discussão é solucionada, esses experimentos sugerem, segundo Cairns, que toda variação não é aleatória, mas que o *pacote genético de uma célula individual pode beneficiar-se da experiência.* Cairns resume a atual situação:

> O triunfo inicial da biologia molecular deu forte sustentação aos reducionistas.... Curiosamente, quando cogitamos qual o mecanismo que poderia ser a base para as formas de mutação... vemos que a biologia molecular, nesse ínterim, abandonou o reducionismo. Agora quase tudo parece possível.[17]

Desde que a hipótese da causação formativa foi apresentada, vários experimentos têm sido feitos para provar sua validade. Estes experimentos são surpreendentemente simples e fáceis de compreender, o que representa uma grande diferença em relação ao sofisticado aparato laboratorial que geralmente caracteriza a abordagem científica moderna na pesquisa biológica. Tais estudos têm examinado as velocidades de mutação em moscas de frutas, bem como o padrão de reconhecimento e velocidade de aprendizado em seres humanos no curso de várias tarefas. Prêmios internacionais têm sido dados a experiências engenhosas que poderiam provar ou refutar a hipótese. Até agora os resultados são duvidosos. A maioria é compatível com a teoria, mas alguns não são.[18] Sheldrake, bem como muitos outros cientistas que têm analisado cuidadosamente a sua hipótese, acredita que ela é passível de ser refutada como qualquer outra boa proposta o seria, e que resistirá ou sucumbirá com base nas evidências experimentais.

Comunicação Mente-a-Mente: Ressonância Mórfica ou Telepatia?

A presença dos campos morfogenéticos proporciona um meio para que todos os pensamentos tornem-se vinculados através do espaço e do tempo. Este é um quadro de mente não-localizada e transpessoal, e um meio para as mentes individuais se comunicarem.

Este fato não passou despercebido pelos críticos da hipótese da causação formativa. Uma das primeiras objeções, de fato, foi que a teoria dava apoio a parapsicólogos e àqueles que acreditam em telepatia, PES (percepção extra-sensorial) e fenômenos paranormais de um modo geral. Sheldrake concorda que possa haver uma conexão entre ressonância mórfica e telepatia, e que, de fato, as diferenças "podem ser apenas uma questão de semântica. Nós não sabemos o que é a telepatia, e a ressonância mórfica pode ser uma teoria muito mais geral de que a telepatia é um caso especial, envolvendo conexões entre indivíduos específicos. Em relação a cristais ou formas vegetais, não é costume referir-se à telepatia. Assim, talvez estejamos falando sobre a mesma coisa de maneiras diferentes".[19]

Experimentos com animais parecem indicar que a telepatia ou ressonância mórfica (reconhecendo-se por enquanto a dificuldade em distinguir os dois) ocorre não só entre humanos, mas também entre humanos e animais. As histórias de "animais perdidos" contadas no Capítulo 4, em que estes conseguem encontrar o caminho de volta ou para lugares onde nunca estiveram, percorrendo enormes distâncias, inexplicáveis pelas indicações sensoriais conhecidas, essas histórias, portanto, podem ser explicadas pela telepatia humano-animal. O dono do bichinho, que conhecia o caminho de volta para casa, poderia estar "enviando" a informação a este último (na linguagem da telepatia). Ou, seus pensamentos poderiam estar estabelecendo um campo morfogenético que fez com que o conhecimento do caminho de volta recorresse à mente do animal (na linguagem da ressonância morfogenética). Em ambos os casos a informação sobre como retornar pôde chegar ao seu destino.

A experiência de Oak School, do psicólogo Robert Rosenthal, de Harvard, descrita no Capítulo 3, pode ser interpretada da mesma maneira. Os professores esperavam que os estudantes "superiores" fossem bem-sucedidos, e eles foram talvez porque a expectativa dos professores moldasse ou talhasse o comportamento dos alunos nessa direção em particular. O mesmo processo pode ter determinado o resultado das primeiras experiências de Rosenthal com os ratos, que seguiram o mesmo modelo. E também em relação às planárias de Cordaro e Ison, que, como os estudantes e os ratos, comportaram-se conforme as expectativas de seus experimentadores. Estes estudos implicam não só uma comunicação de ser humano para ser humano, mas também de ser humano para animal; porém, parece impossível decidir sobre qual a explicação melhor, se a ressonância mórfica ou a telepatia. Em ambos os casos a mente parece comportar-se de modo não-localizado.

Muitos outros estudos com animais parecem mostrar que eles exercitam conexões mentais não-localizadas. Alguns cientistas têm demonstrado que golfinhos de uma determinada região podem desenvolver repentinamente um comportamento específico depois que outros golfinhos, numa área remota, já o tiverem demonstrado. Num experimento, o pesquisador Wayne Doak descreve uma experiência extraordinária envolvendo um sonho. Neste lhe foi dito que, quando estivesse trabalhando com os golfinhos, desempenhasse uma certa atividade e repetisse uma palavra que, na língua maori, significa "o som que o golfinho faz com seu espiráculo". Os golfinhos então manifestariam um comportamento muito específico, revelava o sonho. Na próxima vez em que foi nadar com os golfinhos, Doak fez o que o sonho lhe revelara – e os golfinhos se comportaram exatamente como o sonho havia previsto! Ele não ficou espantado apenas com *esse* evento, mas também com o fato de que um amigo, trabalhando com golfinhos a 5.000 quilômetros de distância, relatou no dia seguinte a mesma experiência, com a mesma palavra e o mesmo comportamento, por parte de seus golfinhos.[20]

Talvez o mais importante não seja decidir qual a melhor explicação para essas interações, se a telepatia ou a ressonância mórfica, mas reconhecê-las como eventos legítimos que precisam de explicações. Nem a telepatia nem os campos morfogenéticos foram explicados, embora a ciência, hoje, e particularmente a física subatômica, esteja repleta de teorias envolvendo campos invisíveis. Se nossas próprias mentes provarem ser como campos, se for demonstrado que elas não são confináveis a pontos-lugares no espaço e no tempo, e que existem além dos cérebros e dos corpos, então a hipótese dos campos morfogenéticos de Sheldrake poderá tornar-se um passo valioso para a nossa compreensão.

Parte III
DEUS:
A Síntese

Devemos supor nossa existência da maneira mais ampla que pudermos; tudo, mesmo o inaudito, deve ser possível. No fundo, esta é a única coragem que é exigida de nós: ter coragem para aquilo que de mais estranho, mais singular e mais inexplicável possamos encontrar. Neste sentido, a humanidade tem sido covarde, causando à vida um mal contínuo; as experiências chamadas "visões", o assim chamado mundo dos "espíritos", a morte, todas aquelas coisas que nos são tão intimamente afins, têm sido tão excluídas da vida que os sentidos com os quais poderíamos compreendê-las estão atrofiados. Isso sem falar de Deus.

Rainer Maria Rilke[1]

O espírito do homem se comunica com o Céu; a onipotência do Céu reside no homem. A distância entre o Céu e o homem é muito grande?

Discursos sobre as Raízes Vegetais
(Dinastia Ming)[2]

9
Implicações Espirituais da Mente Não-localizada

Consideramos as bíblias e as religiões como divinas –
não digo que elas não sejam divinas,
Digo que todas se originaram de você, e ainda podem
originar-se de você,
Não são elas que dão a vida, é você que dá a vida,
As folhas brotam tanto das árvores, ou as árvores
brotam da terra, quanto brotam de você.

Walt Whitman
"*Uma Canção para as Ocupações*"[3]

Ninguém viu Deus e continuou vivendo.
Para ver Deus, temos de ser não-existentes.

Hazrat Inayat Khan

Senhor, perambulei como uma ovelha desgarrada, procurando-Te lá fora com a mente angustiada, enquanto Tu estavas dentro de mim. Percorri as ruas e as esquinas da cidade, Te procurando; e não Te encontrei, porque em vão procurei fora por aquele que estava dentro de mim.

Santo Agostinho

Mas o que fazes agora,
Olhando para Deus e lamentando,
"Eu sou eu, tu és tu,
Eu sou fraco, tu és poderoso?"
Eu sou tu, que procuras encontrar
Encontra-me em ti mesmo, pois tu és eu.

Swinburne

Traça, se puderes, a linha mística
que separa com exatidão o Dele do teu,
o que é humano do que é divino.

Emerson

Embora não haja diferença, eu pertenço a Ti
e não Tu, Senhor, a mim;
Pois na verdade ao Mar pertence a Onda,
E não à Onda o Mar.

Sankaracharya
século VIII

Meu objetivo ao explorar os aspectos não-localizados da natureza humana não era chegar a uma teoria mais engenhosa de como as coisas funcionam. Temos muitas teorias engenhosas hoje em dia, e algo mais do que engenhosidade é preciso se queremos parar de matar a nós mesmos e devastar o planeta, o único lar que temos. Esse "algo mais" é uma visão que transformará nossa concepção de quem somos e de como nos ajustamos ao modo da natureza – uma nova visão de mundo que redefiniria o nosso próprio ser. Acredito que a noção do homem como um ser não-localizado oferece algo da nova visão de que precisamos.

A concepção não-localizada do homem coloca a mente e a consciência fora do indivíduo, do cérebro e do corpo, levando a uma teoria da Mente Una, que é ilimitada no espaço e no tempo. Como tentei mostrar, há muitas, muitas razões para se levar a sério esta possibilidade. Razões que surgem não só dos eternos clamores de videntes e visionários, mas também de modernas descobertas científicas.

Mas aqui a coisa torna-se mais difícil. O próximo passo no pensamento não-localizado não apenas nos coloca fora do cérebro, do corpo e do indivíduo, mas leva-nos além da humanidade como um todo. Faz com que pousemos diretamente no colo de Deus – ou do Uno, do Logos, do Tao, de Brahman, de Buda, de Krishna, de Alá, de Mana, do Espírito ou Princípio Universal. Neste ponto, a não-localização deixa de ser um brinquedo intelectual, se é que em algum momento o foi. Ela assume proporções colossais. Torna-se uma dinamite teológica – chamando-nos a ver suas reais propriedades, como um brinquedo de criança com uma ogiva nuclear – no instante em que percebemos as implicações espirituais envolvidas. Porque a mente não-localizada é *infinita* e *ilimitada*, e porque estas são precisamente qualidades de Deus, isto significa que em algum nível estamos partilhando algo com a Divindade. Até certo ponto, os limites do homem e de Deus se sobrepõem. Este é um modo de dizer que há um elemento divino dentro do homem, que se manifesta por meio das qualidades não-localizadas deste último. Dito de outra forma, a não-localização é o palco onde Deus e o homem se encontram.

A idéia de "ser Deus" sempre teve uma conotação blasfema, irreverente e herética nas tradições religiosas ocidentais, e isso apenas sublinha o caráter próprio de nossas religiões, limitadas que são pelo tempo e pelo espaço. Em essência, elas estão construídas sobre noções clássicas de como o mundo funciona. Elas enfatizam o tempo linear com ênfase no vir a ser, no chegar a algum outro lugar que não aquele onde estamos no momento. Isto pode vir por meio da graça, das boas obras, de uma combinação das duas, ou de alguma outra forma; mas, subjacente a este modo de pensar, há uma visão localizada do mundo. Uma melhoria é sempre necessária, e a melhoria está sempre no Tempo. É uma condição que ainda não existe e que deve ser realizada em algum momento no futuro. Essas injunções ao aperfeiçoamento ou à salvação sempre são endereçadas ao indivíduo. É o ser singular e separado que está necessitado e que deve, de algum modo, tornar-se diferente do que ele é no momento. Este modo de pensar é evidentemente localizado, enfatizando o tempo linear, o espaço localizado e a pessoa singular.

Mas, na realidade, isso é apenas parte do quadro espiritual que nossa espécie desenvolveu, embora seja uma parte persistente e muito difundida. Muitas das tradições espirituais, especialmente aquelas do Oriente, apresentam características de não-localização muito mais acentuadas. E mesmo na tradição cristã do Ocidente há escolas esotéricas que são também de natureza não-localizada. Estas tradições não enfatizam a natureza linear e a depravação do homem, com a conseqüente necessidade de tornar-se radicalmente diferente por meio de um processo redentor que opera na direção do futuro. Nem enfatizam a primazia do indivíduo. Em vez disso, exortam todas as pessoas a despertarem para a já presente unidade que há entre elas e o Criador, e também para a perfeição e a divindade intrínseca existentes dentro de si próprias. Essas tradições exigem a iluminação, que significa tornar-se consciente do que *já* é presente, e não uma redenção ainda por realizar. Reiteradamente elas declaram que a fé no eu isolado, no ego localizado neste corpo e nesta pessoa, é uma ficção. Esses líderes espirituais deram o Grande Salto Não-localizado – o rompimento mais radical no conceito de nós mesmos que podemos realizar –, um movimento que se afasta de uma percepção limitada e segue na direção de uma visão aberta da realidade e do eu.

Durante toda a história, as principais culturas produziram portavozes deste ponto de vista. Em certos casos, especialmente no Ocidente, essas pessoas pagaram um alto preço por expressarem suas concepções espirituais não-localizadas. Freqüentemente, elas soam demasiado heréticas para permanecerem intocadas pela visão espiritual dominante, que quase sempre é de natureza localizada. Nesta seção, recorreremos continuamente às verdadeiras palavras desses visionários.

A Grande Visão Não-localizada: O Encontro entre Deus e o Homem

Um dos exemplos mais impressionantes do apelo à não-localização espiritual, pode ser encontrado no *Corpus Hermeticum*, que data de há pelo menos dois mil anos. Nele estão estas notáveis palavras:

> A não ser que te faças igual a Deus, não poderás entendê-lo: pois o semelhante não é inteligível senão ao semelhante. Cresce até atingires uma grandeza além da medida; de um salto, liberta-te do corpo; ergue-te acima do tempo, torna-te a Eternidade; então entenderás a Deus. Acredita que nada é impossível para ti, pensa-te imortal e capaz de tudo compreender, todas as artes, todas as ciências, a natureza de todo ser vivo. Sobe mais alto do que a mais elevada das alturas; desce mais abaixo do que a mais inferior das profundezas. Atrai a ti todas as sensações de tudo o que é criado, o fogo e a água, o seco e o úmido, imaginando estares em toda parte, na terra, no mar, no céu, ainda não nascido, no útero materno, adoles-

cente, velho, morto, além da morte. Se abraçares de uma só vez em teu pensamento todas as coisas, tempos, lugares, substâncias, qualidades, quantidades, poderás entender a Deus.[4]

Aqui o autor nos leva além do tempo para a eternidade, além de eventos singulares para todos os eventos, além do aqui para toda parte, além do eu para a unidade com Deus. Num parágrafo curto, ele demole a concepção localizada da realidade e diz que *devemos* demoli-la se quisermos conhecer a Deus.

E assim ele nos leva ao fantasma da não-localização: a unidade com Deus, que para algumas pessoas veicula uma imagem de *hybris* espiritual. Mas para o autor do *Hermeticum*, tornar-se "igual a Deus" não significa usurpar o poder divino. É impossível roubar o que já se possui. Uma pessoa não pode disfarçar-se naquilo que ela já é; somente no que não é. É impossível "fazer o papel de Deus". Além do mais, quando se vê a natureza ilusória do eu individual, percebe-se, em primeiro lugar, que não há quem faça a usurpação.

Embora místicos de todo o mundo tenham vislumbrado uma visão harmoniosa da unidade entre Deus e o homem, esta percepção, entretanto, ainda causa muita "indigestão espiritual" em todas as culturas e tradições, não apenas nas do Ocidente. Alan Watts, que muito fez para trazer a filosofia do Zen budismo para o Ocidente em nosso século, expressou de maneira clara este dilema e propôs uma saída:

Ainda não existiu uma religião ou uma filosofia em que houvesse um verdadeiro casamento entre o Céu e a Terra. Tem havido muitas aproximações, mas nunca um disse para o outro, sem reservas: "Eu te amo de todo o coração!" Já vimos o espiritual reduzido ao material e este volatizado naquele. Observamos compromissos infelizes em que o espiritual está sempre dizendo ao material, "sim, mas. . ." Notamos o material perpetuamente amaldiçoado com tímidos louvores e sempre sendo calado pela estranha razão de mudar com constância e escoar-se, como se houvesse algo de errado nisso. Só muito ocasionalmente os hindus tiveram a coragem de dançar a *maya* com o seu Senhor e parar de insinuar que numa última análise, séria e minuciosa, o universo físico não devia estar acontecendo. Os teólogos cristãos também parecem ter a incumbência de *proteger* a Divindade da união plena com seu universo, como se isso de algum modo fosse subverter sua moral. De fato, eles permitem que a criatura possa participar, refletir, ser adotada, transfigurada pelo seu Criador, e a Ele unir-se. Mas sempre, no fim da linha, há alguém sacudindo o dedo e dizendo, "Mas. . . nunca se esqueça, pequena criatura, de que você não é nada, nada até a sua miserável essência, pois o seu ser não lhe pertence." Portanto – meu corpo é de

Deus, minha mente é de Deus, meu próprio ser é de Deus, tudo emprestado para nada e para ninguém.

...O importante é ver todas as faces como máscaras de Deus, todas as personalidades como papéis seus, os pregadores *inclusive*. No fim da vida, aquele extraordinário santo hindu-budista-muçulmano, o poeta Kabir, costumava olhar em volta e perguntar: "A quem devo pregar?" Ele via a face e a atividade de seu Bem-amado em todas as direções.

Obviamente, como temem tantos cristãos, esta visão de Deus-como-tudo pode ser usada como racionalização para a tolerância em relação a toda iniqüidade. Mas o fogo não é injusto, ou algo a ser extinto, pelo fato de poder ser utilizado para queimar pessoas vivas.[5]

Paul Brunton, um moderno místico ocidental que passou muitos anos no Oriente, e cujos volumosos escritos só agora, postumamente, estão vindo à luz, tinha isto a dizer sobre a união entre Deus e o homem:

Aqueles que desconfiam deste misterioso ensinamento às vezes afirmam que a divinização do eu é uma tentativa de destituir a Divindade para cultuar uma parte da sua criação. Isso é um mal-entendido. Quem quer que participe da experiência de contatar as profundezas do seu ser interior só poderá emergir com uma reverência ainda mais profunda por Deus. Ele percebe a sua impotência e dependência quando pensa no Ser Maior do qual extrai a própria permissão para existir. Em vez de divinizar o eu pessoal, ele o humilha completamente. Para que Deus possa entrar, o eu, em seu sentido comum, deve ser extinto.[6]

Do Ocidente ao Oriente, percebeu-se que o homem, quando vai além de si com humildade e honestidade, na verdade não pode usurpar a Deus. No século XI d.C., o místico hindu Shankara dizia:

Como Brahman constitui o Eu de uma pessoa, não é algo a ser atingido por esta. E mesmo que Brahman fosse completamente diferente do Eu de uma pessoa, ainda assim não seria algo a ser atingido, pois, sendo onipresente, é de sua natureza que esteja sempre presente em todos.[7]

A idéia da divindade do homem não se limita aos místicos antigos. Em nosso século, o grande físico Erwin Schrödinger descobriu a mesma mensagem:

Na terminologia cristã, dizer: "Portanto, sou Deus Todo-Poderoso" soa como algo blasfemo e lunático. Mas, por favor, deixem de lado essas conotações...

> Em si mesma, essa visão não é nova. Os registros mais antigos... datam de uns 2.500 anos ou mais... . O reconhecimento... [de que] o eu pessoal é igual ao eu onipresente e oniabrangente... longe de blasfemo, foi considerado pelo pensamento indiano como representando a quintessência da mais profunda introvisão. O empenho de todos os eruditos do Vedanta era no sentido de, depois de ter aprendido a pronunciar com os lábios, chegar a assimilar em suas mentes este que é o maior de todos os pensamentos... que pode ser condensado numa frase: DEUS FACTUS SUM (eu tornei-me Deus).[8]

A concepção não-localizada do universo não é um convite à blasfêmia. Ela requer a expansão do sentido temporal e espacial, e um sentido mais amplo da natureza de ser humano.

Há um ponto em que concordam todas as grandes tradições: Deus é onipresente e eterno – ou seja, ele é não-localizado no espaço e no tempo. Se pudermos manter esse fato em nossa mente, talvez acharemos mais fácil entender por que o anseio em relação a Ele tem sido um anseio em relação à não-localização.

O Cristianismo e a Mente Não-localizada

> *O cristianismo perdeu os ensinamentos de Jesus.... Fez dele um indivíduo especial, cujos dons não possuímos. "As obras que eu faço também [tu] poderás fazer, e obras ainda maiores." Ele falou da mente "localizada" em relação à Mente una quando disse: "eu e meu Pai somos um" e "meu Pai é maior do que eu" – a mente "localizada" é una com a Mente una, mas é claro que esta é maior do que aquela. Ele referiu-se à mesma idéia de um ângulo diferente quando disse: "dai e ser-vos-á dado" –, porque a pessoa está dando para si própria, como a uma individualização da Mente una. Mesmo o Preceito Áureo do evangelho, na sua forma negativa ou positiva, repete a questão. Não faça aos outros o que não gostaria que fizessem com você, ou faça aos outros o que gostaria que fizessem com você – o que você não faz ou faz aos outros é o que você não faz ou faz a si próprio, porque há uma Mente una!*
>
> Robert Dolling Wells[9]

O cristianismo ortodoxo é ostensivamente localizado em sua perspectiva. Ele carrega a marca do senso comum, com seu espaço e tempo familiares: supõe um indivíduo alienado e distante de Deus (a alma "perdida") e que a Ele deve retornar em algum momento no futuro.

No entanto, sempre existiu no Cristianismo uma semente não-localizada, que tem germinado de tempos em tempos nas visões de alguns dos místicos cristãos. Nem todos, certamente, pois não se pode dizer que todos os místicos, ainda que dentro da mesma tradição, concebem de igual modo sua relação com Deus. Mas muitos visionários no Cristianismo seguiram uma concepção que é inequivocamente não-localizada.

Alguns leitores talvez se oponham à maneira genérica em que as palavras "místico" e "misticismo" são utilizadas na Parte III, que trata das implicações espirituais da Mente Universal ilimitada. Muito esforço tem sido despendido pelos eruditos modernos para criar elaboradas tipologias do misticismo. Temos os misticismos da natureza, da alma e de Deus, de R. C. Zaehner; os misticismos subjetivo e objetivo de W. R. Inge; os modos interiores e exteriores de R. Otto; e os misticismos extrovertido e introvertido de W. T. Stace, para citar apenas alguns. Algumas autoridades afirmam, portanto, que não há nenhuma experiência essencial comum a todas as espécies de misticismo, e que os místicos, como todas as outras pessoas, vêem o mundo através de um filtro composto de elementos pessoais, culturais e religiosos. Aqueles que assumem essa posição podem desaprovar a justaposição das declarações de vários místicos que parecem abraçar uma experiência comum, como a união entre Deus e o homem descrita na Parte III. Se é válido ou não comparar as afirmações de místicos de tradições culturais e religiosas divergentes, trata-se de uma questão complexa. No final das contas, é bom lembrar que, em última análise, *qualquer coisa* que falemos sobre Deus, incluindo, é claro, o que é dito neste livro, é uma versão conciliada, . . . reduzida, da realidade. Os místicos sabem disso. Eles asseveram em uníssono que *todas* as descrições vacilam, mesmo as deles; que em última análise Deus é incompreensível; e que Ele, como disse no século XV Nicolau de Cusa, está "livre de tudo o que pode ser pronunciado ou pensado".

Não se pode encontrar nenhuma expressão mais clara desse ponto de vista, no Cristianismo, que nas palavras de Meister Eckhart, místico do século XIII, pai do misticismo alemão. Em sua doutrina, a importância do tempo e do espaço lineares é abolida, suprimindo-se assim as barreiras entre o homem e Deus. Deste modo, Eckhart chegou a uma definição espiritual não-localizada do eu, uma união entre o homem e o Divino. Nas palavras do Mestre,

> Se uma alma quer ver a Deus, não deve olhar para nada no tempo;

pois enquanto a alma estiver ocupada com o tempo ou com o lugar, ou qualquer imagem desse tipo, não poderá reconhecer a Deus.[10]

Não há lugares distantes *para* se ir num mundo não-localizado. Todo lugar é aqui e todo momento é agora. Eckhart afirma:

Uma vez eu disse aqui, e isso é verdadeiro: quando um homem sai de si próprio para encontrar ou buscar a Deus, ele está errado. Eu não encontro Deus fora de mim mesmo, nem o concebo exceto como algo meu e em mim. Um homem não deveria trabalhar por nenhuma razão, nem por Deus, nem pela sua glória, nem por nada que estivesse fora dele, mas apenas por aquilo que é o seu ser, a própria vida dentro dele.... Algumas pessoas simples imaginam credulamente que verão a Deus como se Ele estivesse lá e elas aqui. Não é assim. Deus e eu somos um em conhecimento.... E o modo do nosso conhecimento será este, eu ele e ele eu, nem mais nem menos: o mesmo.[11]

E:

Nosso Senhor diz, "onde eu estiver também estará o meu servo"; assim a alma torna-se o mesmo ser que é Deus, não menos, e isto é tão verdadeiro como Deus é Deus.[12]

Não há, separando o homem de Deus, nenhum grande abismo que deva ser transposto por ações temporais. O importante é *perceber* esse inter-relacionamento, não fazê-lo vir a ser ou "acontecer".

Séculos mais tarde, outro alemão, o incomparável Rilke, enunciou a mesma visão não-localizada e majestosa da unidade entre o homem e Deus. "Eu sou a causa de Deus ser Deus!", exclamou ele. E, numa passagem exaltada, Rilke elabora o tema sublime da indivisibilidade e unidade que caracterizou a concepção de Eckhart:

O que farás, Deus, se eu morrer?
Tua taça quebrar? Essa taça sou eu.
Sua bebida se estragar? Essa bebida sou eu.
Eu sou o sinal que você carrega,
Comigo se vai todo o seu significado.[13]

É como se Rilke fosse um porta-voz tardio de Eckhart, que expressou essa mesma visão meio milênio antes:

Deus precisa de mim tanto quanto eu preciso dele.[14]

Essa visão íntima, unitária, do relacionamento entre Deus e o homem veio a ser conhecida como a linguagem da *divinização*. É uma visão chocante para a maioria dos ocidentais, pois o pensamento religioso ocidental é ostensivamente localizado, definindo implicitamente a relação entre Deus e o homem como uma enorme separação. Ao abolir essa distância, Eckhart transita de uma tradição espiritual localizada, que afirma a separação, para uma não-localizada, que a nega. Porém, quase todos os que foram influenciados pela tradição cristã na nossa cultura "sabem" que há um abismo entre o homem e Deus, e portanto não surpreende que a linguagem da divinização tenha suscitado mais hostilidade por parte dos não-místicos do que qualquer outra doutrina ou prática dos místicos cristãos. De fato, não era diferente no tempo de Eckhart. Tão controversas foram suas concepções que seus sucessores relutavam em citá-lo pelo nome. Ele próprio foi oficialmente punido pela Igreja devido às suas declarações radicais, e é provável que a única coisa que o salvou de ser condenado à morte foi ele ter morrido antes de terminar seu julgamento.

Indo além da linguagem de divinização com suas abundantes metáforas, muitos místicos preferem enfatizar a natureza não-localizada de Deus, do Tao, de Brahman, de Alá, etc., acentuando o que Ele não é. A vantagem desta *via negativa* é óbvia. Se algo pode ser especificado em detalhes, instantaneamente começamos a criar imagens dele em nossa mente. No exato momento em que isso acontece, acabamos fazendo dele uma coisa localizada, um evento ou processo. Mas o Todo-Poderoso não é localizado, assim como vimos que a Mente não é localizada. Não podemos "retratar" a Mente e não podemos retratar a Deus. Ele não está limitado no espaço e no tempo; portanto, nada existe fora Dele.

Percebendo isso, místicos de várias tradições tentaram descrever o Ser Supremo recorrendo a descrições de cunho negativo, em vez de afirmar Suas qualidades positivas. Considere-se, por exemplo, as palavras de Kabir, o santo hindu-budista-muçulmano: "alguns contemplam o sem-forma e outros meditam sobre a forma, mas o sábio sabe que Brahma está além de ambos."[15] E da tradição cristã: "Deus", diz o autor de *The Cloud of Unknowing* [A Nuvem do Desconhecimento], um documento anônimo que influenciou enormemente a Inglaterra medieval, "pode ser amado mas não pensado".[16] Igualmente, o ousado místico alemão Eckhart revela que a Divindade é "um não-Deus, um não-espírito, uma não-pessoa, uma não-imagem: é meramente, tão-somente um".[17]

Ao dizerem que Deus não está em lugar nenhum e que não é coisa alguma, esses visionários na verdade estão afirmando o contrário: Ele está em toda parte e é tudo, fora do qual nada pode existir. Falando negativamente, eles nos previnem contra falsos deuses – ídolos, coisas que podemos ver e segurar, seja em nossas mãos ou em nossas mentes no aqui-e-agora. Um deus que pode ser localizado em formas não é Deus. E descrições que enfatizam o negativo ajudam a nos manter em contato com este fato.

Para a maioria de nós, a idéia de um pensamento que não assume nenhuma forma evoca a noção da ausência de qualquer pensamento. Mas em muitas tradições, orientais e ocidentais, foram especificados alguns meios para realizar esse modo de pensar. Na tradição cristã, Eckhart falou da *agnosia*, "o nível supremo no qual pensador e pensamento são um só. . . [no qual] não há mais discriminação. . . [no qual] tudo é Deus".[18] Isto corresponde ao *prajna* do Budismo e ao *ma'rifa* do Sufismo – todos modos informais de conhecimento que, por si só, permitem a compreensão de uma realidade não-localizada.

Durante toda a história, a idéia de que se pudesse ter uma percepção direta, não-mediada e unitária de Deus foi vista com horror pela maioria ortodoxa – evidência, como de costume, que os aspectos não-localizados da realidade não podem ser apreendidos por meio de abordagens localizadas que exigem, pela *sua própria natureza*, Deus e o homem separados. No Sufismo, por exemplo, os místicos falam freqüentemente da união com o Criador. Mas, quando al-Hallaj de Bagdá (854-922) falou como se fosse uma encarnação do Ser divino, e quando consciente e abertamente modelou-se a si próprio em Jesus, todo o peso do sistema caiu sobre ele: como que aceitando sua reivindicação, as autoridades religiosas o crucificaram.

Outro eminente místico sufi, Abu Yazid (morto em 875), estava tão convencido de sua unidade com Alá, a qual ele experimentava em *ma'rifa*, que pôde exclamar: "Glória a mim – quão grande é a minha majestade." Abu Yazid foi um pensador espiritualista perspicaz dentro da tradição do Sufismo, influenciando bastante o caráter religioso da mesma. Ele propôs a idéia de *fana*, a morte e a extinção do eu empírico. Este evento podia ser produzido por meio do ascetismo e de várias técnicas contemplativas. Envolvia a perda da consciência da própria individualidade do sujeito, isto é, a passagem de uma participação localizada para uma não-localizada no mundo.

Poucas tradições expressaram a experiência não-localizada da unidade e da unicidade tão profundamente quanto o Taoísmo. Este, porém, sendo uma tradição não-teísta, não fala de Deus, mas do Caminho, ou Tao. O Tao é um Princípio Universal que guia o mundo todo. Os taoístas não pensam nele como a maioria dos ocidentais pensam em Deus. Além de não ser uma entidade pessoal, não é localizado no espaço e no tempo como uma "coisa" o seria. O Tao é inerentemente não-localizado – além do espaço e do tempo, além das pessoas, além até da expressão. Esta concepção radical de espiritualidade não-localizada é epitomada no seguinte diálogo entre Chuang Tsé, um dos venerados fundadores do Taoísmo, e um homem que busca o Caminho, Tung-kuo Tsé:

> Tung-kuo Tsé perguntou: "Essa coisa chamada o Caminho – onde ela existe?"
> Chuang Tsé respondeu: "Não há lugar em que não exista."
> "Vamos", disse Tung-kuo, "seja mais específico!"
> "Está na formiga."
> "É uma coisa tão baixa assim?"
> "Está no painço."
> "Mas isso é ainda mais baixo!"
> "Está nos ladrilhos e em seus cacos."
> "Como pode ser tão vil?"
> "Está na urina e no estrume."[19]

Deus e o Homem como Co-criador

"No princípio Deus criou o céu e a terra." Deus: o Criador de todas as *coisas*, em seis dias... . Nossa concepção tipicamente localizada baseia-se nessas imagens familiares: a criação, por Deus, em tempo linear, de coisas que ocupam espaço, tudo dentro de uma estrutura estritamente causal.

Em algumas tradições espiritualistas, todavia, não existe esse criador. No Budismo, por exemplo, encontramos a doutrina da "origem dependente", segundo a qual tudo o que existe está constantemente mudando e depende de tudo o mais. O filósofo da religião John M. Koller, em seu admirável livro *Oriental Philosophies*, expressa as implicações dessa idéia para a doutrina da criação:

> Se tudo o que é depende de outra coisa, exclui-se qualquer tipo de causalidade em "linha reta". Não há seres independentes responsáveis pela existência de seres dependentes. Por exemplo, a noção teística de que um

ser absolutamente independente – Deus – criou os demais, e que este universo criador depende de Deus para a sua existência, não faz sentido na concepção budista de origem dependente. Em vez disso, *tudo o que cria é também criado, e o processo de criar e ser criado continua simultaneamente sem começo ou fim* (a ênfase é nossa)[20].

Na tradição cristã, encontramos visões semelhantes. A teóloga Carol Ochs, em *Behind the Sex of God: Toward a New Consciousness – Transcending Matriarchy and Patriarchy* [Por Trás do Sexo de Deus: em Direção a uma Nova Consciência – Transcendendo o Matriarcado e o Patriarcado], descreve uma situação em que uma visão de mundo estritamente linear, rígida em causa e efeito, é abandonada:

> [Se é verdade que] não pode haver causalidade puramente unilateral... isto significaria que, se Deus é conhecido pelos Seus efeitos, então o que nos tornamos determina em parte o que é Deus. Deus é definido por este mundo.... Mais ainda, uma vez que o mundo está mudando, Deus também muda... pois o ato da criação muda e transforma o criador... Deus é tanto nosso criador quanto nossa criação, nosso ancestral e descendente.[21]

A concepção budista de origem dependente e a idéia de Deus e o homem como co-criadores parecem ser curiosamente coerentes com certas áreas da física moderna. Vimos antes, na interpretação de Copenhagen da física quântica, que o observador é crucial em ocasionar certos aspectos da realidade física: antes da observação, não se pode falar em um mundo exterior existindo independentemente. No excelente livro *The Anthropic Cosmological Principle* [O Princípio Cosmológico Antrópico], os físicos John D. Barrow e Frank J. Tipler investigam a possibilidade de que o universo inteiro deva *todas* as suas propriedades ao fato de existirmos e fazermos observações. Como uma mente que existe no presente pode atuar para trás no tempo, afetando a criação no passado? O cosmólogo John A. Wheeler descreveu como, nas chamadas experiências de "escolha retardada", esta possibilidade é de fato permitida em princípio. Segundo Barrow e Tipler:

> Wheeler mostra que, de acordo com a interpretação de Copenhagen, podemos considerar algumas propriedades restritas de galáxias distantes, que hoje vemos como elas foram há bilhões de anos atrás, como introduzidas agora no universo. Talvez *todas* as propriedades – e por conseguinte o Universo inteiro – sejam trazidas à existência por observações feitas em algum momento por seres conscientes.[22]

Num mundo localizado, feito de objetos separados e independentes posicionados num tempo que passa, exige-se uma criação num só sentido. Neste caso, a idéia espiritual de uma unidade entre o criador e o criado é desaprovada, e idéias semelhantes da física moderna também devem ser rejeitadas. Mas, se pudermos sentir – sentir *profundamente* – o caráter não-localizado do mundo, que Deus aparentemente aí introduziu, veremos que é possível uma outra concepção da criação, onde não sejamos o resultado final, mas participantes ativos em tudo que existe.

Ao sumariar a relação entre o anseio espiritual da humanidade e a concepção não-localizada da realidade, talvez seja útil começar com a declaração de alguém situado fora dos círculos religiosos convencionais. Paracelso, alquimista e médico suíço, foi um visionário encrenqueiro e inconvencional que viveu na Europa no século XVI, deixando sua marca por todos os lugares onde passou. Ninguém nunca o acusou de ser um místico. Porém, ele possuía uma clara visão da realidade não-localizada:

> O céu é o homem e o homem é o céu, e todos os homens juntos são um céu, e o céu não é outra coisa senão um homem. É preciso saber isso para entender por que se vai a um lugar por este caminho e ao outro por aquele, por que isto é novo e aquilo é velho, e por que há em toda parte tantas coisas diversas.[23]

Sua declaração demonstra que não apenas os santos e os sábios das grandes religiões utilizam esta maneira de ver o mundo; gente comum e pessoas bem afastadas das principais tradições espirituais também têm acesso a essa janela para a realidade.

É importante ter isso em mente. O debate sobre o papel da não-localização na vida espiritual da humanidade *não* é um debate entre religiões teístas e credos monistas. Nem é uma disputa entre o Cristianismo, o Judaísmo e o Islamismo contra o Hinduísmo e o Budismo. Embora essas crenças difiram radicalmente quanto à importância de uma visão não-localizada da vida espiritual, a questão não é estritamente divisível de acordo com os credos. Em última análise, as questões se resolvem em quão verdadeiro é o modo de ser não-localizado para uma pessoa não contaminada pelas tendências das grandes doutrinas religiosas, e que observa seu lugar no mundo. O modelo de não-localização não é o que está contido em cânones ou livros sagrados, nem mesmo o que nos tem sido revelado pelos mais esclarecidos videntes de vários credos. A verdade ou falsidade do modo de ser não-localizado é, em última análise, decidida na vida do Homem ou da Mulher Naturais.

Mas é cada vez mais difícil hoje em dia encontrar homens e mulheres "naturais", que ao confrontarem o mundo o façam de forma imparcial e sem preconceitos. A maioria das pessoas em nosso planeta já adotaram, a esta altura, uma ou outra fé. No entanto, *devemos* ir o mais longe possível além do dogma. Podemos ser Homens Naturais ou Mulheres Naturais? Podemos sentir o modo de ser do mundo sem filtrá-lo através dos dogmas religiosos que estão aí por toda parte?

É vital que tentemos. Hoje nosso mundo está paradoxalmente unido através das ameaças de guerra, terrorismo e holocausto nuclear. Não podemos nos permitir enfatizar apenas nossas diferenças. A visão não-localizada do mundo é um modo de nivelá-las por meios que sejam não só coerentes com a boa ciência, mas com as mais elevadas visões místicas da humanidade – e é, temos esperanças, um modo de curar o planeta nesse processo.

Há muitos anos atrás, Aldous Huxley apontou para alguns fatos históricos perturbadores: na história do nosso mundo, geralmente as guerras religiosas mais horríveis foram iniciadas pelas religiões baseadas no tempo. Por comparação, muito raramente as religiões orientais, baseadas na eternidade, engajaram-se em fazer cruzadas, inquisições, guerras santas, fogueiras para as bruxas, e coisas desse tipo. Essas diferenças são assombrosas e refletem a tendência para a maldade e a crueldade que flui das visões localizadas da realidade.

As religiões baseadas no tempo não só se empenharam em freqüentes investidas contra outros seres humanos, como também têm feito o mesmo com o nosso planeta ao abraçarem quase que sem críticas a religião do progresso – aquele credo universal moderno que tira o seu próprio alento da crença na realidade de um tempo linear e de uma causalidade rígida. A fé indiscriminada e cega no progresso é um viver-no-futuro. É uma negação do agora. É um culto que condena seus rivais como culpados de uma nova heresia: serem antiquados, atrasados e retrógrados, e não chiques e modernos. Aqueles que não acreditam no progresso são pejorativamente acusados de apoiarem a fome, a pobreza, o analfabetismo e um estado geral de declínio. São os blasfemos da atualidade.

Há um ponto de encontro entre as filosofias baseadas no tempo e localizadas e aquelas baseadas na eternidade e não-localizadas? Sim, há, e nós já o vimos, vislumbrado em intervalos freqüentes durante nossa história pelos místicos de todas as grandes religiões do mundo. A visão de realidade de Meister Eckhart e de outros mostram que, mesmo em tradições baseadas no tempo e localizadas, como o Cristianismo, a concepção não-localizada pode florescer.

Se as religiões da humanidade devem servir como guias éticos para diminuir a ameaça que paira sobre a raça humana e sobre o planeta, devem mostrar-se sensíveis às verdades não-localizadas que contêm, verdades que vêm sendo eternamente enunciadas pelos seus místicos. Elas insistem em basear-se no tempo ou na eternidade? Veneram a separação espacial, colocando Deus "acima" e "no topo" de tudo mais, situando-o em algum ponto distante? Ou abolem essa distância, permitindo uma imanência mútua entre Criador e criado, entre o Uno e os demais? Elas reificam o indivíduo, separando a pessoa de Deus e assim exigindo a salvação-no-futuro, e enfatizam a separação interindividual num mundo de "outros"? Ou será que permitem o florescimento da Grande Unidade?

O modo como as nossas religiões responderão a essas categorias – tempo, espaço, pessoa – determinará, em última análise, sua utilidade enquanto éticas viáveis para o planeta Terra.

10
Além do Sofrimento e da Morte

Do incansável labirinto de sonhos, voltei, como se fosse para o meu lar, para a sombria prisão. Abençoei sua umidade, abençoei seu tigre, abençoei a fresta de luz, abençoei meu velho e sofrido corpo, abençoei a escuridão e a pedra. Então aconteceu o que eu não posso esquecer nem comunicar. Aconteceu a união com a divindade, com o universo.

Jorge Luis Borges
"O Script de Deus"

A Mente e a Saúde

Se reencontrarmos nossa alma – se transcendermos o nosso eu limitado e isolado e permitirmos o pleno florescimento da natureza não-localizada, quais serão as conseqüências para nossa saúde? Para buscar as respostas, primeiro focalizemos as experiências de pessoas em que esse modo de ser é bem avançado.

Em 1973, um indiano de sessenta anos de idade, chamado Iogue Satyamurti, foi enterrado vivo. Cavou-se uma cova na forma de um cubo de 1,5 metro de lado no gramado do *campus* do Colégio de Medicina e Hospital Rabindranath Tagore, em Udaipur, Índia. Então, esse homem de compleição franzina entrou na cova usando apenas uma roupa leve de algodão, sentou-se no chão e deixou que o lacrassem em seu túmulo de terra com um teto de tijolos e cimento. Cerca e cinco litros de água foram colocados num canto, presumivelmente para que ele bebesse, mas, segundo o iogue, com o objetivo de manter o ar úmido. Depois, ligado por fios a um aparelho de ECG (eletrocardiograma) que monitorava cada batimento cardíaco seu, ele entrou no estado de samadhi, ou meditação profunda.

O objetivo dessa estranha experiência era estudar as mudanças na função cardíaca que acompanham a meditação profunda. Os fios que ligavam o corpo do iogue à máquina do lado de fora da cova eram suficientemente curtos para que ele não pudesse movimentar-se sem causar interferência elétrica no traçado do ECG, o que os médicos poderiam imediatamente observar.

O iogue permaneceu na cova por oito dias, com um monitoramento contínuo e ininterrupto de seu batimento cardíaco. Antes de entrar, seu ECG estava inteiramente normal. Logo depois, porém, seu ritmo cardíaco começou a acelerar, aumentando para 250 batidas por minuto. Assim permaneceu por vinte e nove horas. Então, às 17:15 horas do segundo dia, algo de alarmante aconteceu: a atividade elétrica dos batimentos cardíacos de repente parou. Nada além de uma linha reta podia ser observado no registrador. Não houvera qualquer indicação anterior de isquemia, a condição de baixo fluxo sangüíneo para o coração que geralmente pode ser detectado num eletrocardiograma, e nenhum padrão de interferência, o que ocorreria se ele tivesse desligado ou sacudido os fios. Mesmo depois de aumentarem a amplificação do aparelho de ECG, os médicos não conseguiram observar nenhuma atividade elétrica.

O traçado de linha reta continuou até o oitavo dia. Então, cerca de trinta minutos antes de a cova ser aberta, conforme o horário previamente combinado, apareceu uma pequena perturbação elétrica em lugar da linha reta, que logo se transformou num padrão cardíaco normal, exceto por um pequeno aumento no ritmo de batimentos.

O iogue havia previsto toda a seqüência. Quando começasse a meditar, dissera, seus batimentos cardíacos cessariam. Depois de sete dias, ele começaria a sair da meditação profunda e o coração voltaria a bater.

Quando a cova foi aberta, um dos médicos foi imediatamente examiná-lo. Ele estava sentado na mesma posição, em condições letárgicas e com muito frio. Ao ser retirado de lá, começou a tremer, persistindo assim por quase duas horas. Levado ao laboratório, o ECG a que foi submetido mostrou-se normal.

Iogue Satyamurti e seus seguidores deleitaram-se. Para eles, isso demonstrava o extraordinário controle que há séculos os iogues afirmam possuir. Quanto aos médicos, admitiram que "nós ficamos um tanto perplexos e confusos". As mudanças no ECG não foram aquelas que esperavam. E o que dizer da linha reta indicando ausência de atividade elétrica no coração, o tipo de ECG que se espera de um cadáver? Checou-se o equipamento repetidas vezes e este funcionava perfeitamente. Teria esse intrépido iogue alterado os fios? Depois da experiência, outras pessoas foram ligadas ao aparelho na mesma posição para verificar essa possibilidade, mas ninguém conseguiu desligar intencionalmente os condutores sem causar óbvios padrões de interferência nos traços do ECG. "Portanto," disseram os médicos, "embora evidentemente seja difícil acreditar que o iogue pudesse ter parado completamente seu coração ou diminuído sua atividade elétrica abaixo do nível de registro, não tínhamos nenhuma explicação satisfatória para aqueles traços do ECG. . . . Os mais otimistas entre nós consideraram esse feito como uma maravilhosa demonstração do alcance do 'estado vigilante hipometabólico da meditação iogue.'. . . Os céticos, porém, estavam inclinados a encarar a coisa toda com um truque habilmente dissimulado." O relatório apareceu no *American Heart Journal* em 1973.[1]

Qual a ligação entre iogues enterrados vivos e o nosso tema da mente não-localizada? É muito simples. Qualquer um que tenha a mínima experiência com meditação ou com estados de profundo relaxamento sabe que neles o mundo é vivenciado de um modo diferente, de um modo não-localizado. Isto é, na meditação e nos estados profundos de relaxamento, o indivíduo vai além do aqui-e-agora. A pessoa percebe o espaço e o tempo não em bocados e pedaços, mas como se estivesse experimentando a infinidade e a eternidade. Muitos descrevem que transcendem a noção de eu localizado, fundindo-se com o ambiente ou com o mundo de um modo geral. Estas experiências são também acompanhadas por mudanças características na fisiologia do corpo, quase sempre levando a um estado mais saudável.

Essas práticas são um deslocamento do modo de ser localizado para o não-localizado. São "terapias espaço-temporais", ou terapias de não-localização. Constituem um medicamento não só para o corpo, mas para a mente também. Pois não se pode empenhar-se nessas práticas sem pôr em jogo forças que revelam, sem a menor sombra de dúvida, que a mente e o corpo comportam-se como um todo unitário.

Até agora nossa cultura ainda não entendeu plenamente as importantes ligações que existem entre a saúde e o modo como a mente experimenta o tempo, o espaço e suas relações com as outras pessoas. Talvez pensemos que essas questões são abstratas demais quando o assunto é saúde e doença. Porém, nada estaria tão longe da verdade. No que diz respeito à saúde, essa visão localizada de nós mesmos como mentes limitadas ao corpo e ao aqui-e-agora pode ser devastadora.

Enquanto acreditarmos que somos criaturas limitadas quanto ao tempo, será impossível para nós o descansar no momento presente. Estamos sempre olhando para trás no tempo, desejando a saúde imaculada de nossa juventude, ou então para diante, atormentando-nos com o que pode acontecer. Embora na medicina de hoje não se dê atenção ao impacto patológico desse modo deturpado de ser no tempo, a sabedoria popular e culturas do mundo todo conhece algo que não conhecemos. Considere, por exemplo, as palavras do poeta chinês Po Chü-i, em seu poema "Resignação", escrito em 826 d.C.:

Mantenha seus pensamentos longe de coisas já passadas e concluídas;
Pois o pensamento no passado provoca tristeza e dor.
Evite pensar no que irá acontecer;
Pensar no futuro é desalentador.
É melhor sentar numa cadeira como um saco, durante o dia;
É melhor deitar numa cama como uma pedra, durante a noite.
Abrir a boca quando vier a comida;
Fechar os olhos quando vier o sono.[2]

Sofrimento

Quando estamos sofrendo, não demora muito para que ouçamos o nosso protesto: "por que eu?" – o eterno lamento do eu localizado e ferido, preso no aqui-e-agora. Essa visão localizada aumenta consideravelmente a dor, é como despejar sal numa ferida. Mas, se por um lado graus *menores* de sofrimento podem *acentuar* o sentimento do eu localizado, por outro a experiência de sofrimento e dor *rigorosos* podem diminuí-lo, levando a uma noção expandida e não-localizada de ser – que pode então ocasionar, por meio de uma realimentação terapêutica positiva, uma notável *diminuição* do sofrimento.

Muitas das técnicas terapêuticas inovadoras que se tornaram populares em anos recentes tiram proveito desse fato. A biorrealimentação (*biofeedback*), a hipnose, a meditação e as várias formas de relaxamento (livram a pessoa) da sensação constrita de um "eu" que ocupa momento e lugar específicos.

Várias tradições religiosas enfatizaram de diferentes formas a relação entre as noções de eu e de tempo, ao procurarem entender a natureza do homem que sofre. Nestas últimas décadas, ninguém percebeu mais claramente essas relações do que Aldous Huxley. Em sua imortal obra *The Perennial Philosophy*, [A Filosofia Perene] ele faz o seguinte comentário sobre as diferenças espirituais entre as formas localizada e não-localizada de consciência e sofrimento:

> Onde há perfeição e unidade, não pode haver sofrimento. Esta condição surge onde há imperfeição, desunião e separação de uma totalidade abrangente.... Para o indivíduo que realiza a unidade em seu próprio organismo e a união com o Fundamento divino, o sofrimento tem fim. O objetivo da criação é a volta de todos os seres sencientes, daquele apaixonado anseio de separação que resulta em sofrimento, para a totalidade da Realidade eterna através do conhecimento unitivo.[3]

A relação entre o sofrimento e as noções de tempo, de espaço e de pessoa foi discutida em detalhes em meu livro *Space, Time and Medicine* [Espaço, Tempo e Medicina]. É o que enfatiza a seguinte passagem:

> Os aspectos mais hediondos da doença são as distorções no espaço-tempo experimentadas pelas pessoas enfermas. Essas distorções acentuam a dor, o sofrimento e a angústia. A concepção espaço-temporal [não-localizada] de saúde postula que uma parte vital do objetivo de todo terapeuta é ajudar o doente a reordenar sua visão de mundo. Devemos ajudá-lo a perceber que ele é um processo no espaço-tempo, e não uma entidade fragmentada e isolada do mundo dos saudáveis à deriva no fluxo do tempo, seguindo vagarosamente para a extinção.
>
> Na medida que cumprimos essa tarefa, somos curandeiros.[4]

A participação no ser não-localizado não é nada menos que uma *morfina espiritual*: reduz a dor e o sofrimento. Mas, ao contrário de um medicamento, não dura só até passar o efeito da "injeção", deixando o sujeito com mais dores e angústias. A analgesia do ser não-localizado é curativa e não paliativa, pois elimina a raiz e a fonte do sofrimento: a pessoa, o eu isolado, que está preso à passagem do tempo e ao espaço finito, e caminha rumo à destruição.

Tempo, Saúde e Deus

Não há maior obstáculo
à união com Deus
do que o tempo.

Meister Eckhart

Ser mais "espiritual" torna a pessoa mais saudável? Mircea Eliade, moderno estudioso das religiões, fascinou-se por esta questão. De 1933 a 1939, Eliade estudou as técnicas de ioga em Rishikesh, Índia. Com base em extensas observações, ele chegou a conclusão de que o ritmo da respiração, que é a pedra angular de quase todas as técnicas iogues, poderia resultar em notáveis melhorias na saúde física. Eliade ficou impressionado, em Rishikesh e em outros lugares nos Himalaias, com a extraordinária condição física dos iogues. Eles se alimentavam muito pouco. Um dos iogues estudados por ele era um *naga*, um asceta nu que passava quase a noite toda praticando o *pranayama*, que são técnicas especiais de respiração, e nunca comia mais do que um punhado de arroz. Tinha o corpo de um perfeito atleta e não mostrava nenhum sinal de subnutrição ou fadiga. Eliade admirou-se de ele nunca ter fome. "Eu vivo apenas durante o dia", respondeu o *naga*. "À noite reduzo o número de minhas respirações a um décimo." Eliade especulou que, se o "tempo vital" pudesse ser medido pelo número de inspirações e expirações, o iogue vivia em dez horas apenas uma décima parte desse tempo, ou seja, uma hora, já que durante a noite ele reduzia suas respirações a um décimo do ritmo normal. "Contado em horas de respiração", propôs Eliade, "um dia de vinte e quatro horas solares tinha a duração de apenas doze a treze horas para ele: assim, o iogue comia um punhado de arroz, não a cada vinte e quatro horas, mas a cada doze ou treze horas." Eliade admitia que "isto é só uma hipótese. . . mas, pelo que sei, ainda não foi elaborada nenhuma explicação satisfatória para a surpreendente juventude dos iogues".[5]

O que podemos concluir dessas observações? Podem os iogues realmente penetrar num outro tempo, que "passa mais lentamente" que o nosso e no qual o processo de envelhecimento é retardado? Que diferença faz o que alguém pode *pensar* sobre o tempo?

Estas questões podem ser abordadas de modo ligeiramente diverso: basta inverter a situação e perguntar o que ocorre quando *aceleramos*, e não retardamos, a experiência do tempo. Com base nas sugestões de Eliade, esperaríamos que isso provocasse o efeito inverso, fazendo com que a pessoa ficasse *menos* saudável. De fato, parece ser este o caso. O exemplo mais dramático disso em nossa sociedade atual é a síndrome da personalidade Tipo A, em que o indivíduo experimenta o tempo como se este o estivesse ultrapassando. Há uma sensação patológica de tempo fugaz, que nunca é suficiente. As pessoas do Tipo A manifestam sua preocupação com o tempo na fala apressada, nos gestos frenéticos e nas expressões faciais. E esta *consciência* intensificada do tempo infelizmente se traduz numa inequívoca "*doença* do tempo", pois as pessoas do Tipo A sofrem de uma elevada incidência de morte por moléstias da artéria coronária em idade mais precoce do que no resto da população.

Esse é um dos lados da moeda do tempo-e-saúde – uma percepção exagerada da passagem do tempo. Mas e o outro lado? *Tornar mais lenta* a experiência do tempo *melhoraria* a saúde, como sugerem as observações de Eliade com os iogues?

A mais comum de todas as técnicas iogues para atingir a iluminação espiritual ou, segundo Eliade, "o salto paradoxal para fora do tempo", é o *pranayama*, ou ritmização da respiração. Quando a pessoa começa a praticar, ela é uma criatura comum, um "homem profano – [um]. . . débil e disperso escravo do corpo, incapaz de um verdadeiro esforço mental. . ." Aos poucos, porém, depois de muito empenho, esse homem profano é transformado "num homem glorioso: possuidor de uma saúde física perfeita, mestre absoluto de seu corpo e de sua vida psicomental, capaz de se concentrar e consciente de si mesmo".[6]

Agora, o que é importante para a nossa consideração é que ". . . ao trabalhar com a respiração, o *iogue trabalha diretamente com o tempo vivido*. . . O *pranayama* tem sido comparado ao tempo beatífico em que a pessoa ouve uma boa música, ou aos enlevos do amor, à serenidade ou plenitude da prece. Mas todas estas comparações são inadequadas. Certo é que, ao desacelerar progressivamente o ritmo da respiração, ao prolongar a expiração e a inspiração, e ao aumentar o intervalo entre estes dois elementos da respiração, o iogue *experimenta um tempo diferente do nosso*." [A ênfase é nossa.]

Através do ritmo respiratório, o iogue repete ou simula "O Grande Tempo Cósmico", que contém as criações e destruições periódicas do universo, tal como reveladas no pensamento hindu. Ao associar-se, por meio da respiração, com o Tempo Cósmico, a pessoa percebe a relatividade e a irrealidade fundamental do tempo. Mas essa entrada no Grande Tempo Cósmico não faz com que o tempo localizado como tal seja abolido para o iogue; pois, conquanto tenha aprendido que esse

Tempo não-localizado é fundamentalmente real, ele ainda vive sua vida terrena *no* tempo localizado. Mas agora, tendo experimentado o Grande Tempo Cósmico, há uma diferença: embora ainda esteja *no* tempo, ele *libertou-se* deste.

Eis aqui a unificação paradoxal de opostos que o gênio do pensamento hindu enxerga tão claramente – duas espécies diferentes de tempo: o tempo sagrado e o tempo profano, segundo Eliade. É extremamente difícil para os ocidentais acreditar que possa haver duas espécies de tempo. Sempre queremos saber qual é o tempo "certo", supondo haver um único tipo. Mas o iogue simplesmente não *raciocina* sobre o tempo, como nós. Ele *mergulha* no tempo e constata para si mesmo que este não é uma coisa única, descobrindo as realidades dos tempos sagrado e profano através de sua própria experiência. O iogue vai além da contradição dos opostos; ele se eleva até o "estado absoluto, intemporal, onde não existe nem dia nem noite, onde não há nem doença nem velhice. . . . [Ele torna-se] um *jivan-mukta*, [que] não mais vive no tempo, em nosso tempo localizado, mas num eterno presente, no *nunc stans*".[7]

No entanto, segundo a perspectiva hindu, o objetivo principal do iogue não é uma saúde física perfeita, mas a realização espiritual. Assim como o iogue aprende que, embora opostos, o tempo sagrado (eternidade) e o tempo profano (tempo linear, passageiro) se juntam na unidade, ele descobre também que, apesar de opostas, a saúde e a doença juntam-se do mesmo modo. *Esta* é a forma última da saúde – *não* a aquisição de uma condição pura de perfeição física, mas a eliminação de opostos como a saúde e a doença, o nascimento e a morte. Uma pessoa que entende isto fica fora do tempo localizado, transitório, profano, que é o tempo da doença, do sofrimento e da morte. E penetra no estado de graça do tempo não-localizado, extensivo, o tempo da eternidade, o Grande Tempo Cósmico.

Uma das mais notáveis histórias oriundas do Oriente a mostrar a relação entre saúde e espiritualidade refere-se à vida de um dos maiores iogues da Índia, Shriman Tapasviji Maharaj. Este homem extraordinário, cujo nome significa literalmente "Grande Rei, Praticante de Austeridades", nasceu como príncipe guerreiro em Mogul, na Índia, em 1770, e ao morrer em 1955, aos 185 anos de idade era conhecido e venerado em todo o país. Não só a duração de sua vida é extraordinária, mas também as circunstâncias incomuns sob as quais escolheu viver. Este homem incrível passou a maior parte de sua vida praticando austeridades físicas (*tapas*) de um rigor quase inacreditável. Mas estas, por sua vez, eram contrabalançadas por uma profunda dedicação ao caminho espiritual, à meditação e a uma antiga técnica de rejuvenescimento chamada *kaya-kalpa.*

(A combinação de austeridades físicas e meditação é praticamente desconhecida no Ocidente, onde geralmente é vista como uma aberração. Mas não na Índia, onde acredita-se que as austeridades sejam um poderoso meio de romper o controle da mente localizada – o ego, a autocontração, a consciência crônica do eu que vê o tempo linear, transitório, como o único existente.)

Com a idade de 115 anos, Tapasviji Maharaj partiu para Darjeeling, situada a nordeste da floresta onde vivia, numa viagem de mais de mil quilômetros. Caminhou dia após dia, indiferente ao clima frio, que tornava-se severo à medida que aproximava-se a cadeia de montanhas situada na direção do seu destino. Certa ocasião, quando parou para descansar perto de um rio, sentiu vontade de praticar o tapas durante três anos, permanecendo de pé sobre uma perna só. Escolheu um lugar debaixo de uma árvore que tinha um galho onde podia se apoiar. Segurando o galho, ele sustentou-se sobre a perna esquerda, com a direita cruzada sobre o joelho esquerdo. Tapasviji Maharaj propôs-se a manter esta posição durante três anos, meditando enquanto isso sobre a sua única fonte de energia e conhecimento, o Senhor Krishna. De olhos fechados, ele ficou absorvido em profunda contemplação, firmemente plantado sobre uma perna só e segurando o galho da árvore.

À medida que passavam os dias, notícias de seu rigoroso tapas espalhavam-se por todo o país. Monges e eremitas vieram reunir-se ao seu redor, maravilhados com a severidade de sua meta e a dedicação que demonstrava. No décimo sexto dia ele interrompeu o samadhi, a meditação profunda, e aceitou uma xícara de leite que alguém lhe trouxera. Depois de tomá-lo, fechou os olhos novamente e entrou no estado de bem-aventurada solidão. Continuou a sua rotina mês após mês. A cada quinze dias, aproximadamente, deixava que um braço descansasse até o próximo período, mas a perna esquerda sempre permanecia plantada, com a direita cruzada sobre o joelho. Depois de beber um pouco de leite, entrava mais uma vez em samadhi.

Durante todo esse período de três anos, milhares de pessoas foram vê-lo e receberam a sua bênção, ou darshan. Ninguém sabia o seu nome, e por isso lhe deram um: Tapasviji Maharaj.

Algo misterioso aconteceu no fim do terceiro ano. Certo dia, assomou ao local um estranho homem, vestindo trajes não-convencionais, e aproximou-se de Tapasviji. O estranho vociferou que o tapas não devia ser executado durante a era atual, pois não tinha nenhuma utilidade. Tapasviji Maharaj abriu os olhos e olhou para o estranho mas, por ter feito também um voto de silêncio, nada disse. O estranho repetiu suas palavras, e mais uma vez não obteve resposta. Então o homem misterioso agarrou a perna direita de Tapasviji Maharaj e puxou-a com força para o chão, quebrando-a no joelho e causando-lhe tamanha dor que fê-lo gritar.

"O quê? Eu lhe causei dor? Vou curá-lo imediatamente", disse o estranho, e massageou a perna de Tapasviji Maharaj. A perna fraturada curou-se e a dor desapareceu. O enigmático personagem disse então que morava numa vila próxima, e que Tapasviji poderia visitá-lo se quisesse. Não ocorreu ao santo que esse era na verdade o Senhor Krishna, o divino objeto de seu amor e devoção; assim, depois que o estranho partiu, Tapasviji imediatamente reassumiu a postura de antes e voltou à meditação. Assim continuou por alguns dias, até que o Senhor Krishna reapareceu, desta vez numa visão, e disse: "Mahatmaji, sou Shri Krishna. Fui eu que apareci para você com um *samnyasi*, e fui eu que lhe pedi que terminasse com o seu *ugra-tapas*. Você deve interrompê-lo agora e dirigir-se para Vraja Bhumi."

Assim o santo Tapasviji Maharaj entendeu que seu Senhor concedera-lhe uma graça, e terminou imediatamente com o tapas, afastando-se vagarosamente do lugar sagrado onde Krishna manifestara-se a ele. Vraja Bhumi ficava a mil e seiscentos quilômetros de distância. Apanhando a tanga e a caneca d'água, Tapasviji Maharaj começou a viagem.

Porém, mesmo durante a viagem, continuou a praticar uma forma de austeridade conhecida como *khade-tapas*, em que ficava de pé por um longo período, e até dormia nessa posição. Isto ele fez até chegar a Mathura, o centro de Vraja Bhumi. As condições específicas dessa austeridade eram estar de pé o tempo todo, manter constantemente a mão esquerda sobre a cabeça, permanecer absorto na contemplação do abençoado Senhor Krishna em todos os momentos, e caminhar ociosamente sem qualquer desejo interior de chegar a um lugar determinado numa determinada hora. A prática destas condições levou tempo: só depois de vinte e quatro anos ele chegou a Mathura.[8]

A história de Tapasviji Maharaj sugere que há uma fórmula para se viver uma vida longa e saudável. Se deu certo para ele, então por que não para nós?

Mas não é tão simples. O fato é que há muitos outros santos, talvez tão virtuosos quanto Tapasviji Maharaj, que não passaram tão bem.

Muitas vezes eles parecem ter as mesmas dores, as mesmas vulnerabilidades e desgraças que nós. Ao se avaliar com objetividade as vidas dos santos, chega-se à conclusão indubitável de que a boa saúde *não* é uma recompensa feita a todos os que alcançaram a união com o divino, que foram além do eu localizado e escaparam do confinamento do aqui-e-agora. A despeito de histórias como as que citamos – Iogue Satyamurti, que foi enterrado vivo por oito dias e sobreviveu, o iogue atlético de Eliade, que vivia de um punhado de arroz e muita meditação, e Tapasviji Maharaj, que viveu 185 anos praticando austeridades impensáveis –, podemos concluir que, de um modo geral, aqueles que alcançaram a consciência não-localizada e o ser transcendente simplesmente *não* são super-homens ou supermulheres. Eles *não* são duros como o aço; sofrem e morrem dos mesmos males que afligem a gente comum, geralmente com vidas que não são mais longas do que a nossa. Até o Dalai Lama, o líder sagrado do Budismo tibetano, reconhecido como um dos seres mais transcendentes da Terra, usa óculos!

Muito mais típico da relação entre saúde física e consciência não-localizada do eu é o exemplo de um dos mais reverenciados místicos modernos da Índia, Sri Ramana Maharshi. Maharshi pertencia à tradição do Vedanta Advaita, a antiga filosofia hindu baseada na sabedoria dos Upanishades. Essa filosofia aponta para a Realidade ou Brahman como transcendente e anterior a todos os fenômenos. Como outras eminentes tradições orientais, sustenta que na Realização superior não há distinção entre o indivíduo, o mundo e Brahman ou a Divina Realidade. Este eu está fora do tempo e além do ego limitado e isolado – é a forma não-localizada de consciência que temos encontrado tantas vezes neste livro.

A vida de Sri Ramana Maharshi mostra que a realização do ser transcendente e não-localizado não traz consigo a garantia de uma saúde perfeita ou de uma vida extremamente longa. Ele morreu de câncer em seu ashram no sul da Índia, em 1950, e a dor que suportou foi tão grande que seus gemidos freqüentemente não deixavam seus devotos dormir. Durante as horas em que estava acordado, Maharshi tratava a situação de maneira jovial, fazendo gracejos, mas a dor em seu corpo era óbvia para todos. E à noite ele parecia perder o controle sobre si mesmo. Em seus últimos dias, sua saúde deteriorada tornou-se um grande teste tanto para a fé de seus devotos como para o entendimento destes sobre a natureza do adepto iluminado.

Por estarem os devotos perturbados com o sofrimento do mestre, perguntaram a ele a respeito do que parecia ser uma grande contradição: como podia um homem como ele, realizado em Deus, para sempre livre da série de nascimentos e mortes, ainda sentir dor, sofrer e gritar por alívio? O estado de iluminação não impediria tal penúria?

Quando ouviu essa pergunta, Maharshi abriu um largo sorriso. Com amor e compaixão, respondeu: "Vocês tomam este corpo por Bhagavan e a ele atribuem sofrimento. Que pena! Não estou identificado com o corpo. Sou o Eu. Se a mão do Jnani fosse cortada com uma faca, haveria dor, como com qualquer outra pessoa, mas por não estar identificado com o corpo, ele permanece em bem-aventurança apesar da dor."[9]

Assim, às vezes, santos e adeptos realizados em Deus sofrem como todos nós. Como nós, eles podem até dirigir acessos de ira contra a Realidade Transcendente com a qual se encontram profundamente unidos. Quando andava pelas estradas do interior da Espanha durante uma tempestade torrencial, a carroça sacolejante de Santa Teresa, uma das maiores místicas espanholas da Igreja Católica, precipitou-se num imenso buraco e virou, atirando a santa de cabeça na lama. A voz de Jesus então falou para ela do céu, dizendo: "É assim que trato os meus amigos, Teresa." Limpando a lama do rosto, ela retrucou: "Não admira que tenha tão poucos!"[10]

Mas há uma importantíssima diferença nas expressões emocionais dos santos realizados em Deus com relação às de pessoas não-realizadas, e essa diferença está contida no comentário anterior de Ramana Maharshi: a experiência dessas emoções é vivenciada por eles em outro *nível*. Eles "estão nelas mas não se prendem a elas". Parecem estar olhando de fora, nem possuindo nem sendo possuídos pelas suas emoções. A emoção ou a dor não dominam a pessoa realizada. Estes sentimentos são vividos, mas não assumem o controle.

Um dos grandes adeptos vivos que percebeu a transcendência do ser não-localizado é Da Free John, cujas atividades e inúmeros escritos estão se tornando amplamente conhecidos na cultura norte-americana contemporânea. O modo como a emoção humana comum se ajusta ao estado de ser não-localizado das pessoas realizadas em Deus pode ser encontrado na descrição de suas próprias respostas emocionais:

> [A raiva] me dá força criativa para ser comunicativo. . . . Se eu fosse incapaz desta compreensão, desta raiva, desta sensibilidade. . . não poderia gerar um Ensinamento verdadeiro. . . . Toda essa bobagem de ausência de raiva, de sensualidade, de emoção e de vida faz parte da estupidez da religião exotérica. É preciso ser suscetível à emoção, e é preciso transcender todos os seus aspectos auto e heterodestrutivos através da vida criativa.[11]

O que não deve ser interpretado como justificativa para uma expressão desenfreada, indiscriminada e grosseira de toda e qualquer emoção. Como se pode perceber do contexto geral em que ocorre a exposição emocional dos Grandes Mestres e santos, eles manifestam suas emoções com requintada sensibilidade e consideração para com os efeitos sobre as outras pessoas.

Um dos exemplos mais famosos de como o sofrimento pode desempenhar um papel importantíssimo na transformação espiritual vem da tradição budista. No século XI, o iniciado budista Marpa, o Tradutor, trouxe os ensinamentos do Budismo Vajrayana da Índia para o Tibete. Milarepa, que se tornou o mais querido dos santos tibetanos, foi seu discípulo. Quando jovem, Milarepa praticara uma forma extrema de magia negra com o propósito de vingar a morte da mãe. Diz-se que sua manipulação do clima causou a morte de mais de trinta pessoas. Desesperado com sua condição, ele viajou por todo o Tibete em busca de Marpa procurando durante três anos até encontrá-lo.

Depois de muito tempo, ele encontrou Marpa colhendo trigo com uma segadeira em sua fazenda no interior do Tibete. Atirando-se aos seus pés, Milarepa implorou-lhe que o aceitasse como discípulo; nisso, Marpa virou-se para ele sem dizer palavra e espancou-o quase até a morte. Milarepa não protestou contra os golpes, estando preparado para sacrificar a vida pela instrução do famoso e venerado Marpa. Assim, Marpa o aceitou como seu seguidor e curou-o de suas feridas.

Mas as provas de Milarepa não haviam terminado. Por ser um assassino, Marpa sujeitou-o a uma grande provação para purgá-lo de suas ações passadas. Marpa pediu a Milarepa que construísse e desmanchasse, sucessivamente, nove gigantescas casas de pedra, carregando as rochas de uma montanha a outra. Mas Marpa não ficava satisfeito; à medida que cada casa era construída, ele achava um defeito e exigia sua demolição. Enquanto Milarepa labutava na construção, Marpa o acossava sem piedade, exigindo que trabalhasse mais rápido e dormisse menos, gritando se demonstrasse o menor sinal de fraqueza ou falta de atenção aos detalhes, por vezes até agredindo-o. Durante todo esse período, Marpa recusou-se a ministrar qualquer ensinamento esotérico a Milarepa, que o procurara, de início, exatamente por essa razão.

Mas, mesmo enquanto infligia esses severos tormentos a Milarepa, Marpa sentia profunda angústia com os sofrimentos do discípulo. Ele pode ser visto chorando escondido, por compaixão a Milarepa; mas, por simpatia ao seguidor, recusou-se a afrouxar a rigorosa disciplina necessária para a purificação espiritual de Milarepa. Nesse sentido, a disciplina imposta era sinal de uma compaixão superior, cuja natureza não podia ter julgada por uma avaliação superficial. Mais tarde, Marpa explicou a natureza espiritual de suas motivações na biografia de Milarepa:

> Eu estava com raiva de Milarepa,. . . [mas] a minha raiva. . . não era como a raiva vulgar, mundana. A raiva espiritual é uma coisa à parte; e, em suas múltiplas formas, ela tem sempre o mesmo objetivo – estimular o arrependimento e, desse modo, contribuir para o crescimento espiritual da pessoa.[12]

"Quem Pecou?" – Ou, Por Que Ocorre a Doença?

A meta e o propósito da vida humana é o conhecimento unitivo de Deus.

Aldous Huxley[13]

Como vimos, não há nenhuma associação imediata entre realização espiritual e saúde perfeita e longevidade. Mas por que não? A pergunta, tanto para os santos como para nós mesmos, é: por que ocorre a doença?

Segundo a concepção tradicional das religiões ocidentais, o sofrimento é um castigo de Deus pelas más ações. Mas, quando acareado com uma pessoa cega, Jesus negou essa associação entre imperfeição física e pecado: "Nem este homem nem seus pais pecaram mas que as obras de Deus nele se manifestem."

A ciência ocidental tomou outro rumo. Talvez a pessoa seja cega devido a causas genéticas, ou por uma infecção congênita. Seja como for, a razão para a cegueira é inteiramente física.

O Oriente explica a doença de outras formas, uma das quais é a idéia do karma, por meio do qual os resultados negativos de ações passadas em vidas anteriores podem finalmente alcançar o indivíduo. Além disso, é possível que haja uma força invisível em operação, que Aldous Huxley chamou de "a causa final, a atração teleológica do futuro. . . . Essa atração," disse Huxley, "é uma atração que se origina no Fundamento Divino, agindo sobre aquela parte do agora intemporal que uma mente finita vê como sendo o futuro".[14] Contra a tela de fundo dessa atração, outros fatores podem continuar a operar – os efeitos dos genes, do ambiente físico, ou do karma, que "vem" do passado para o presente. Porém, todas essas influências ocorrem no tempo – o tempo transitório, o tempo da história. Mas a libertação – o retorno ao Fundamento Divino – "só pode ser atingida como conseqüência da intervenção da eternidade no domínio temporal; e a eternidade não pode intervir salvo se o indivíduo fizer um ato criativo de autonegação, produzindo, por assim dizer, um vazio no qual a eternidade possa fluir".[15]

Mas, por outro lado, responder a esse chamado não significa que automaticamente a cegueira será curada – e este é o grande obstáculo que vimos examinando. De fato, a cegueira talvez continue, porque esta não é a questão principal. Pois quando criamos o vazio em que a eternidade pode fluir, continuando com a metáfora de Huxley, percebemos que "cura" e "longevidade" são coisas que dizem respeito não à Eternidade, mas ao Tempo. O funcionamento físico perfeito é assunto para a carne, para o corpo temporal. Mas na Eternidade, o indivíduo não está no tempo, e essas considerações deixam de ter toda a importância.

Os enigmas sobre a ocorrência da doença são problemas apenas para perspectivas baseadas no tempo – o tempo em que alguém nasce, perdura, adoece e morre. Do ponto de vista da eternidade, esses problemas não existem. Como diz Huxley, "Tudo ficará bem. . . apesar do tempo, tudo *está* bem, e. . . o problema do mal tem a sua solução na eternidade, que os homens podem, se assim o desejarem, experimentar, mas nunca descrever."[16]

A Grande Pergunta que a Doença Faz

Juntamente com questões como qual é o melhor remédio, ou quem é o melhor terapeuta, a doença também sempre faz uma pergunta mais importante: qual o modo de ser em que devo me colocar durante esta doença? – o modo localizado do eu individual isolado, ou o modo não-localizado da Pessoa expandida, unitária, o estado da Mente Una, que não se limita ao aqui-e-agora? No final das contas, a enfermidade é sempre uma questão de ser.

Bassui, legendário mestre zen do século XIV, compreendia plenamente a necessidade de responder a essa pergunta do ser enfrentada por toda pessoa doente, e uma vez respondeu às perguntas que lhe foram feitas por um discípulo enfermo da seguinte maneira:

> Você me pede para descrever como praticar o Zen no leito. Quem está doente? Quem está praticando Zen? Você sabe quem você é? O ser todo da

pessoa é a natureza do Buda. O ser todo da pessoa é o Grande Caminho. A substância desse Caminho é inerentemente imaculada e transcende todas as formas.[17]

Bassui estava tentando chamar a atenção do discípulo para uma definição mais abrangente do Eu. Em outra parte, ele escreveu para um homem agonizante o seguinte conselho, que resume as questões contidas na doença e constitui a melhor resposta que somos capazes de dar:

> A essência da sua mente não está sujeita ao nascimento e à morte. Ela não é o ser nem o nada. . . . Nem é algo que sente dor ou alegria. Por mais que tente conhecer [com a mente racional] aquilo que agora está doente, você não conseguirá. Porém, se... nada desejar... e apenas perguntar a si mesmo, "qual a verdadeira substância da Mente deste que agora sofre?"... você finalmente se libertará dessa dolorosa escravidão à perpétua mudança.[18]

O que Podemos Fazer para Ter Saúde? – Entregar-nos aos Cuidados do Céu

A "terapia não-localizada" que vimos analisando pode ser criticada por ser passiva demais. Talvez pareçamos estar defendendo a não-ação – fique inerte, não faça nada, deixe que a natureza siga o seu curso. Mas essas objeções são elas mesmas baseadas numa visão localizada das coisas, sugerindo que, a não ser que "façamos alguma coisa agora", tudo estará perdido. Mas, para a concepção não-localizada da realidade, literalmente não há nada a perder, e nenhum tempo em que algo possa se perdido.

Mas a abordagem não-localizada não é passiva. Ela não impede que se tome medidas ativas para prevenir doenças, nem condena qualquer forma particular de terapia. Pode-se agir tanto na saúde como na doença, porém não mais a partir do desespero. Existem esforços ativos, que porém são agora vistos sob uma luz diferente.

Atualmente, há um grande mal-entendido sobre esse ponto na nossa sociedade. Como médico de muitas pessoas que cultuam a idéia de que "a mente é importante" e consideram a consciência espiritual um fato relevante na saúde, eu freqüentemente encontro pacientes que acreditam, por exemplo, ser um sinal de fraqueza ética ou moral fazer uma apendicectomia por causa de uma apendicite aguda, ou tomar um antibiótico para curar uma pneumonia. Eles argumentam que, se o espírito e a mente são importantes para a saúde, presume-se que a pess. sequer ficaria doente se tivesse suficiente "consciência espiritual" e, se o sujeito adoece, a cura deve supostamente ser feita através de meios mentais ou espirituais. Acreditando nisto, esses indivíduos experimentam uma sensação de vergonha e de fracasso ao adoecerem, ao se verem obrigados a recorrer aos recursos médicos tradicionais.

Essa posição extremamente idealista é equivocada. Realmente, todas as grandes tradições espirituais concordam em que "o superior contém o inferior", nosso ser físico localizado – o corpo – é subordinado *a*, está incluído *em* e é afetado *por* nosso Eu espiritual não-localizado. Todavia, não há nada nessas tradições que nos garanta uma perfeita correlação entre desenvolvimento espiritual e saúde física. Ao igualarmos o domínio espiritual ao físico, estamos confundindo dois níveis diferentes de realidade. Por estes níveis diferirem radicalmente, não temos que pedir ao médico permissão para rezar, nem somos obrigados a pedir a Deus permissão para tomar uma aspirina quando estamos com dor de cabeça. Manter essa distinção bem clara muito contribuiria para diminuir o sentimento de culpa em pessoas espiritualmente sensíveis que caem enfermas.

Um dos eufemismos que se tornaram populares na nossa cultura nestes últimos anos é "seguir o fluxo". Há muita sabedoria nesse pequeno conselho, penso eu. No que se refere à saúde, esta frase implica que há uma ordem natural das coisas que seria melhor acatar em todas as ocasiões, e que inclui a doença *e* a saúde, a mente *e* o corpo, a força *e* a fraqueza. Quando a pessoa se permite *sentir* realmente essa maneira de viver, percebe uma justiça inerente em tudo o que acontece.

Os antigos chineses admitiam uma dinâmica semelhante. Uma das melhores expressões dessa eterna abordagem é concretizada no poema "Pensando no Passado", do poeta chinês Po Chü-i, escrito em 833 d.C. Já em idade avançada, Po Chü-i estava pensando nos dias de outrora e refletindo sobre os velhos amigos. Todos eles estão mortos, apesar de terem empregado as técnicas mais intrépidas da época para prolongar a vida. Po Chü-i, ao contrário, nunca fizera dieta; entregava-se a todos os desejos e ambições; não sabia nada sobre os remédios populares de seu tempo; e comia e bebia com desembaraço. Apesar disto – ou por causa disto – seu corpo é forte e continua a servi-lo bem. Ele reflete:

Num momento de ócio, pensei nos dias de outrora
E velhos amigos pareciam estar na sala.
Então imaginei "onde estão eles agora?"

é . . .
gui chegar à velhice
estou na sétima sucessão de meus anos;
ntanto, como até fartar-me e durmo tranqüilamente
), enquanto posso, o vinho que está em minha caneca,
do mais confio aos cuidados do Céu.[19]

Vendo a Nossa Própria Morte: Uma Passagem para a Imortalidade?

Uma das fontes mais ricas de evidência da natureza não-localizada do homem pode ser encontrada na literatura antropológica, em relatos de pessoas que testemunharam a própria morte assumindo pontos de observação exteriores. Não são experiências de "quase morte", mas de morte *real*. Existe um número incalculável dessas histórias, desde o Egito antigo até nossos dias. O antropólogo Gerardus van der Leeuw acredita que essas histórias contam algo importante sobre a natureza da consciência humana, de sua relação com o corpo e da possibilidade de imortalidade. "O homem acredita em algo fora dele", disse van der Leeuw, "que é a garantia da sua existência. Podemos chamá-lo de consciência, mas no sentido de *con-scientia*, con-conhecimento de nossa vida, objetivação da vida a partir de algum ponto de observação exterior."[20]

É típica a história de um xamã winnebago que viu suas próprias mortes e renascimentos, registrada pelo antropólogo, K. T. Preuss:

> Fomos atacados por uma companhia que estava no nosso caminho de guerra e que nos matou a todos. Mas eu não sabia que havia sido morto. Pensei que estava correndo normalmente, até que vi uma pilha de cadáveres e entre eles o meu. [Ele continua vivendo] até que morri de velhice. Meus ossos destacavam-se nas juntas, as costelas afundavam, e eu morri pela segunda vez. Não senti mais dor do que na primeira. Desta vez, fui enterrado segundo o costume. Fui envolvido num cobertor e baixado à sepultura. Lá eu apodreci. Observei os homens que me enterravam.[21]

O grande número desses relatos e sua importância histórica levaram van der Leeuw a observar que;

> Esse "ponto de observação exterior" está sempre presente, mesmo na morte. . . [Isto sugere que] o homem enquanto vive e respira certamente não é

imortal; nem continua a viver após a morte. Mas, completamente independente da morte é aquele "ente" que percebe e que, ao fazê-lo, postula uma existência além da morte.[22]

Mas o que é esse "ente", essa capacidade de observar como um espectador? Segundo a resposta tradicional da ciência empírica, isso é uma ilusão, pois a "substância da consciência" é simplesmente uma expressão da atividade cerebral. Quando o cérebro morre, a consciência também deve evaporar, junto com qualquer "ente" – concepção tipicamente localizada.

As religiões ocidentais desenvolveram uma noção diferente. Elas alegam que esse "ente" – a alma, o espírito, a mente ou consciência – é uma parte tão íntima do corpo que a carne *precisa* morrer para que a alma seja libertada. Enquanto o corpo sobreviver, a alma não poderá ser livre para viajar de volta a seu lar, a Divindade. Esta idéia foi classicamente formulada por Cícero: "As almas dos homens são divinas e, quando deixam o corpo humano, podem retornar para o céu tão mais rapidamente quanto mais justas e virtuosas tenham sido."[23]

Mas isso não está de acordo com o registro antropológico, diz van der Leeuw:

> [Esse] "ente" que vê o homem apodrecer, que pode viajar para o céu e para o inferno. . . esse "ente" não tem *nem corpo nem alma*. Embora não seja de modo algum uma abstração, parece que ele *não tem nada que ver com o tempo* que governa toda a nossa vida. O ego psicofísico tem uma história; ele passa por um desenvolvimento. Mas o observador. . . permanece *fora do processo temporal*: com a nossa morte, ele não desaparece da nossa vista (não temos mais nenhuma); somos nós que desaparecemos da sua (a ênfase é nossa).[24]

Assim, o "ente" espectador "sobrevivente" não é algo que sobrevive à morte do corpo, pois estava presente antes que este existisse. Deste ponto de vista, os neurologistas estão totalmente corretos: de fato não há nada que sobrevive ao cérebro, pois, antes de tudo, o "ente" não estava contido no cérebro, nem foi produzido por ele. Isso não nega a manifestação do "ente" *por meio* do cérebro durante a vida, mas afirma que ele e o cérebro não são a mesma coisa, assim como um sinal elétrico pode manifestar-se num aparelho de televisão sem identificar-se ao receptor. Destrua o receptor da televisão e o sinal permanecerá intacto; destrua o cérebro e o "ente" também permanecerá.

Isso contraria o modo como costumamos pensar a imortalidade.

Na seqüência usual, o corpo morre e "solta" alguma coisa – a alma ou espírito – via algum plano de fuga previamente estabelecido segundo a sanção divina. Mas, antropologicamente, não é esse o caso: simplesmente não há uma união completa entre o corpo e o "ente". Este é sempre anterior e mais fundamental do que aquele. É sempre adicionado ao corpo a partir de fora, e nunca se liga a ele totalmente.

Aqui temos uma concepção genuinamente não-localizada da parte mais essencial do eu: esse elemento permanente – chame-o como quiser – não pode ser confinado espacialmente ao cérebro ou ao corpo, e coloca-se fora do tempo cronológico.

Impressionado com o conhecimento antropológico, van der Leeuw acredita que "a morte é. . . indispensável, porque nos lembra do caráter ex-cêntrico ['afastado do centro', ou exterior] da nossa vida".[25] É por isso que a morte é a grande mestra da imortalidade. Não admira que nossa cultura pareça tão distante da imortalidade, pois somos os primeiros a negar a morte – obcecados por "estilos de vida saudáveis", técnicas de "prolongamento da vida" ou por qualquer estratégia que prometa estendê-la. Esta é uma das grandes ironias da vida moderna: que, negando a morte, neguemos a nossa própria imortalidade.

Há verdade na declaração de Archie Bunker: "Sinto muito que o sujeito tenha morrido, mas assim é a vida." A morte *é* vida – porque, paradoxalmente, a certeza da imortalidade só pode ser atingida através de uma aceitação consciente da morte física. É por isso que devemos abandonar toda a negação: para que a imortalidade possa algum dia tornar-se real. Não podemos acreditar que pílulas, poções e cirurgia realmente irão nos salvar. Nunca nos convenceremos de que a tecnologia – como os processos criogênicos, o congelamento de todo o corpo ou de algum filamento de ADN para uso posterior – tem a resposta para o problema da morte. Afinal de contas, o que acontece se faltar eletricidade?

É por isso que a morte deve permanecer, que ela *precisa* permanecer. Nunca haverá nenhuma certeza sobre a mortalidade sem ela. Enquanto a morte for negada, o fato vivencial da imortalidade nunca florescerá em nossa vida.

Esse é um dos pontos em que a medicina primitiva sobrelevou-se à nossa. Não negando a morte, ela ajudava as pessoas a ir além da morte para a imortalidade. "É um bom dia para morrer", canta o xamã norte-americano. Por que bom? Porque hoje o fato da imortalidade será experimentado como nunca o foi antes. E não só hoje, no dia da morte, mas em todos os dias, porque a morte não é negada em nenhum deles.

Nenhuma medicina que não reconheça a sempre presente realidade da morte merece ser aplicada à humanidade, seja ela chamada de ortodoxa, tradicional, científica, alopática, homeopática, da nova era, alternativa ou holística. Qualquer medicina que negue a morte é grotesca e cruel, porque promove o medo e a angústia em vez da certeza extática da imortalidade. O grande divisor de águas para as várias escolas de medicina que hoje pedem a nossa adesão é o seu pleno reconhecimento, ou não, da morte como um aspecto legítimo da vida. Não importa que as pílulas e a cirurgia sejam trocadas por ervas, cristais, meditação, homeopatia, quiroprática, massagem, ou qualquer outra coisa. Se a morte não é aceita na terapia, esta não tem o direito de reclamar a nossa atenção. Para além da questão de quão bem elas funcionam, o critério último para todas elas é: em que extensão elas reconhecem e convivem conscientemente com a morte. Não passando nesse duro teste, podem ser consideradas impróprias para serem usadas em seres humanos, pois são elas próprias a morte disfarçada.

O Efeito Maharishi

Pensamos na consciência como algo próprio da cabeça, sendo esta o órgão que lhe dá origem. Não é. A cabeça é um órgão que modula a consciência para uma certa direção, ou para um certo conjunto de propósitos. Mas aqui no corpo há uma consciência. Todo o mundo vivo é informado por ela.

Joseph Campbell[26]

"[Uma] descoberta que vai mudar o mundo" – é assim que os proponentes do efeito Maharishi o chamam.[27] Uma idéia fantasista e inovadora, vinda do Extremo Oriente? É provável que não. Por quase duas décadas, um quadro de sociólogos, psicólogos, matemáticos, bioquímicos, fisiologistas, educadores e físicos vem estudando cientificamente os efeitos daquilo que chamam "um quarto estado de consciência [além do sono, do sonho e da vigília comum], fisiológica e bioquimicamente singular."[28] A abordagem tem sido tão cientificamente rigorosa que deixou os críticos de boca aberta.

O que é o efeito Maharishi? É o processo pelo qual o ambiente social torna-se mais harmonioso e coeso, em conseqüência da participação de um grupo de pessoas em experiências de "consciência pura".

E o que é afinal "consciência pura"? É um estado mental, evidentemente conhecido há milênios, no qual os conteúdos específicos da mente – todas as imagens e pensamentos – ficam em segundo plano, deixando apenas a "consciência sem conteúdo" como experiência primária. Simplificando, é a "mente sem pensamento" – por mais inconcebível que seja essa noção para nossas mentes modernas, ocupadas e barulhentas.

Durante toda a história, muitas tradições espirituais versavam de maneira clara e convincente sobre esse estado de consciência. Ele é descrito, por exemplo, como "pura contemplação", pelo autor desconhecido do influente tratado do século XIV, *The Cloud of Unknowing* [A Nuvem do Desconhecimento].[29] É chamado de a experiência do "amor puro", por São João da Cruz, no século XVI.[30] Na tradição judaica é chamado de o "Nada Divino" ou "o Zero", que, segundo o fundador do movimento hassídico, o Ba'al Shem Tov, "traz vida nova a este mundo".[31] E na tradição zen, o estado de pura consciência é equivalente ao vazio mental que precede o *satori* ou iluminação.[32]

Porém, o que é novo no nosso tempo é a relação entre esse estado e a análise científica. E o que a ciência tem a dizer sobre a experiência do Nada Divino que, segundo se pretende, pode mudar o mundo?

Em primeiro lugar, essa experiência é mais do que uma idéia ou um pensamento etéreo. Alterações *físicas* importantes acompanham a condição de não-mente. Durante esse estado de consciência, o corpo fica muito tranqüilo, atento e desperto, apesar de uma diminuição geral no ritmo do metabolismo. A respiração torna-se drasticamente mais lenta, o ritmo cardíaco diminui, a resistência da pele (uma medida do relaxamento) aumenta bastante, e as ondas cerebrais medidas pelo eletroencefalograma (EEG) tornam-se mais coerentes entre as diferentes partes do cérebro. Trata-se de um quadro diferente de qualquer outro dos três estados normais de consciência – a vigília, o sono ou o sonho. Essas mudanças também não se verificam sob hipnose, onde não há um padrão fisiológico consistente.

Mas não só o *corpo* se comporta de modo coerente durante a experiência de consciência pura; a experiência *subjetiva* desse estado também segue um padrão típico. Conforme relatou J. T. Farrow, a respeito de seus pacientes:

> [Há uma mudança gradual] caracterizada por um estado mental cada vez mais tranqüilo e ordenado, por uma expansão da consciência, e por uma redução das fronteiras da mente, até que, de repente, alcança-se um estado de "ilimitação"... essencialmente o mesmo para diferentes pessoas.[33]

Durante a experiência de consciência pura, a percepção do aqui-e-agora desaparece gradualmente e a pessoa se funde com algo maior do que o eu individual. Isto parece ser idêntico ao estado de Realidade Não-localizada descrito anteriormente, em que se transcende o ego e a percepção do eu individual.

Um momento crucial na moderna compreensão do estado de consciência pura ocorreu em 1974, numa reunião em Arosa, Suíça, que tratou da pesquisa científica nessa área. A reunião foi amplamente interdisciplinar, com cientistas de várias categorias. No encontro também estava Maharishi Mahesh Yogi, o criador da famosa MT, ou técnica de meditação transcendental baseada na tradição védica da antiga Índia. Durante a conferência, o Maharishi sugeriu que, se ao menos 1 por cento de uma dada população começasse a meditar e experimentasse a consciência pura, os restantes 99 por cento também seriam afetados. Além do mais, a mudança não ocorreria devido a alguma coisa que os meditantes fizessem ou dissessem, mas somente como resultado da experiência da consciência pura em si mesma. No geral, a sugestão foi não ortodoxa, conflitando com a noção ainda corrente de que a consciência encontra-se inteiramente dentro do cérebro. Mas o Maharishi estava postulando um efeito não-localizado, em que a consciência comportava-se mais exatamente como um campo, estendendo-se além do cérebro e do corpo.

A idéia por certo era não-ortodoxa, mas podia ser testada, e o sociólogo Garland Landrith assim o fez. Ele descobriu que em 1973, o ano mais recente para o qual todos os dados necessários estavam disponíveis, entre aquelas cidades dos Estados Unidos com população de 25.000 pessoas ou mais, onze delas tinha 1 por cento ou mais de seus habitantes praticando a técnica de MT. Para estabelecer uma comparação, ele selecionou onze cidades que tinham menos de 1 por cento de praticantes de MT, mas que assemelhavam-se às "cidades de 1 por cento" em termos de população, região do país, contingente universitário e tendências anteriores de taxas de criminalidade. Landrith descobriu que, para as cidades de menos de 1 por cento de praticantes, as taxas de criminalidade entre 1972 e 1973 seguiam a tendência nacional, aumentando em média 8,3 por cento. Mas, em *cada uma* das cidades de 1 por cento, havia uma *diminuição* nas taxas de criminalidade de 8,2 por cento. A probabilidade de que isso fosse uma decorrência do acaso era de menos de um em mil.[34]

Desde então, as descobertas de Landrith têm sido confirmadas em vários outros estudos, que utilizam uma série de sofisticadas medidas estatísticas e procedimentos de colheita de dados bem conhecidos dos cientistas sociais.

Entretanto, muitos críticos não acreditaram nesses resultados; sugeriram que a correlação entre porcentagem de praticantes de MT e diminuição das taxas de criminalidade era uma coincidência, e que algum fator, ou fatores, desconhecidos, poderia explicar esses números. Na verdade, eles afirmaram que a "correlação" não era suficiente, e que não havia sido estabelecida uma relação de causalidade entre porcentagem de praticantes de MT e melhoria na situação da sociedade. Os pesquisadores arrostaram de frente essas objeções. Assim, em muitos dos estudos subseqüentes, empregaram-se técnicas extremamente sofisticadas para determinar a causalidade, tais como a "análise do quadro de retardamento cruzado". Estes resultados, tomados conjuntamente, levaram o professor David Orme-Johnson a calcular que *a probabilidade da associação entre porcentagem de praticantes de MT e declínio subseqüente da taxa de criminalidade ser uma coincidência era de. . . menos de um em cinco bilhões*.[35]

Na Convenção de American Psychological Association, ocorrida em Los Angeles em 1981, o psicólogo Michael Dillbeck expôs resultados segundo os quais, entre 160 cidades norte-americanas selecionadas aleatoriamente, o padrão de associações entre a porcentagem de praticantes de MT e a taxa de criminalidade revelada na análise do quadro de retardamento cruzado era *inequívoco*: os aumentos na porcentagem de praticantes de MT *causavam* as diminuições da taxa de criminalidade, e não apenas correlacionavam-se com elas.[36] Além disso, Dillbeck confirmou esse resultado numa amostragem aleatória adicional de oitenta áreas metropolitanas dos Estados Unidos.[37]

Desde então, os sociólogos estudaram os efeitos da meditação em várias cidades, coligindo ampla variedade de indicadores da qualidade de vida. Estes incluem a incidência de suicídio, homicídio, divórcio, casamento, morte, fatalidades no trânsito, mortes causadas por cirrose alcoólica, estupro, roubo, agressão, arrombamento, furto, furto de automóvel, desemprego, vendas de cerveja e cigarro, total de empregados, e até índices ambientais, como dias de sol e poluição por monóxido de carbono e ozônio.[38] Estados inteiros, e não só cidades específicas, foram examinados utilizando-se as mesmas técnicas analíticas originalmente usadas nas áreas metropolitanas. Além do mais, foram feitas experiências em que centenas de meditadores são *inseridos* em áreas problemáticas, como países estrangeiros que se encontram em situação de caos político e social.[39] Mais uma vez, empregando as mais sofisticadas técnicas analíticas disponíveis aos modernos sociólogos e criminologistas, os resultados parecem mostrar de forma incontestável que algo como uma Mente Grupal está em operação – isto é, quando um grupo de pessoas intencionalmente entra num estado de consciência em que a percepção do Eu Ilimitado é vivenciada, o mundo simplesmente muda para melhor.

A ciência clássica não pode explicar o efeito Maharishi. Ela não tem qualquer explicação para a ação de algo tão etéreo como a "mente" sobre realidades concretas e materiais. Mas alguns cientistas, atentando para novas visões e descobertas, começaram a especular com algumas possíveis explicações para esses fenômenos.

Há certos sistemas físicos – os *lasers*, por exemplo –, onde uma mudança com vistas ao ordenamento numa pequena parte pode ser amplificada para alterar o sistema como um todo. Os cientistas chamam essa mudança de "transição de fase". Outros exemplos de gênero ocorrem largamente na natureza. A água existe em forma gasosa como vapor. À medida que a temperatura do vapor é reduzida, a água passa por uma fase de transição, primeiro para o estado líquido e depois para o estado sólido, o gelo, onde sua disposição interna é extremamente ordenada. Outros exemplos são os fenômenos de superfluidez e supercondutividade. Se a temperatura do hélio líquido for baixada a alguns graus acima do zero absoluto (-273 k), tem lugar um evento notável: o hélio líquido sofre uma transição de fase, transformando-se num superfluido, um quarto estado da matéria que é diferente do gasoso, do líquido e do sólido. No estado de superfluido, o hélio comporta-se de maneira estranha. Pode escapar de recipientes de vidro, tornando-se "incontido". Sua resistência ao fluxo é zero, e a capacidade de conduzir calor é infinita – propriedades devidas ao alto grau de ordenamento ou coesão que se desenvolve entre os átomos de hélio. Todos os átomos individuais "comportam-se como um único átomo de hélio; as propriedades da mecânica quântica do átomo manifestam-se em escala macroscópica".[40]

Outros elementos, tais como o chumbo, exibem comportamento similar. Reduzida a temperatura do chumbo para alguns graus acima do zero absoluto, seus elétrons se arranjam em pares. Tornam-se coesos entre si, no sentido de que sua natureza de onda, plenamente descritível pela mecânica quântica, torna-se sincronizada (sobre a mecânica quântica e a natureza onda/partícula da matéria, ver adiante). Este novo ordenamento permite que novas propriedades subitamente se manifestem, propriedades como a supercondutividade, que não existia antes de ocorrer a coesão.

Tal coisa poderia acontecer com os estados de consciência? Se um certo número de mentes se tornassem "mais coesas e ordenadas" isto poderia mudar a sociedade como um todo? Uma subpopulação de mentes individuais poderia causar uma "transição de fase" na mente coletiva? Se a consciência for de fato não-localizada, como vimos argumentando, o problema da separação espacial das mentes em cérebros individuais deixaria de ser uma barreira, e haveria um modo automático da informação circular de mente para mente.

Essa possibilidade talvez não seja tão artificial como pode parecer. A possibilidade de sincronização entre os padrões de ondas cerebrais em seres humanos já foi demonstrada em vários experimentos, mesmo quando os indivíduos estão isolados um do outro e bastante separados. Numa experiência, quando os indivíduos tentaram comunicar-se simplesmente tornando-se cientes da presença um do outro, eles "sentiram que misturavam-se entre si", e os registros de suas ondas cerebrais tornaram-se praticamente idênticos. Isto sugeriu aos pesquisadores que "campos neuronais" podem interagir e alterar-se mutuamente.[41] E, recentemente, foram desenvolvidos modelos matemáticos sugerindo que uma rede de neurônios pode exibir transições de fase para estados ordenados na forma de padrões de atividade persistentes.[42]

O físico Lawrence Domash propôs que o grau de consciência pura pode estar relacionado ao grau de ordenamento interior dos bilhões de neurônios cerebrais. O valor da MT ou de técnicas similares está em oferecer um meio para intensificar a transição da desordem para a coesão – desestimulando o sistema nervoso, ou baixando sua "temperatura mental", por assim dizer –, permitindo que efeitos inauditos transfiram-se das subpopulações para toda a massa. No caso da água, do hélio líquido ou do chumbo, a "massa" seria apenas a quantidade de substância física existente no experimento; no caso da mente, seriam *todas* as mentes, por causa da natureza não-localizada da consciência.[43]

O físico John S. Hagelin, reconhecido como um líder na tentativa de unificar as quatro forças fundamentais da natureza numa única estrutura teórica (uma teoria do campo unificado), sugere que a experiência de consciência pura – a "expansão infinita sem limites" que as pessoas costumam descrever – é na verdade uma experiência direta do campo unificado.[44] Nesse estado, as qualidades de totalidade, completude e unidade do campo unificado são diretamente apreendidas pela psique, e a percepção do intemporal e do infinito salta para a consciência. Estes são os momentos de experiência de não-localização, durante os quais, como disse Whitman, "de nada valem o tempo e o lugar – a distância nada vale".

As implicações do efeito Maharishi obviamente são enormes. Seria tolice ignorar a possibilidade de que o ingresso voluntário de um grupo de pessoas num estado específico de consciência possa literalmente mudar o mundo para melhor. Enquanto os políticos e estadistas se debatem com a tarefa aparentemente impossível de realizar a ordem no mundo através dos meios tradicionais, devemos reconhecer que podem haver outros caminhos para realizar a ordem e a harmonia, candidamente singelos e eficientes. Estes caminhos dependem de algo tão simples quanto sentar-se, clarear a mente e entrar num estado de consciência único – nada de gastos colossais com a defesa, nada de envolvimento em políticas exterminadoras, apenas a "ação da não-ação" e a experiência do "Nada Divino", "o Zero", a Mente Una, a percepção não-localizada do eu.

Não devemos descartar essas idéias porque parecem extravagantes, "orientais", "psíquicas", ou de alguma forma ofensivas à nossa mente ocidental. Na verdade, são idéias genéricas: são essencialmente humanas, fazendo parte do legado de nossa espécie, e suas origens perdem-se na antigüidade. Se perdemos contato com elas, se elas nos ofendem, talvez seja esta a razão por que o mundo oscila à beira de um abismo: aos poucos nos esquecemos de o que é estar realmente consciente. Estas idéias nos convidam mais uma vez a acordar, tornando-nos assim plenamente conscientes.

Implicações para a Cura: Medicina da 3ª Era

Acompanhando a história da medicina desde o alvorecer da era da ciência, podem-se ver todas as formas de terapia estabelecendo-se em certos períodos ou eras. A 1ª Era poderia ser chamada de "medicina materialista". Nesta Era, que compreende a maior parte dos últimos cem anos no Ocidente, a ênfase está no corpo material, visto principalmente como uma máquina complexa. A medicina da 1ª Era é guiada pelas leis da energia e da matéria estabelecidas por Newton há trezentos anos atrás. De acordo com esta perspectiva, o universo e tudo que há nele – incluindo o corpo – é um vasto mecanismo que funciona segundo princípios determinísticos. Os efeitos da mente e da consciência estão ausentes, e todas as formas de terapia devem ser de natureza física – drogas, cirurgia, irradiação, e todas as demais.

A medicina da 1ª Era foi um grandioso passo adiante na história da cura. Suas realizações falam por si só e são por demais numerosas para serem citadas; entre elas estão as "curas maravilhosas" deste século. Tão significativas são essas realizações que a maioria das pessoas acredita que o futuro da medicina ainda repousa solidamente nas abordagens da 1ª Era.

Há cerca de duas décadas atrás, porém, outro período singular na história da cura começou a tomar forma – a 2ª Era, ou medicina "mente-corpo". Pela primeira vez desde o advento da medicina científica, começou-se a atribuir importância à mente ou consciência nas mudanças do corpo. Foi possível demonstrar cientificamente que percepções, emoções, atitudes e significados percebidos afetam a carne, às vezes de forma dramática. Essas influências não são irrelevantes. Às vezes são uma questão de vida ou morte. Todas as principais doenças atuais – moléstias cardíacas, câncer, hipertensão, e outras – são influenciadas, ao menos em certo grau, pela mente.

Desde o alvorecer da medicina da 2ª Era, surgiu uma variedade de terapias que dependem do "poder da mente". A biorrealimentação, a meditação e várias outras formas de relaxamento mostraram ser benéficas à saúde, sendo muito comuns hoje em dia. Elas não conflitam com as terapias da 1ª Era, mas existem lado a lado com elas numa relação complementar. Por vezes as duas abordagens têm-se unido, conduzindo a disciplinas inteiramente novas na medicina, como o campo em desenvolvimento da psiconeuroimunologia.

A principal diferença entre a 1ª e a 2ª Eras é de que esta atribui um poder causal à mente, o que faltava naquela. Contudo, as duas têm muito em comum: ambas são de natureza localizada. Isto é bastante óbvio na 1ª Era, com sua ênfase numa mente presa ao cérebro, e num corpo individual que ocupa um local específico no espaço e uma certa duração de tempo. Mas a 2ª Era também é uma abordagem localizada. Ela enfatiza a mente e a consciência da pessoa operando no corpo individual – tudo dentro da estrutura espaço-temporal localizada da 1ª Era.

Muitos entusiastas acreditam que a medicina mente-corpo da 2ª Era é a forma de terapia definitiva, e que nada melhor será desenvolvido. Que tipo de medicina poderia ir além da ação da consciência pessoal sobre o próprio corpo? Mas, por mais que tenha sido importante o avanço da medicina da 2ª Era, agora podemos ver que ela, tal como medicina da 1ª Era, também é limitada e incompleta. Há muitos fenômenos que não se consegue explicar. Portanto, hoje podemos prefigurar um estágio mais avançado – a 3ª Era, ou "medicina não-localizada".

A medicina da 3ª Era é a primeira forma de terapia genuinamente não-localizada a surgir na esfera da ciência. Assim como a medicina de 2ª Era, ela enfatiza o poder causal da consciência; porém, não considera que a mente opere apenas dentro do corpo humano individual ou mesmo numa única vida. Na concepção da 3ª Era, as mentes se espalham através do espaço e do tempo; são onipresentes, infinitas e imortais; e em última análise são unas, conforme descrevemos do princípio ao fim deste livro. E, ao contrário da 1ª e 2ª Eras, na 3ª Era a saúde e a cura não são questões meramente pessoais, mas coletivas.

A medicina da 3ª Era constitui uma mudança fundamental em relação aos períodos anteriores, devido a seu princípio não-localizado. Isto é o que a torna tão diferente do que havia antes. Não se pode compreendê-la em termos das relações matéria-energia que governam a 1ª ou a 2ª Eras. Na 3ª Era não basta dizer que a "mente é importante". É necessário um outro passo, de caráter decisivo: o reconhecimento não só de que a mente é importante, *mas de que é não-localizada.*

É preciso postular uma medicina da 3ª Era porque, se isto não for feito, muitos dados científicos, alguns dos quais já examinados, ficarão sem explicação. Os exemplos mais provocativos são os fenômenos de terapia não-localizada, tais como as pesquisas com prece do cardiologista Randolph Byrd, analisadas no Capítulo 2. Experiências que mostram a ação curativa da mente sobre sistemas biológicos simples, como as pesquisas de Spindrift, também são relevantes. E o efeito Maharishi mostra como ambientes inteiros, cidades e países podem ser curados por meio da ação não-localizada da mente. Estes efeitos terapêuticos não podem ser explicados no âmbito de uma estrutura localizada. É preciso um modelo adicional de realidade terapêutica, que seja não-localizado.

A idéia de três eras separadas na evolução da medicina científica corresponde às concepções do renomado físico e cosmólogo John Wheeler, que propôs três eras para a física. Em 1984, no encontro anual da American Physical Society, o professor Wheeler descreveu a 1ª Era da física como caracterizada pelo trabalho de Galileu e Kepler; e a 2ª Era, pelas visões de Newton, Faraday, Maxwell e Einstein. A última etapa, segundo ele sugere, é a 3ª Era, ou "física do significado". Por que "física do significado"? Porque quando os observadores tomam medições ao nível quântico da natureza, cria-se um significado, que Wheeler define como "o produto comum de toda a evidência disponível àqueles que se comunicam". A presença de significado também requer "liberdade de formular, escolher a questão a ser colocada, decidir. . ." – expressões que imediatamente sugerem a importância da mente.

Há algo na física da 3ª Era que corresponde à 3ª era da medicina? Talvez. Na medicina da 3ª Era, a mente existe de modo não-localizado no espaço e no tempo, estendendo-se além do cérebro e do corpo individual. Na física da 3ª Era, algo semelhante pode estar acontecendo. Wheeler sugere que a "comunidade de comunicadores" que estabelece o significado "remonta aos primórdios da história evolutiva, passa pelos dias de hoje, projetando-se num futuro que não sabemos avaliar. Com uma vasta extensão no tempo, e também no espaço. . . a comunidade é tão grande a ponto de permutar evidência e construir significado. . . . O que um comunicador faz ou deixa de fazer é importante. . ." Assim, as semelhanças entre a 3ª Era da física, de Wheeler, e a 3ª Era da medicina, são notáveis: a "comunidade de comunicadores" agindo através do espaço e do tempo parece compartilhar dos atributos da Mente Universal.[45]

Mas é importante reconhecer que a 3ª Era da medicina vai além da física e não pode ser completamente derivada desta. Mesmo na 3ª Era da física, ainda é possível aos materialistas vincular a mente, a consciência e o significado a processos físicos ocorrentes no interior do cérebro. Nesta visão, não há "nada de especial" na mente e no significado, porque eles são o mero resultado do jogo dos átomos. A medicina da 3ª Era nega esta explicação. Ela atribui poder causal à mente, e postula que esta pode fazer o que o cérebro não pode – como, por exemplo, comportar-se de modo não-localizado no universo. Na 3ª Era, a mente, e não a matéria, é fundamental. Como diz o filósofo Willis Harman, a consciência – e não a matéria – estava aqui primeiro. É importante reconhecer que a medicina da 3ª Era não rejeita as grandiosas realizações da 1ª e da 2ª Eras; ela as respeita e as inclui de forma complementar e não antagonística. Muitas pessoas não entendem isso. Tendo descoberto o potencial terapêutico da mente, a terapia para elas passa a ser "só mente". Podem reagir com horror às terapias da 1ª Era, como se fosse um terrível lapso ético empregar outra coisa que não a mente para se curar. Porém, assim como a física da 3ª Era não eliminou ou descartou as Eras 1 e 2, mas incluiu-as, também a "medicina não-localizada" da 3ª Era inclui aquelas formas de terapia que a precederam. Ela reconhece que estas ainda se aplicam em certas situações. Portanto, a medicina da 3ª Era não exige que eliminemos os métodos baseados na realidade física da 1ª Era, ou as terapias mente-corpo da 2ª Era; apenas acrescenta uma outra dimensão que vai além dessas limitações.

Medicina da 3ª Era: o Lado Negro

Temos examinado neste livro os aspectos positivos da medicina da 3ª Era. Assim, podemos ser tentados a pensar que os efeitos da mente, atuando de modo não-localizado, são sempre bons. Mas há um lado negro dos efeitos da mente não-localizada. A medicina de não-localização nem sempre é um "mar de rosas".

A Mente Una coletiva pode ocasionar a doença bem como a cura. Nela o "bem" tem sua força, mas o mesmo acontece com o mal. Por exemplo, crianças educadas em famílias onde há maus-tratos, onde uma força psicológica negativa coletiva parece pairar sobre toda a unidade familiar, não crescem normalmente. Não só são perturbadas psicologicamente, mas mesmo seu desenvolvimento físico pode ser dramaticamente retardado. Este processo pode estender-se a unidades populacionais cada vez maiores, mesmo a nações. Um exemplo moderno óbvio é a Alemanha nazista, onde uma força tenebrosa parecia envenenar no plano coletivo as mentes de uma grande nação. Ninguém está seguro contra este lado negro da mente coletiva – e isto é evidenciado pela forma inconsciente com que quase todos contribuem para a poluição e a degradação da Terra, através do consumo descuidado de bens materiais que talvez sejam desnecessários para nosso sustento.

O psicólogo C. G. Jung chamou esse lado negro da psique humana de "sombra". Nós não a admitimos porque é desagradável confrontá-la; assim, ela fica enterrada no inconsciente. A existência do lado negro significa que há uma paradoxal combinação de bem e de mal, existindo coletivamente e manifestando-se no que Jung chamou de forças arquetípicas. Devido à nossa inconsciência em relação a elas, não reconhecendo sua existência, estamos continuamente sob o risco de sermos suas vítimas. Mas Jung costumava salientar que corremos o risco de sucumbirmos não apenas ao lado negro ou maligno de nós mesmos, mas também ao lado "bom". Pois quando nos alinhamos totalmente com o bem, a sombra opera sem oposição, e pode tornar-se a fonte de inesperadas tormentas para o ser humano.

Uma das debilidades da medicina mente-corpo da 2ª Era é a negação do lado sombrio e escuro de nós mesmos. A tendência é atribuir tudo o que acontece à própria pessoa. Se a mente individual pode influenciar o corpo, de algum modo cada indivíduo deve ser o responsável pelo que lhe acontece de negativo. Como resultado desta perspectiva narcisista, auto-orientada e localizada, a medicina da 2ª Era encontra grandes dificuldades em explicar "por que coisas ruins acontecem com pessoas boas".

Mas na medicina da 3ª Era – como Jó há muito tempo compreendeu –, a situação é diferente. Por ser a Mente Universal, de que participam nossas mentes individuais, um *complexio oppositorum* – um completo de opostos, para utilizar um termo de Jung –, a luz e a sombra existem juntas como partes legítimas de um todo. Se nos apegamos à luz e negamos a sombra, não compreendemos o todo quando o vivenciamos, e somos acometidos pela força devastadora da tragédia, da doença e da morte. Somente através do reconhecimento consciente da complexidade do todo podemos evitar ser arruinados quando coisas ruins acontecem.

E elas acontecerão, apesar da "New Age" insistir em afirmar que, na "consciência superior", nós experimentamos apenas a luz e eliminamos a sombra, o mal, o ruim. A medicina da 3ª Era nega esta possibilidade em princípio, pois reconhece que Deus e a Mente Universal são um Todo, do qual nada está excluído – nem a doença nem a tragédia.

Há, portanto, um lado negro e terrível da Mente Universal que é raramente reconhecido pelas filosofias da Califórnia. Mas, curiosamente, admiti-lo – *conhecê-lo* tão profundamente quanto pudermos – equivale a libertar-nos da tirania desse lado negro e do fustigamento periódico que ele provoca. Ao *percebermos* esta aspecto inconsciente de nós mesmos – "criando consciência", como dizia Jung –, podemos ficar livres do labirinto.

A medicina da 3ª Era, então, não é utópica. Ela não promete uma existência sem problemas. Aqueles que acreditam na medicina da 1ª Era apresentam róseos prognósticos, onde o progresso científico é o nosso salvador; os defensores da 2ª Era com freqüência fazem o mesmo, acrescentando o "poder da consciência" ao poder da ciência materialista. Ao contrário, a medicina da 3ª Era nega uma tal visão, afirmando que uma plena participação na Mente Universal nos levará à percepção do *Todo* – os lados luminosos e sombrios da experiência humana. Se esta perspectiva parece funesta, não é necessário que assim seja. Pois, de mais a mais, a única perspectiva real de tranqüilidade e felicidade encontra-se na possibilidade de se tornar verdadeiramente consciente – de reconhecer *tudo* o que constitui o eu, e não só parte dele.

A Mente Não-localizada e a Medicina Moderna

Concluindo a nossa análise das implicações para a saúde dos modelos não-localizados da realidade, vamos dar uma última olhada na medicina moderna. "Moderna" é uma palavra com características genuinamente localizadas, e "medicina moderna" é um termo localizado, do aqui-e-agora. Implica uma medicina que seja recente, nova, contemporânea e "de agora", em oposição a formas de terapia antigas, obsoletas e fora de moda, cujo tempo já passou. Nosso conceito de "moderno" requer um tempo linear, um tempo em que o "agora" está isolado do passado e do futuro – o tempo fluente do senso comum.

Mas recordemos que, em toda a história da ciência, nenhum experimento jamais demonstrou que o tempo flui. Nossa fixação nas divisões rígidas de tempo pode ser ilusória. E se as paredes que separam o passado, o presente e o futuro não forem impenetráveis? E se as ações médicas puderem existir "o tempo todo" e influenciar umas as outras, violando as barreiras temporais, assim como faz a mente, conforme temos demonstrado? Quais seriam as implicações para a medicina moderna?

Tal possibilidade é levantada pelo modelo não-localizado proposto pelo biólogo Rupert Sheldrake, cuja hipótese da causação formativa já examinamos no Capítulo 8. Segundo Sheldrake, cada novo evento na natureza cria um campo morfogenético, o que torna mais provável a ocorrência de um evento similar. O evento subseqüente, por sua vez, fortalece o campo que lhe deu origem e, assim, a influência desses campos tende a ser cumulativa no tempo. O resultado é a criação de "hábitos" maleáveis na natureza, por oposição a leis imutáveis e rígidas. Pode-se conceber eventos imortais, existindo através do tempo na forma de campos morfogenéticos, afetando outros eventos e sendo afetados por eles.

E se o "evento" considerado fosse alguma espécie de arte terapêutica – uma que "funcionasse"? De acordo com a hipótese de Sheldrake, ela manifestaria um campo morfogenético como qualquer outro acontecimento, aumentando a probabilidade de que terapias semelhantes "funcionassem" no futuro. Esses eventos subseqüentes também iriam somar-se à força do campo que os moldou, criando um "hábito terapêutico" na natureza. Temos aqui a arquitetura de uma grande drogaria cósmica, uma coleção de terapias cujo poder persiste no tempo. Qualquer técnica que desse certo uma vez apresentaria uma probabilidade maior de dar certo novamente no futuro – a "terapia natural" fundamental. Com o passar do tempo, esses campos poderiam tornar-se muito fortes, perpetuando-se por si próprios, e algumas terapias se revelariam bastante confiáveis.

Se a hipótese da causação formativa de Sheldrake tiver sua validade provada, seria extremamente sensato desenvolver um certo respeito pelos "métodos antigos". Em vez de abandonar certos tratamentos, considerando-os fora de moda, admitiríamos que pode haver um valor inerente no fato de eles terem sobrevivido por milênios. "Fora de moda" tornar-se-ia então um termo digno de respeito, e não pejorativo. Se entendemos ou não *como* eles funcionam, isto não viria ao caso; o fato de eles ainda estarem por aí poderia dizer algo sobre sua confiabilidade. E não seria muito certo falar que eles perduram porque funcionam, pois se o processo bidirecional da causação formativa for correto, o inverso também é verdadeiro: eles dão certo porque perduram.

Muitas das terapias antigas nos ocorrem como exemplo. Vários métodos xamanísticos; banhos e águas minerais; ervas; o uso de ar fresco e do brilho do sol; o sono e os sonhos; o simples exercício e movimento; a prece; a imposição das mãos e formas similares de cura psíquica – todas essas terapias têm persistido por milhares de anos.

Parece provável que no alvorecer da história, quando não existia nenhuma forma de terapia a que se pudesse recorrer, os métodos de cura primeiramente empregados foram de natureza minimalista – atividades simples como a sugestão, a conversa, o toque, o olhar, o ficar em silêncio para ajudar a pessoa doente. Estas ferramentas envolviam um certo modo de *ser*. E, começando com a primeira utilização dessas "terapias do ser", seus campos morfogenéticos foram fortalecidos com cada sucesso subseqüente.

Mas em nosso tempo, praticamente repudiamos as terapias do "ser". Referimo-nos a elas pejorativamente como "efeitos placebos", sugerindo que de algum modo são irreais. E sempre que possível, substituímo-las pelas terapias do "fazer", tais como as drogas ou a cirurgia. Assim abandonamos muitas das terapias antigas, através das quais podem existir poderosos e invisíveis campos morfogenéticos depondo a favor de sua preservação.

Mas surgem também novas terapias, e novos campos têm início. Às vezes são tão poderosos que persistem no tempo sem a orientação e apoio de campos anteriores. Os modernos anestésicos, as vacinas, certas drogas e procedimentos cirúrgicos sem dúvida pertencem a esta categoria. Os melhores métodos nem sempre pertencem ao passado, pois são possíveis a inovação e a criatividade genuínas.

Mas os campos em si mesmos são imparciais ou neutros. Podem estar associados a terapias negativas, nocivas, bem como àquelas que são benéficas. A trepanação, por exemplo – a antiga prática de fazer furos no crânio – perdurou por milênios, e não há dúvidas de que tenha causado tormentos e mortes inenarráveis. E a antiga prática do sangramento, que só recentemente saiu de moda no Ocidente, pode ser incluída na mesma categoria. Mesmo hoje, as terapias possuem um impulso todo próprio que por vezes excede qualquer lógica que possam conter. Um exemplo recente foi o uso da mastectomia radical no tratamento de câncer da mama, muito tempo após estes estudos terem demonstrado que uma simples lumpectomia propiciava resultados iguais. É esperado que todas as terapias gerem campos morfogenéticos próprios, sejam bons ou maus. Talvez por isso tantas terapias "teimem em não morrer".

Se somos sempre arrebatados até certo ponto pelo impulso das terapias – pela força de seus campos morfogenéticos, na terminologia de Sheldrake – como distinguiremos as boas das más? Se os "hábitos da natureza" podem sobrepujar a racionalidade e a lógica, se podemos continuar a empregar terapias apesar de sua inutilidade, como vamos nos proteger contra a auto-ilusão? É aqui que a ciência empírica pode ajudar bastante, na forma de ensaios clínicos bem-planejados que possam testar novas formas de terapia.

Uma das implicações mais interessantes da teoria do campo morfogenético para a medicina dá-se no domínio do pensamento e do comportamento. Os pensamentos, como já vimos, podem estabelecer seus próprios campos morfogenéticos, que ajudam a manifestar eventos. É possível imaginar o que aconteceria quando uma forma de terapia com efeito negativo fosse utilizada por um poderoso curandeiro cujos pensamentos são altamente terapêuticos por obra de um campo morfogenético "positivo". Aqui podemos ter efeitos negativos e positivos lançados um contra o outro, mediados por seus respectivos campos. É bem provável que tenha havido um número incalculável de terapias pavorosas, utilizadas durante toda a história, que pareceram ser eficazes porque eram empregadas por curandeiros que possuíam qualidades positivas intrínsecas. Assim, terapias inconsistentes podem perdurar porque são usadas por bons curandeiros. E o princípio certamente opera na outra direção também: técnicas excelentes podem ser sabotadas pelos efeitos negativos de campos morfogenéticos gerados por "curandeiros" pavorosos.

O reconhecimento de que cada ato terapêutico gera um campo morfogenético que pode se fortalecer com o passar do tempo implica que hoje os curandeiros possam recorrer às habilidades de incontáveis curandeiros do passado. Isto eleva o esforço de cura ao nível de um empenho coletivo, com raízes nos tempos antigos. O curandeiro atual não está sozinho. Seus esforços somam-se aos dos predecessores através de efeitos cumulativos de ressonância mórfica, e pelo processo bidirecional pelo qual se formam os campos morfogenéticos. Conseqüentemente, o curandeiro de nossos dias pode convocar o poder de todos os curandeiros do passado como nunca deixaram de fazer os xamãs. A cura não é, assim, uma atividade tão solitária quanto pode parecer, pois cada curandeiro opera dentro de um contexto maior, e portanto remete o paciente a uma grande comunidade interligada do espírito.

Isso deveria vir como um alívio para o paciente. Toda vez que este tem uma consulta com um médico, milhares, milhões, de outros médicos são instantaneamente chamados para o caso. O médico em ação fica ombro a ombro com esses predecessores, cujos pensamentos e atitudes estão presentes de modo não-localizado – em todo lugar e em cada momento – através de seus campos morfogenéticos. Se os pacientes estivessem realmente conscientes de que esse poder de cura poderia ter efeito sobre sua doença, isto geraria uma forte expectativa de melhora. Tal expectativa produziria uma força curativa nada insignificante, uma vez que já foi demonstrado que a expectativa pode alterar o organismo de forma dramática.

Além do mais, a solidão que o doente sente poderia ser atenuada pelo conhecimento de que ele ou ela está sendo atendido não só pela pessoa de um médico, mas por todos os demais curandeiros da história. O medo e a tristeza de se encontrar em dificuldades no tempo linear, abandonados num presente que constantemente se esvanece, e que inevitavelmente leva o indivíduo à extinção, seriam aliviados se pudéssemos realmente entender a natureza não-localizada de nós mesmos. Pois este conhecimento garante que nunca estaremos sozinhos e isolados, mesmo se tentarmos.

A hipótese de Sheldrake, portanto, postula a existência de uma rede de cura vasta e não-localizada. Esta qualidade nos permite convocar todos os curandeiros e todo o poder de cura, do passado e do presente, quando deles precisarmos.

11
A Vingança da Fada Madrinha

Hoje percebo e sinto que minhas visões devem sair de meus próprios humores, por meu próprio esforço – pelo duro caminho antigo.

Desconfio de visões que nos chegam pela vida fácil. . . . A verdadeira visão, o êxtase maior, não vem daí.

Lame Deer
Curandeiro dacota[1]

A pequena canção que diz – "eu gosto, eu não gosto" . . . – cria dissonância com a canção maior. Hoje somos chamados a cantar uma canção de unidade.

Dhyani Ywahoo
Professor cherokee[2]

Na luta entre você e o mundo, defenda o mundo.

Frank Zappa

Suponha por alguns momentos que você pudesse ser Deus e planejar a sua própria saúde. Um corpo perfeito sem a agonia de inter-

mináveis aeróbicas e levantamentos de peso? Sem rugas nem pelancas? Congelado no tempo do jeito que você era antes de "perder" seu manequim ou sua aparência? Sem dores matinais, sem esses sinalizadores irritantes de que, não importa o quanto se possa lutar contra isso, você está morrendo lentamente? Qualquer coisa, qualquer coisa que desejar, é só pedir que será sua!

É como ser o personagem central de um conto de fadas. Um sujeito comum faz uma ação nobre e altruísta, algo bem além dos padrões. De repente, os ares se enchem de música, ouve-se um adejar de asas e a Fada Madrinha aparece. Como recompensa pela ação altruísta, confere-se a ele um único pedido. Agora a Fada Madrinha apareceu para *você*, permitindo-lhe fazer um único pedido - *qualquer* um – relativo à sua saúde. Não importa o que seja, será atendido.

Lembra-se de como terminavam muitos dos contos de fadas? Era freqüente não terem um final confortante onde "todos tivessem felizes para sempre". Lembra-se do pobre Rei Midas? Ele queria que tudo que tocasse virasse ouro – e conseguiu. A sua vida tornou-se uma tragédia. Como um alquimista onipotente, saiu por aí transmutando todas as coisas que amava nesse material morto e fulgurante. Ninguém estava a salvo dele. Ou então tome-se o conto de W. W. Jacob sobre o casal que pede duzentos dólares e os recebe como compensação pela morte acidental do filho. Depois eles pedem que ele volte à vida novamente, mas quando o vêem deformado, rapidamente o querem de volta à morte. Ou os camponeses que pedem grãos sem praganas, e descobrem que agora eles podem ser facilmente devorados pelos pássaros. E a rã que queria ser tão grande quanto um boi, e estourou. Até Freud utilizou uma história como esta em sua análise da realização do desejo. Ele nos conta sobre um casal briguento a quem foram concedidos três pedidos. A mulher gulosa pede salsichas, e as recebe. Isto enfurece o marido, que pede que elas fiquem presas ao nariz da mulher, e assim é feito. Então eles gastam o terceiro e último pedido para fazer com que as coisas voltem ao que eram antes.

Todas essas histórias terminam com uma irônica peculiaridade – a vingança da Fada Madrinha. Elas nos são apresentadas pela antropóloga Mary Catherine Bateson, que escreveu incisivamente sobre os paradoxos e dilemas advindos da excessiva entrega ao devaneio e à veleidade.[3] Bateson descobriu que esses contos são universais. Podem ser encontrados desde a América até a China, da Grécia clássica à Austrália. O fato de estarem espalhados por culturas de todo o mundo indica que aqui talvez haja uma sabedoria genérica que deveríamos considerar.

Se a Fada Madrinha aparecer para nós e oferecer qualquer pedido que seja relacionado à nossa saúde, estas histórias sugerem que tenhamos cautela. Deveríamos pedir uma vida interminável e perfeita? Talvez devêssemos pensar bem para que não sejamos vítima da vingança da Fada Madrinha. Pois suas histórias sempre incluem uma armadilha mortal. Elas nos levam a acreditar que, se uma pequena quantidade de algo é bom, mais é ainda melhor – o Rei Midas, por exemplo, pediu não apenas algumas moedas de ouro, mas todo um mundo dourado. Um momento de reflexão – que os personagens centrais das histórias da Fada Madrinha nunca param para fazer – nos diz que isto simplesmente não é verdade. Um pouco de potássio no sangue é bom, mas muito é mortal. A justa quantidade de hemoglobina é desejável, mas em demasia pode causar uma obstrução dos vasos sangüíneos, ataques cardíacos, e até a morte. E o dinheiro? São legendárias as histórias sobre seu poder corruptor, apesar de quase ninguém, mesmo o rico, achar que já possui o suficiente.

Ninguém sabe por certo por que as histórias da Fada Madrinha são tão disseminadas. Bateson sugere que elas podem desempenhar um papel na educação das crianças. Estas estão sempre pedindo as coisas mais extravagantes, sem dar trégua um só momento. Às vezes elas desejam coisas destrutivas, como a morte dos pais, dos irmãos ou de colegas. As histórias da Fada Madrinha talvez tenham surgido para ensiná-las que há perigos ocultos em se desejar de modo insensato. Os psicólogos dizem que as crianças devem aprender a desenvolver seu "princípio de realidade". Devem aprender a controlar os anseios de onipotência e os desejos de gratificação instantânea. A não ser que o façam, não poderão ser adultos eficientes e ajustar-se harmoniosamente à sociedade. Talvez as histórias da Fada Madrinha tenham surgido como ferramentas para incutir essas lições na cabecinha dos pequenos.

Porém, a sabedoria popular essencial que essas histórias contêm, segundo Bateson,

> ... aparentemente não teve efeito sobre nossa cultura.... Depois que os engenheiros e técnicos apoderam-se de um velho desejo humano e o realizam, percebemos que o resultado não corresponde à forte aspiração que tínhamos. A ânsia pela imortalidade não é satisfeita pela possibilidade de se manter artificialmente a vida vegetativa ou pela criogenia, e mesmo o sonho de voar está à léguas de distância da vivência que experimentamos quando, depois de uma espera interminável, somos conduzidos por um recipiente vedado, repleto de ar viciado, para outro aeroporto idêntico ao primeiro. A Fada Madrinha deve ir de nossos ineptos desejos.[4]

É bastante fácil encontrar exemplos que demonstram isso. O desejo de uma fonte de energia fundamental – um típico pedido feito à Fada Madrinha – trouxe consigo Chernobyl e Three Mile Island. Mas não se preocupe, dizem os defensores. Ainda temos mais dois desejos; agora, pediremos um ser humano perfeito para operar os reatores – alguém que não durma no turno da noite, que saiba quando pressionar e virar os botões certos. Mas nunca paramos para imaginar que tipo de pessoa poderia trabalhar deste modo. Um robô? Então recuamos com horror ao vermos que, com o segundo pedido, é necessário que nos transformemos em autômatos para que o serviço seja feito. Com o pedido que falta, solicitamos que as coisas voltem a um nível anterior, mais humano. Mas agora há o problema com o lixo radioativo que não desaparecerá e que ninguém quer no seu quintal. Bem, vamos nos desfazer dele também – mas não, pois os pedidos se esgotaram: é a vingança da Fada Madrinha.

Assim como acontece com a energia fundamental, ocorre com a arma ofensiva fundamental. Este é o nosso primeiro pedido. Agora que nos encontramos sob a ameaça da bomba, que está nas mãos do inimigo, somos forçados a utilizar o segundo pedido numa arma de defesa, como o sistema "Guerra nas Estrelas". Como mostra Bateson, essa seqüência de eventos tem uma característica mítica. Nos mitos, geralmente o herói recebe uma lança ou espada. Além disso, há uma defesa mágica que a acompanha – um anel mágico, um escudo, ou uma frase para ser repetida quando as coisas ficam difíceis. E, assim como nos mitos, os atuais proponentes do roteiro nuclear acreditam que o herói – nós mesmos, é claro – sairá vitorioso. Nem ao menos vamos precisar do terceiro pedido, pois o sistema de defesa funcionará conforme planejado. Enquanto isso, a Fada Madrinha está dando uma boa gargalhada.

Mais interiormente, talvez saibamos que a pretensa onipotência revelada nesse insensato festival de pedidos não tem qualquer base. Essa voz interior é conhecida pelo nome de *ambivalência*. A ambivalência funciona como um dispositivo de equilíbrio, um antídoto contra os excessos. A questão é que: (1) qualquer sonho, tomado literalmente, tem grande probabilidade de ser destrutivo; (2) o que nós *dizemos* não é realmente o que *queremos*; e (3) *sabemos* disso em algum nível inconsciente mais profundo. Como diz Bateson:

> Tudo indica que o que pensamos querer não é o que de fato queremos, e que, em algum nível, já temos consciência desse fato; disso, que conclusões podemos tirar? É possível que nós mesmos, pobres criaturas, bipartidas,

tendo a ambivalência como componente dos níveis mais profundos de nossa personalidade, coloquemos o bicho dentro da maçã e a debilidade no interior dos *O-rings*, embutindo falhas em tudo que fazemos; e isto não pode ser evitado. Cada vez mais confiamos nossas vidas e a saúde do planeta a tecnologias que requerem perfeição, e no entanto há boas razões para crer que podemos sabotá-las deliberadamente, numa reafirmação inconsciente da verdade da falibilidade. Afinal de contas, se ao menos pudéssemos aprender do desastre do ônibus espacial a lição da falibilidade, este aprendizado poderia salvar o mundo; porém, todo o mecanismo de investigação orientou-se para provar que os erros foram específicos e excepcionais, a ponto de ser possível atribuir culpas e recuperar a ilusão de que tais erros não ocorreriam no futuro. Talvez tenhamos de encontrar meios de recobrar a sabedoria antiga que protegia os seres humanos contra fantasias de onipotência, e fazer da falibilidade uma virtude.[5]

A onipotência é patológica porque arranca o pretenso onipotente da ordem natural das coisas. Ele é separado do mundo e não joga mais com as regras que governam todos os seres vivos. Mas quando os padrões naturais são interrompidos, padrões que vêm evoluindo há milhões de anos, descobrimos dolorosamente que é preciso mais do que nossos um ou dois pedidos restantes para colocar as coisas no lugar novamente.

A relevância que isso tem para a saúde deve ser óbvia. De inúmeras formas, a ciência e a tecnologia têm sido nossas Fadas Madrinhas. Fomos presenteados com centenas de pedidos, e exercitamos nossa onipotência. Vacinas, antibióticos, anestésicos, toda sorte de medicamentos, procedimentos cirúrgicos, métodos de diagnósticos, providências de saúde pública – a lista é infindável. Seguidamente a música encheu os ares e ouvimos o adejar de asas, e a Doutora Fada Madrinha apareceu mais uma vez com outro pedido. Sem pensar, sempre aceitamo-lo imediatamente. Se um pedaço é bom, por que não o bolo todo?

A natureza é engenhosa em resistir às nossas tentativas de onipotência. Mencione-se um único exemplo, tirado da medicina veterinária: recentemente revelou-se que o uso de compostos químicos para livrar o gado de infecções por parasitas intestinais causa um efeito colateral dos mais surpreendentes. O medicamento não atua apenas contra os vermes da vaca, mas, ao ser excretado nas fezes, ele continua a fazer seu trabalho. Escaravelhos de esterco, minhocas e micróbios, que costumam decompor o estrume, transformando-o num rico fertilizante, e que arejam o solo de modo que este possa reter a água, não conseguem mais fazer o seu serviço. Eles não tocam no excremento, porque este continua tão venenoso quanto o era para os parasitas. Os excrementos ficam intactos no campo, e com o passar do tempo podem cobrir uma porção considerável da área de pasto. Como as vacas têm o hábito de pastar a uma certa distância de seu excremento, isto faz com que uma parte apreciável da pastagem fique fora de uso, diminuindo os lucros do rancheiro – que pretendia *aumentá-los*, é claro, com o uso do vermífugo.[6]

A medicina está cheia de casos semelhantes. Numa guerra constante contra as bactérias, os laboratórios farmacêuticos produzem uma série interminável de novos medicamentos. A história é sempre a mesma. No começo as drogas são eficazes, mas as bactérias, desenvolvendo resistência, vencem no fim, chamando assim a próxima rodada de antibióticos. Ninguém, nem mesmo os especialistas, sabem onde o processo terminará. O programa é mantido por causa dos lucros e pela presunção de que os químicos farmacêuticos sempre terão mais um truque em suas mangas.

Em alguns dos melhores hospitais do país, revelou-se que um terço de todas as admissões às unidades de tratamento crítico vem em conseqüência de doenças iatrogênicas – doenças causadas por ações médicas. E não de *maus* médicos, mas de *excelentes* médicos. É preciso entender que, quando as coisas dão errado na medicina, não estamos testemunhando o trabalho de profissionais inaptos. Mesmo se todos os médicos incompetentes trabalhassem vinte e quatro horas por dia, não poderiam ser responsáveis por todos os problemas iatrogênicos que nos assolam. É por isso que o sistema não pode ser consertado facilmente: as dificuldades não podem ser suprimidas com a eliminação daqueles que as causam. A crença generalizada de que a culpa pode ser atribuída a uns e outros e quando o sistema sucumbe é uma maldição que hoje recai sobre os médicos e sobre os pacientes também. A mania de tudo atribuir à imperícia é uma desgraça que paira sobre a medicina, envenenando nossos melhores esforços. É guiada e sustentada em parte pelo fato, em parte pela ficção. É verdade que os pacientes *são* prejudicados, às vezes mortos, pela ação de médicos. Mas, quando coletivamente insistimos em afirmar que não deve haver falibilidade em nossos médicos, nossas enfermeiras e nossos hospitais, estamos dando um passo irracional – porque a perfeição pura não existe em lugar algum na ordem natural. O efeito da negação da falibilidade é uma terrível escalada de custos, já que os médicos praticam a medicina defensiva com medo de serem processados. A ironia se faz presente quando essas medidas defensivas, que são tomadas para se ter certeza de que "tudo foi feito" e "ninguém será prejudicado", terminam elas mesmas causando danos.

Isso não é uma defesa da imperícia nem um apelo para deixar os charlatães soltos. Na verdade, devemos *continuar* a exigir responsabilidade de nosso sistema de saúde, mas temos que distinguir "responsabilidade" de "perfeição". A primeira é encontrada na natureza; a segunda, não. Precisamos urgentemente reconhecer a diferença e às vezes nos permitir errar, acabando com a hipocrisia.

É verdade que podemos e devemos reprojetar os *O-rings* e melhorar o processo de diálise. Podemos também despedir aqueles que dormem nos painéis de controle das usinas nucleares, e adicionar outro átomo de hidrogênio à molécula de antibiótico desenvolvida no ano passado, e eliminar mais algumas bactérias com a nova "descoberta". Mas, apesar das melhorias, com freqüência notaremos que apenas teremos feito o problema progredir para um outro nível, onde futuras avarias serão ainda mais difíceis de corrigir.

Se Bateson estiver certa, não somos enganados por nossas fantasias de onipotência, pois em última instância não acreditamos nelas. Nosso senso interior de ambivalência continuamente tenta equilibrar a situação. De algum modo sabemos que a falibilidade é uma qualidade inerente da natureza, e que não estamos simplesmente "sendo fracos" ou manifestando um defeito caracterológico corrigível.

Bateson afirma que o mais pungente conto da Fada Madrinha é o do Rei Midas, porque este encontra-se completamente isolado de seu ambiente e daqueles que ama. Ironicamente, quanto mais rico ele se torna, mais se vê atingido pela pobreza, uma vez que aumenta o seu isolamento. Na tragédia de Midas, Bateson encontra uma analogia com o nosso desejo de juventude eterna e saúde perfeita. Se nos fosse concedido esse pedido, ao final nos veríamos isolados tal como o Rei Midas. Não desenvolveríamos relacionamentos que levam tempo para amadurecer. Ficaríamos congelados no tempo enquanto aqueles que amamos passam por nós, deixando-nos sozinhos à medida que seguem para formar outras relações que sejam mais satisfatórias e complexas.

Assim como acontece com a saúde, ocorre com a sexualidade. A gratificação sexual irrestrita é uma eterna fantasia, mas pode também ter conseqüências ocultas – no caso, sugere Bateson, a AIDS talvez seja uma outra variação da vingança da Fada Madrinha. O mesmo poderia ser dito sobre qualquer outra forma extrema de satisfação de desejos – não apenas a saúde perfeita e o sexo sem limites, mas o abuso de drogas, o alcoolismo e a gula. De fato, é difícil pensar em qualquer forma de excesso que *não* esteja associada à doença física.

Aldous Huxley notou essa associação há quase meio século atrás, bem antes que a AIDS e as "doenças de estilo de vida" fossem conhecidas. Ele atribuiu a causa do sofrimento que acompanhava o exercício irrestrito do prazer à forma localizada de ser que estamos examinando neste livro – o ego, o eu separado, que sonha em apartar-se da ordem natural e elevar os prazeres acima de todas as outras coisas. Finalmente chega a vingança da Fada Madrinha, o que já era esperado, na forma de sofrimento. Huxley diz:

> A ânsia de separação, ou desejo por uma existência independente e individualizada, pode manifestar-se em todos os níveis de vida, do meramente celular e fisiológico, passando pelo instintivo, até o plenamente consciente. . . . O sofrimento e o mal moral têm a mesma origem – o desejo de intensificar a separação, que é o dado primário de toda criatura. . . . A capacidade humana de desejar sua separação mais intensamente do que qualquer outro animal resulta. . . em certos desarranjos orgânicos característicos do homem.[7]

Hoje estima-se que as principais causas de morte em nossa sociedade – doença cardíaca, hipertensão, câncer e acidentes – estejam diretamente relacionadas ao modo como vivemos. Prevê-se que as doenças de estilo de vida continuarão a ser maior ameaça à vida à medida que adentrarmos o próximo século, o que é evidência de que todos os sonhos, se realizados, têm grande probabilidade de ser destrutivos. A expressão mais dramática da ânsia por separação ao nível celular é o câncer. Nesta moléstia, certos tecidos se dissociam completamente do processo regulador do resto do corpo. Eles se separam dos outros órgãos e se estabelecem por si só num isolamento desafiador. Como na maior parte das tentativas de sair da ordem natural, o ambiente do qual dependiam é arruinado: o corpo morre e, junto com ele, o câncer. Este suicídio involuntário é o preço da onipotência – mais uma vez, a vingança da Fada Madrinha.

A vingança da Fada Madrinha pode assim ser entendida em termos dos modos localizado e não-localizado de vivenciar a realidade, que têm nos guiado até agora neste livro. Essencialmente, essa vingança, é uma represália à violação da natureza não-localizada do mundo. Ao contrário do modo de ser não-localizado, em que o indivíduo sente uma ligação com o Todo que transcende o tempo e o espaço localizados, a onipotência é uma expressão da mente localizada negando a natureza unitária e interdependente. É o desejo do indivíduo único, isolado, que dá valor à passagem do tempo e a qualquer gratificação aí contida. A pessoa onipotente, com sede de poder, está divorciada do contexto da eternidade e da ordem natural que inclui todas as pessoas e coisas, todos os lugares e momentos.

As soluções para os problemas que enfrentamos só virão quando aprendermos a nos afastar da visão localizada da realidade para uma visão não-localizada. Se as mentes *são* não-localizadas, como afirmamos neste livro –, se as mentes individuais se comunicam, se elas fazem parte uma Mente maior ilimitada no espaço e no tempo –, então há esperança de que algumas mentes despertas possam ter algum efeito sobre a Mente maior da humanidade. Neste caso, podemos desistir das fantasias e recuperar nossa sanidade coletiva. E se as mentes se comunicam, devemos ter cuidado com o que sonhamos, com as fantasias, com os pedidos.

Assim, e só assim, poderemos escapar à vingança da Fada Madrinha.

Epílogo

Há, então, duas maneiras de perceber o nosso lugar no universo. Uma delas é desprovida de alma, formando um quadro bem conhecido de todos nós. De acordo com essa concepção, somos criaturas limitadas cujas mentes estão confinadas aos nossos cérebros e corpos e ao momento presente. Quando todos os nossos momentos se esgotarem, os corpos perecerão, arrastando-nos para o abismo do nada.

A alternativa para essa visão localizada, grotesca e sem alma é o quadro não-localizado que enfatizamos no decorrer deste livro. Nele emergem características anímicas – qualidades que desafiam o confinamento a cérebros e a corpos individuais, e que se mostram ilimitadas no espaço e no tempo. Como vimos, a imortalidade e a fusão de mentes singulares numa Mente Universal parecem ser as conseqüências dessa concepção. Como conseqüência adicional, *se as mentes não são limitadas pelo espaço e pelo tempo, devemos estar preparados para admitir – quer nos melindremos com isso ou não – que somos dotados das características divinas da imortalidade, da onipresença e da unidade*.

Mas, de um modo geral, ainda não somos plenamente capazes de reconhecer as qualidades divinas que possuímos – a nossa "oniconsciência", como a chamava Jung. Para acobertar esta cegueira, as tradições religiosas freqüentemente insistiram com a mensagem de que somos criaturas desprezíveis, indignas, sem quaisquer qualidades próprias redimíveis. E quando, ao longo da história, surgiram indivíduos que perceberam sua divindade interior, freqüentemente foram acusados de heresia e blasfêmia, e foram tratados de forma desumana ou mortos, especialmente no Ocidente. Esses fatos lamentáveis revelam o extremo a que chegamos para nos esconder da nossa verdadeira natureza, e mostram que temos o hábito de confundir *participação na* Divindade com *usurpação da* Divindade.

Assim, Jung foi levado à conclusão, já no fim da vida, de que "as nações cristãs chegaram a uma situação deplorável; seu cristianismo dormita, tendo descuidado de fazer evoluir o seu mito no curso dos séculos. . . . As pessoas não percebem que um mito está morto se deixa de viver e crescer. . . . Nosso mito tornou-se mudo, e não nos fornece mais nenhuma resposta. A falha não está nele, tal como foi revelado pelas Escrituras, mas tão-somente em nós, que não o desenvolvemos, e que suprimimos qualquer tentativa nesse sentido."[1]

Hoje, a questão é como despertar os velhos mitos, ou como arquitetar mitos novos. Na teoria, ao menos, parece ser possível ressuscitar velhos mitos – levar a sério a idéia do Velho Testamento quanto ao "casamento divino" e a noção subseqüente de "Cristo dentro de nós"; confiar nas palavras de Jesus quando Ele diz, em João 10:34: "Não está escrito em vossa lei, 'Vós sois deuses'?" Contudo, há uma inércia e uma resistência enormes à revitalização. E enquanto esperamos pelo reaquecimento dos mitos, tocamos as raias da catástrofe global por falta de uma visão que sustente o mundo.

Nos dias de hoje, a resistência ao despertar da nossa divindade interior, ao reencontro com a alma, vem não só da religião mas também da ciência – e aqui as religiões ocidentais e a ciência, inadvertida e paradoxalmente, tornaram-se sócias. Ambas asseguram que somos débeis e frágeis criaturas nascidas para sofrer, deteriorar-se e morrer – o conhecido roteiro localizado. Ambas prometem a salvação: uma oferecendo-a na forma da generosidade redentora de Deus, a outra na forma do progresso científico. Mas ambas nos despojaram da nossa oniconsciência, da nossa alma, tornando-se tenebrosos aliados nesse mórbido processo.

Há a história de um estudante que se aproximou de um rabino e disse: "Nos velhos tempos havia homens que viam a face de Deus. Por que eles não a vêem mais?". O rabino respondeu: "Porque hoje em dia ninguém consegue abaixar-se tanto."[2] Que paradoxo! Para ver o mais elevado, devemos estar dispostos a nos curvar, talvez a cair de vez. Hoje somos lembrados da necessidade de abaixar-nos por um fato gigantesco e inelutável: a Terra não precisa de nós e, na verdade, poderia estar bem melhor sem a nossa presença. Somos as maiores ameaças à sua sobrevivência – ao seu lar, ao seu solo e à sua água –, e não é necessário uma grande imaginação para ver o fim da espécie não muito longe. Se continuarmos a devastar o planeta, seremos rebaixados a níveis inimagináveis – sem água, ar ou comida que nos sustentem. Será que nesse rebaixamento involuntário há uma chance de ver, como nos velhos tempos, a face de Deus? Será que a iminência de desastres ecológicos encerra a oportunidade e o ímpeto para revitalizar nossos velhos mitos ou talvez criar novos? Estaria a própria Terra nos ensinando a lição de que mais precisamos – que *temos* uma alma, que *somos* oniconscientes? *Estaria sendo oferecida a nós a última chance de reencontro com as nossas almas?*

Neste momento difícil somos insistentemente tentados a recorrer ao consolo das velhas religiões – a nos resignar ao Armagedon ou a fixar a atenção, não na Terra ou em nossos problemas, mas num céu distante; ou, ao contrário, depositar fé em eufemismos fantasistas como "a ciência nos salvará". Nenhuma dessas escolhas é aceitável. Existe uma opção melhor: o despertar para uma nova consciência que vá além da pessoa, e mesmo além da própria Terra. Como disse o grande místico e erudito jesuíta, Pierre Teilhard de Chardin,

> Para que os homens da Terra, de toda a Terra, aprendam a se amar uns aos outros, não basta saberem que pertencem a uma e a mesma *coisa*; para se "planetizarem" devem adquirir a consciência, sem esquecerem a si próprios, de que são uma e a mesma *pessoa*.[3]

Mas como? Se queremos nos "planetizar" é importante que amenizemos a *hybris* e a implacável tenacidade com que a ciência moderna resolveu negar qualquer coisa que seja "superior" na criação, incluindo nós mesmos. Devemos reconhecer que é possível fazer ciência e "adquirir consciência", pela qual podemos reencontrar a nossa própria alma e também a do planeta, sem nos perdermos num misticismo fantasioso. Isto *não* é impossível: muito de nossos maiores cientistas permanecem como exemplos, e nós analisamos suas idéias. Muitos outros poderiam ser mencionados, como Eddington, Planck, Heisenberg, Jeans, Pauli e de Broglie, cujas concepções sobre a relação entre a ciência e a espiritualidade foram examinadas pelo psicólogo Ken Wilber em seu livro *Quantum Questions: Mystical Writings of the World's Great Physicists* [Questões Quânticas: Escritos Místicos dos Grandes Físicos do Mundo].[4]

No entanto, devemos ter cuidado para não homogeneizar ciência e religião, pois nada seria mais desastroso. Ao contrário, precisamos insistir para que a ciência e a religião fiquem lado a lado, respeitando o domínio uma da outra, e desistam dessa incessante batalha para usurpar o território alheio. Quando essa usurpação ocorre – e vemos os teólogos pontificando sobre questões delicadas da teoria da evolução, a idade da Terra ou a precisão das técnicas de datação por carbono, e os cientistas afirmando com tom de autoridade que "Deus está morto", ou que não há nenhum significado intrínseco no universo, como se tivessem acabado de chegar a essa conclusão pela leitura de seus indicadores – tanto a religião como a ciência são diminuídas. As *diferenças* entre ciência e religião são tão importantes quanto quaisquer convergências que possam existir, e que devem ser mantidas.[5]

Este livro tentou demonstrar, focalizando o comportamento da psique, como esses dois domínios podem se dar bem entre si de modo a preservar os mais elevados objetivos de cada um. Como um único exemplo, vimos que a ciência pode dizer com segurança, e baseada em muitos dados, que "parece haver atributos da psique humana que demonstram sua não-localização no tempo e no espaço, e que se revelam ilimitados". Neste ponto a religião pode responder: "É claro, sabíamos disso o tempo todo! O termo que usamos para esses 'atributos' é 'alma' " – cada lado dizendo apenas o que é legítimo. Embora esse diálogo seja simples, nunca deu certo, pois na prática tanto os cientistas quanto os religiosos têm sido incapazes de resistir à tentação de demolir o outro com argumentos irrepreensíveis. Como conseqüência dessa mesquinhez, que vem perdurando há 300 anos, não só o sagrado tornou-se vazio, mas as pessoas passam a alimentar desconfiança em relação à ciência, uma suspeita baseada em parte na pretensão desta de ter demonstrado a superficialidade e inutilidade do pensamento religioso. Qual dos dois lados tem sido o mais tolo, é difícil dizer. Em todo caso, o mundo não pode mais se permitir disputas tão infantis; pois, se persistirmos nesses argumentos, logo não haverá mais ninguém para argumentar.

O grande indólogo Heinrich Zimmer disse:

> [O] ser divino em nós nunca... está dormindo ou ausente em viagem.... O racionalista incrédulo, para quem tudo isso não existe, não tem deuses no seu coração; essa é a sua queda da graça. Em vez disso, ele é atormentado pelos demônios do cérebro: "acaso" ou "força das circunstâncias" ou "causalidade inelutável"... pois tem de procurar fora de si todos os de-

mônios que não deseja encontrar e resolver em si mesmo. "Onde não há deuses", disse Novalis, "há fantasmas".[6]

Este livro, portanto, é um apelo para o reencontro com a alma e o retorno à Divindade interior. Se já se temeu que o indivíduo tivesse que escolher entre o intelecto e a emoção para responder ao chamado da Divindade, então certamente podemos ficar descansados. Se decidirmos prestar ouvidos exclusivamente às mensagens sem alma da ciência, as quais predominaram até agora, com medo de comprometer nossa razão, esta escolha só pode ser descrita como um tipo de auto-indulgência – pois hoje, no seio da ciência, vemos a inequívoca emergência de uma nova abertura para o espírito humano, o que não existia num passado recente. Como disse o eminente físico Werner Heisenberg, "'consciência' e 'espírito' podem ser relacionados de uma nova forma à concepção científica do nosso tempo".[7]

Enfim, podemos continuar acreditando que somos criaturas localizadas, isoladas e condenadas, confinadas ao tempo e ao corpo, e separadas de todos os outros seres humanos. Ou então abrirmos os olhos para a nossa natureza imortal e onipresente e para a Mente Una da qual fazemos parte. Se escolhermos a primeira alternativa, nada nos salvará. Se porém, resolvermos despertar para o divino Eu, estaremos frente a frente com um novo alvorecer.

Notas

Epígrafe, p. 11: Joseph Campbell, *The Inner Reaches of Outer Space: Metaphor as Myth and as Religion* (Nova York: Alfred van der Marck Editions, 1986).

Prefácio

1. Henry Margenau, *The Miracle of Existence* (Woodbridge, CT: Ox Bow Press, 1984), p. 72.
2. Ken Wilber, *Spectrum of Consciousness* (Wheaton, IL: Quest, 1979). [*O Espectro da Consciência*, Editora Cultrix, São Paulo, 1990].
3. Paul Davies, *God and the New Physics* (Nova York: Simon & Schuster, 1983), p. 80.
4. *Ibid.*, p. 133.
5. John A. Wheeler, "Beyond the Black Hole", *Some Strangeness in the Proportion*, H. Woolf, org. (Reading, MA: Addison-Wesley, 1980); citado em Paul Davies, *op. cit.*, pp. 39, 111.
6. John C. Eccles, *The Human Psyche* (Nova York: Springer International, 1980), p. 25.

Capítulo 1, O Alcance da Mente

1. Richard Erdoes, *Lame Deer – Seeker of Visions* (Nova York: Simon & Schuster, 1972), p. 155.

2. Candace B. Pert, citada em David Kline, "The Power of the Placebo", *Hippocrates*, maio/junho, 1988, p. 26.

3. Candace B. Pert, "The Wisdom of the Receptors: Neuropeptides, the Emotions, and Bodymind", *Advances* 3:3, (1986), pp. 8-16.

4. G. Richard Smith *et al.*, "Psychological Modulation of the Human Immune Response to Varicella Zoster", *Archives of Internal Medicine* 145 (1985), pp. 2110-2112.

5. S. Black, J. H. Humphrey e J. S. F. Niven, "Inhibition of Mantoux Reaction by Direct Suggestion Under Hypnosis", *British Medical Journal* 1:5346 (junho, 1963), pp. 1649-1652.

6. G. Richard Smith e S. M. McDaniel, "Psychologically Mediated Effect on the Delayed Hypersensitivity Reaction to Tuberculin in Humans", *Psychosomatic Medicine* 46 (1983), pp. 65-70.

7. G. R. Smith *et al.*, "Psychological Modulation. . . ", p. 2111.

8. Paul Davies, *God and the New Physics* (Nova York: Simon & Schuster, 1983), p. 86.

9. Lawrence LeShan, *From Newton to ESP* (Wellingborough, Northamptonshire: Turnstone Press, 1984), pp. 100-101.

10. John Beloff, "J. B. Rhine on the Nature of *psi*", *J. B. Rhine: On the Frontiers of Science*, R. K. Rao, org. (Jefferson, NC: McFarland, 1982), pp. 97-110.

11. J. B. Priestley, *Man and Time* (Londres: W. H. Allen, 1978), p. 245.

12. Relatado no *Brain/Mind Bulletin* 12:7 (março, 1987), p. 1; e Andrew Greeley, "The Impossible: It's Happening", *Noetic Sciences Review*, primavera de 1987, pp. 7-9.

13. S. Weisburd, "The Spark: Personal Testimonies of Creativity", *Science News* 132, 7 nov., 1987, p. 298.

14. Arthur Koestler, *The Act of Creation* (Nova York: Dell, 1984), p. 177.

15. Jacques Hadamard, *The Psychology of Invention in the Mathematical Field* (Princeton: Princeton University Press, 1949), pp. 142-143, citado em A. Koestler, *op. cit.*, p. 171.

16. J. Hadamard, *op. cit.*, p. 85, citado em A. Koestler, *op. cit.*, p. 172.

17. J. Kendall, *Michael Faraday* (Londres: Faber, 1955), p. 138, citado em A. Koestler, *op. cit.*, p. 170.

18. A. Koestler, *op. cit.*, p. 208.

19. Citado em John Chesterman, *An Index of Possibilities: Energy and Power* (Nova York: Pantheon Books, 1974), p. 186.

20. Max Knoll, "Transformations of Science in Our Age", *Man and Time*, Joseph Campbell, org. Bollingen Series XXX:3 (Princeton: Princeton University Press, 1957), p. 270.

21. William Irwin Thompson, *Evil and World Order* (Nova York: Harper and Row, 1976), p. 81.

22. Em Jamake Highwater, *The Primal Mind: Vision and Reality in Indian America* (Nova York: New American Library, 1981), p. 96.

23. Bernard d'Espagnat, *In Search of Reality* (Nova York: Springer-Verlag, 1983), p. 102.

24. Jeremy Rifkin, *Time Wars* (Nova York: Henry Holt, 1987).

25. Carl G. Jung, *Memories, Dreams, Reflections* (Nova York: Vintage, 1968), p. 302.

26. Carl G. Jung. *Psychology and the East*, R. F. C. Hull, trad. (Princeton: Princeton University Press, 1978), p. 69.

27. *Ibid.*, p. 131.

28. *Ibid.*, p. 132.

29. *Ibid.*, pp. 126-127.

30. Aniela Jaffé, org., *C. G. Jung: Word and Image*; Bollingen Series XCVII: 2 (Princeton: Princeton University Press, 1979), p. 214.

31. C. G. Jung, *Memories, Dreams, Reflections*, p. 326.

32. C. G. Jung, *Psychology and the East*, R. F. C. Hull, trad. (Princeton: Princeton University Press, 1978), p. 63.

33. *Ibid.*, p. 63.

Capítulo 2, O Poder da Mente Não-localizada

1. John G. Neihardt, *Black Elk Speaks* (Nova York: Washington Square Press, 1972), p. 36.

2. Howard Wolinsky, "Prayers Do Aid Sick, Study Finds", *Chicago Sun-Times*, 26 de janeiro de 1986, p. 30.

3. "Cardiologist Studies Effect of Prayer on Patients", *Brain/Mind Bulletin* II:7 (março, 1986), p. 1; ver também, Randolph C. Byrd, "Positive Therapeutic Effects of Intercessory Prayer in a Coronary Care Unit Population", *Southern Medical Journal* 81:7 (julho, 1988), pp. 826-829.

4. H. Wolinsky, *op. cit.*, p. 30.

5. Aldous Huxley, *The Perennial Philosophy* (Nova York: Harper Colophon Books, 1945), p. 2 [*A Filosofia Perene*, Editora Cultrix, São Paulo, 1991].

6. *Ibid.*, p. 5.

7. *Ibid.*, p. 7.

8. *Ibid.*, p. 9.

9. *Ibid.*, p. 10.

10. *Ibid.*, p. 11.

11. *Ibid.*, p. 12.

12. *Ibid.*, p. 14.

13. *Ibid.*, pp. 1-20.

14. *Ibid.*, pp. 20-21.

15. *Ibid.*, p. 20.

16. Robert Owen, *Qualitative Research: The Early Years* (Salem, OR: Grayhaven Books, 1988), p. 22.

17. *Ibid.*, p. 76.

18. *Ibid.*, pp. 22-23.

19. *Ibid.*, p. 85.

20. *Ibid.*, p. 89.

21. Albert Einstein, *Ideas and Opinions* (Nova York: Crown, 1954), pp. 38-45.

22. Lawrence LeShan, *The Medium, the Mystic, and the Physicist* (Nova York: Viking, 1974), p. 111.

23. Jeanne Achterberg, *Imagery in Healing* (Boston: New Science Library, 1985).

24. L. LeShan, *op. cit.*

25. W. T. Stace, *Mysticism and Philosophy* (Nova York: J. B. Lippincott, 1960), p. 66.

26. Rudolf Otto, *Mysticism East and West* (Nova York: Meridian Books, 1957), p. 67.

27. Kurt Goldstein, "Concerning the Concept of Primitivity", *Primitive Views of the World*, S. Diamond, org. (Nova York: Columbia University Press, 1964), p. 8; citado em L. LeShan, *op. cit.*, p. 59.

28. L. LeShan, *op. cit.*, pp. 65-66.

29. *Ibid.*, pp. 106-107.

30. *Ibid.*, p. 107.

31. Bernard S. Siegel, *Love, Medicine, and Miracles* (Nova York: Harper and Row, 1986).

32. A. Huxley, *The Perennial Philosophy*, p. 57.

33. L. LeShan, *op. cit.*, p. 113.

34. *Ibid.*, p. 114.

35. Brendan O'Regan, "Healing, Remission and Miracle Cures", *Institute of Noetic Sciences Special Report*, maio, 1987, pp. 3-14.

36. *Ibid.*, p. 11.

37. *Ibid.*, p. 9.

38. *Ibid.*, p. 9.

39. Larry Dossey, *Medicine and Meaning*, em curso.

40. Jonas Salk, citado em Brendan O'Regan, "Healing: Synergies of Mind/Body/Spirit", *Institute of Noetic Sciences Newsletter* 14:1 (Primavera, 1986), p. 9.

41. Larry Dossey, "Holistic Health: A Critique", *Beyond Illness* (Boston: New Science Library, 1984), pp. 163-191.

Capítulo 3, Corpo-mente

1. Para uma análise meticulosa das atitudes históricas envolvendo a sífilis e

o modo como os fatos científicos são gerados, ver o trabalho pouco conhecido, mas excelente de Ludwik Fleck, *Genesis and Development of a Scientific Fact*, T. J. Trenn e R. K. Merton, orgs., F. Bradley e T. J. Trenn, trads. (Chicago: University of Chicago Press, 1979). Fleck afirma que os fatos científicos não são descobertos, mas inventados.

2. *Ibid.*, pp. 1-18.

3. M. Vera Bührmann, *Living in Two Worlds: Communication Between a White Healer and Her Black Counterparts* (Cidade do Cabo: Human and Rousseau, 1984), p. 15.

4. Candace B. Pert, "The Wisdom of the Receptors: Neuropeptides, the Emotions, and Bodymind", *Advances* 3:3 (1986), pp. 8-16.

5. D. T. Krieger e J. B. Martin, "Brain Peptides", *New England Journal of Medicine* 304:15 (9 de abril de 1981), pp. 876-885.

6. C. B. Pert, *op. cit.*, p. 8 ss.

7. Judith Hopper e Dick Teresi, *The 3-Pound Universe* (Nova York: Dell, 1986), p. 386.

8. Carl G. Jung, citado em *Artifex* (publicação do Archaeus Project, Minneapolis, MN) 5:6 (dezembro, 1986), p. 19.

9. Paul Watzlawick, org., *The Invented Reality* (Nova York: W. W. Norton, 1984).

10. Robert Rosenthal e L. Jacobson, *Pygmalion in the Classroom: Teacher Expectation and Pupils' Intellectual Development* (Nova York: Holt, Rinehart, and Winston, 1968). Ver também R. Rosenthal e L. Jacobson, "Teacher Expectations for the Disadvantaged", *Scientific American* 218:4 (abril 1968), pp. 19-23. Para uma análise minuciosa desta área da psicologia experimental, ver R. Rosenthal e D. Rubin, "Interpersonal Expectancy Effects: The First 345 Studies", *The Behavioral and Brain Sciences* 3 (1978), pp. 377-415.

11. Robert Rosenthal, *Experimenter Effects in Behavioral Research* (Nova York: Appleton-Century-Crofts, 1966).

12. L. Cordaro e J. R. Ison, "Observer Bias in Classical Conditioning of the Planaria", *Psychological Reports* 13 (1963), pp. 787-789.

13. P. Watzlawick, *op. cit.*, p. 104.

14. *Ibid.* pp. 104-105.

Capítulo 4, Criaturas Grandes e Pequenas

1. Richard Erdoes, *Lame Deer – Seeker of Visions* (Nova York: Simon & Schuster, 1972), p. 119.

2. John G. Neihardt, *Black Elk Speaks* (Nova York: Washington Square Press, 1972), p. 4.

3. Teri C. McLuhan, *Touch the Earth* (Nova York: Simon & Schuster, 1972), p. 23.

4. Mircea Eliade, *Shamanism* (Princeton: Princeton University Press, 1964), p. 459.

5. *Ibid.*, p. 460.

6. *Ibid.*, p. 385.

7. *Ibid.*, p. 94.

8. *Ibid.*, p. 95.

9. *Ibid.*, p. 95.

10. S. F. Nadel em Eliade, *op. cit.*, p. 31.

11. *Ibid.*, pp. 29-31.

12. *Ibid.*, p. 29.

13. *Ibid.*, p. 29.

14. Lyall Watson, *Gifts of Unknown Things* (Nova York: Simon & Schuster, 1986).

15. J. Allen Boone, *Kinship with All Life* (Nova York: Harper and Brothers, 1952), citado em Bill Schul, *The Psychic Power of Animals* (Nova York: Fawcett, 1977), p. 5.

16. Citado em Schul, *op. cit.*, pp. 5-6.

17. *Ibid.*, p. 6.

18. *Ibid.*, p. 161.

19. *Ibid.*, p. 161.

20. *Ibid.*, p. 48.

21. *Ibid.*, p. 47.

22. *Ibid.*, p. 49.

23. *Ibid.*, p. 49.

24. Bill Schul, *The Psychic Power of Animals* (Nova York: Fawcett, 1977).

25. Joseph Banks Rhine e Sara R. Feather, "The Study of Cases of 'psi-trailing' in Animals", *The Journal of Parapsychology* 26:1 (março, 1962), pp. 1-21.

26. Schul, *op. cit.*, p. 52.

27. Roy Bedichek, *Karánkaway Country* (Austin: University of Texas Press, 1974), pp. 39-50.

28. Schul, *op. cit.*, p. 56.

29. E. Friedmann *et al.*, "Animal Companions and One-year Survival of Patients after Discharge from a Coronary Care Unit", *Public Health Rep.* 95 (1980), pp. 307-312. Ver também A. M. Beck e A. H. Katcher, "A New Look at Pet-facilitated Therapy", *Journal of the American Veterinary Medical Association*, 184 (1984), pp. 414-421; e P. Gunby, "Patient Progressing Well? He May Have a Pet", *Journal of the American Medical Association* (*News*) 241 (1979), p. 438.

30. Gustav Eckstein, *Everyday Miracle* (Nova York: Harper and Brothers, 1940).

31. Em M. Hornig-Rohan e S. E. Locke, *Psychological and Behavioral Treatments for Disorders of the Heart and Blood Vessels* (Nova York: Institute for the Advancement of Health, 1985), p. 176.

32. T. C. McLuhan, *Touch the Earth*, p. 6.

33. Lynn White, Jr., "The Historical Roots of Our Ecological Crisis", *The Art of Reading*, E. Gould, R. DiYanni e W. Smith, orgs. (Nova York: Random House, 1987), pp. 683-691).

34. *Ibid.*, p. 691.

35. *Ibid.*, pp. 690-691.

36. Lyall Watson, "Natural Harmony: The Biology of Being Appropriate", palestra proferida no The Isthmus Institute, Dallas, TX, abril, 1989.

Capítulo 5, A Mente Una e Imortal: Schrödinger, Gödel, Einstein

1. Arthur Eddington, "Defense of Mysticism", *Quantum Questions: Mystical Writings of the World's Great Physicists*, Ken Wilber, org. (Boston: New Science Library, 1984), p. 206.

2. James Jeans, *Physics and Philosophy* (Nova York: Dover, 1981), p. 204.

3. Erwin Schrödinger, *What Is Life? and Mind and Matter* (Londres: Cambridge University Press, 1969), p. 145.

4. Erwin Schrödinger, *My View of the World* (Woodbridge, CT: Ox Bow Press, 1983), pp. 31-34 (tradução inglesa original, Cambridge: Cambridge University Press, 1964).

5. E. Schrödinger, *What Is Life?*

6. *Ibid.*, p. 1.

7. *Ibid.*, p. 133

8. John A. Wheeler, em Anthony P. French e P. J. Kennedy, *Niels Bohr: A Centenary Volume* (Cambridge: Harvard University Press, 1985), p. 239.

9. John A. Wheeler e J. Mehra, orgs., *The Physicist's Conception of Nature* (Boston: D. Reidel, 1973), p. 244.

10. Jacob Bronowski, *The Common Sense of Science* (Cambridge: Harvard University Press, 1955), p. 77.

11. E. Schrödinger, *What Is Life?*, p. 137.

12. *Mundaka Upanishad*, I.1.6, John M. Koller, trad., em J. M. Koller, *Oriental Philosophy* (Nova York: Charles Scribner's Sons, 1985), p. 28.

13. *Chandogya Upanishad*, VI.9.4, *The Thirteen Principal Upanishads*, Robert E. Hume., trad. (Nova York: Oxford University Press, 1921, reimpr. 1975), p. 246 da reimpressão.

14. *Chandogya Upanishad*, VII.7.1, *The Principal Upanishads*, Sarvepalli Radhakrishnan, org. (Londres: Allen and Unwin, 1953), p. 501.

15. E. Schrödinger, *What Is Life?*, p. 139.

16. *Ibid.*, p. 139.

17. *Ibid.*, p. 139.

18. *Ibid.*, p. 140.

19. *Ibid.*, p. 144.

20. *Ibid.*, p. 145.

21. *Ibid.*, p. 145.

22. *Ibid.*, p. 165.

23. Erwin Schrödinger, "The Spirit of Science" *Spirit and Nature: Papers from de Ernaos Yearbooks*, Joseph Campbell, org., Bollingen Series XXX:1 (Princeton: Princeton University Press, 1954), p. 341.

24. E. Schrödinger, *What Is Life?*, p. 146.

25. Citado em John Michael Cohen e John-Francis Phipps, *The Common Experience* (Nova York: St. Martin's Press, 1979), p. 181.

26. De *The Ten Principal Upanishads*, Shree Purohit e W. B Yeats, trads. (Londres: Faber, 1937), citado em Cohen e Phipps, *op. cit.*, p. 162.

27. Paul Davies, *God and the New Physics* (Nova York: Simon & Schuster, 1983), pp. vii-ix.

28. Ken Wilber, *Spectrum of Consciousness* (Wheaton, Il: Quest, 1979), p. 38.

29. E. Schrödinger, *What Is Life?*, p. 140.

30. Howard Gardner, *The Mind's New Science* (Nova York: Basic Books, 1985).

31. Erwin Schrödinger, "The Spirit of Science", em J. Campbell, org., *op. cit.*, pp. 324-325.

32. E. Schrödinger, *My View of the World*, p. 22.

33. Jacob Bronowski, *A Sense of the Future* (Cambridge, MA: MIT Press, 1977), pp. 56-73.

34. Rudy Rucker, *Infinity and the Mind* (Nova York: Bantam Books, 1983), p. 177.

35. *Ibid.*, p. 178.

36. *Ibid.*, p. 178.

37. *Ibid.*, p. 183.

38. Renée Weber, *Dialogues with Scientist and Sages* (Nova York: Routledge and Kegan Paul, 1986), p. 114.

39. *Ibid.*, p. 115.

40. Albert Einstein, *Out of My Later Years* (Nova York: Citadel, 1955), p. 5.

41. Albert Einstein, *Ideas and Opinions* (Nova York: Crown, 1954), p. 9. Para um admirável resumo da filosofia de Einstein e uma profunda visão de personalidade, ver a introdução de Henry LeRoy Finch para *Conversations with Einstein*, de Alexander Moszkowski (Nova York: Horizon Press, 1970), p. xiis.

42. Dimitri Marianoff e P. Wayne, *Einstein: An Intimate Study of a Great Man* (Nova York, 1944), p. 134.

43. Paul A. Schilpp, org., *Albert Einstein: Philosopher-Scientist* (La Salle, IL: Open Court Publishing Co., 1949), p. 5.

44. Max Born, *The Born-Einstein Letters* (Nova York: Walker, 1971), p. 151.

45. Albert Einstein em Max Planck, *Where is Science Going*? (Woodbridge, CT: Ox Bow Press, 1981), pp. 201-210.

46. J. Bronowski, *The Common Sense of Science*, pp. 102-103.

47. A. Einstein, *Ideas and Opinions*, citado em Ken Wilber, *Quantum Questions* (Boston: New Science Library, 1982), p. 102.

48. Albert Einstein, citado em H. Bloomfield, "Transcendental Meditation as an Adjunct to Therapy", *Transpersonal Psychotherapy*, Seymour Boorstein, org. (Palo Alto: Science and Behavior Books, 1980), p. 136.

49. A. Einstein, *Ideas and Opinions*, p. 12.

50. Albert Einstein, *The World As I See It* (Nova York: Philosophical Library, 1949), p. 102.

51. Lama Govinda, *Creative Meditation and Multi-Dimensional Consciousness* (Wheaton, IL: Theosophical Publishing House, 1976), p. 141.

52. Banesh Hoffmann, *Albert Einstein, Creator and Rebel* (Nova York: Plume, New American Library, 1973), p. 257.

Capítulo 6, A Mente e a Física Quântica

1. Freeman Dyson, *Infinite in All Directions* (Nova York: Harper and Row, 1988), p. 297.

2. Lawrence LeShan, *Alternate Realities* (Nova York: M. Evans, 1976).

3. Henry Margenau, *The Miracle of Existence* (Woodbridge, CT: Ox Bow Press, 1984; reimpresso em Boston: New Science Library, 1987). As referências que se seguem são da edição da Ox Bow Press.

4. *Ibid*., p. 4.

5. *Ibid*., pp. 4-5.

6. *Ibid*., p. 106.

7. *Ibid*., p. 139.

8. *Ibid*., p. 107.

9. *Ibid*., p. 107.

10. David Bohm e B. Hiley, *Foundations of Physics*, vol. 5, 1975, p. 93.

11. H. Margenau, *op. cit*., pp. 109-110.

12. *Ibid*., p. 111.

13. Ken Wilber, *Spectrum of Consciousness* (Wheaton, IL: Quest, 1979), p. 78.

14. *Ibid*., p. 120.

15. Paul Davies, *God and the New Physics* (Nova York: Simon & Schuster, 1983), p. 8.

16. Harold Morowitz, "Rediscovering the Mind", *The Mind's I*, Douglas R. Hofstadter e Daniel C. Dennet, orgs. (Nova York: Harvester/Basic Books, 1981), pp. 34-42.

17. Niels Bohr, citado em Werner Heisenberg, *Physics and Beyond*, A. J. Pomerans, trad. (Nova York: Harper and Row, 1971), pp. 114-115.

18. *Ibid.*, p. 114.

19. Julien Offray de la Mettrie, *Man: A Machine* (Londres: G. Smith, 1750), p. 85.

20. Karl R. Popper e John C. Eccles, *The Self and Its Brain* (Berlin: Springer International, 1977), p. 554.

21. H. Margenau, *op. cit.*, pp. 94, 139.

22. *Ibid.*, pp. 42-43.

23. *Ibid.*, p. 96.

24. *Ibid.*, p. 120.

25. *Ibid.*, p. 122.

26. *Ibid.*, p. 126.

27. *Ibid.*, p. 123.

28. Bill Moyers, "The Power of Myth: An Interview with Joseph Campbell", *New Age Journal*, julho/agosto, 1988, p. 80.

29. H. Margenau, *op. cit.*, p. 123.

30. *Ibid.*, p. 125.

31. David Bohm, *Wholeness and the Implicate Order* (Londres: Routledge and Kegan Paul, 1980), p. 175 [*A Totalidade e a Ordem Simplificada*, Editora Cultrix, São Paulo, 1992].

32. *Ibid.*, p. 151.

33. Renée Weber, *Dialogues with Scientists and Sages* (Nova York: Routledge and Kegan Paul, 1986), p. 41. As idéias de Bohm foram expressas de forma extraordinariamente claras numa série de entrevistas conduzidas por Renée Weber, professora de filosofia da Universidade de Rutgers. Elas podem ser encontradas em seu livro, *Dialogues with Scientists and Sages* (Nova York: Routledge and Kegan Paul, 1986). Weber enfatizou as implicações filosóficas das teorias de Bohm, tornando-as acessíveis ao público. Além dos próprios textos de Bohm, estas entrevistas, que também apareceram antes no *ReVision*, são altamente recomendadas. [*Diálogos com Cientistas e Sábios*, Editora Cultrix, São Paulo, 1988].

34. David Bohm, entrevista com John Briggs e F. David Peat, *Omni*, 9:4 (jan., 1987), pp. 68 ss.

35. *Ibid.*

36. Erwin Schrödinger, *My View of the World* (Woodbridge, CT: Ox Bow Press, 1983), p. 22 (tradução inglesa original, Cambridge University Press, 1964).

Capítulo 7, Um Mundo Novo

1. Richard Bach, *Jonathan Livingston Seagull* (Nova York: Avon, 1973), p. 80.

2. Nick Herbert, *Quantum Reality* (Nova York: Anchor Books, 1987).

3. *Ibid.*, p. 214.

4. *Ibid.*, p. 214.

5. *Ibid.*, pp. 245-249.

6. *Ibid.*, pp. 227-246.

7. *Ibid.*, p. 249.

8. Para uma visão fascinante dos paradoxos e possibilidades de se transcender o limite einsteiniano da velocidade da luz, ver Nick Herbert, *Faster Than Light: Superluminal Loopholes in Physics* (Nova York: New American Library, 1988).

9. Harold E. Puthoff e Russel Tang, *Mind-Reach* (Nova York: Delacorte Press, 1977).

10. Robert G. Jahn e Brenda J. Dunne, *Margins of Reality* (Nova York: Harcourt Brace Jovanovich, 1987).

11. John D. Barrow e Frank J. Tipler, *The Anthropic Cosmological Principle* (Nova York: Oxford University Press, 1986), p. 470.

12. Freeman Dyson, *Infinite in All Directions* (Nova York: Harper and Row, 1988), pp. 119-120.

Capítulo 8, Mente e Forma

1. A. K. Tolstoy, em V. V. Nalimov, *Realms of the Unconscious: The Enchanted Frontier* (Filadélfia, ISI Press, 1982), p. 8.

2. George Wald, citado em *Bulletin of the Foundation for Mind-Being Research* (Los Altos, CA, setembro, 1988), p. 3.

3. Rupert Sheldrake, *A New Science of Life* (Los Angeles: J. P. Tarcher, 1981).

4. Brian D. Josephson, carta ao redator, *Nature* 293:5833 (15 de outubro de 1981), p. 594.

5. Colin Tudge, "Scientific Proof That Science Has Got It All Wrong", *New Scientist* 90:1258 (18 de junho de 1981), p. 249.

6. Marilyn Ferguson, *The Aquarian Conspiracy: Personal and Social Transformation in the 1980s* (Los Angeles: J. P. Tarcher, 1980).

7. *Brain/Mind Bulletin* 6:13 (1981), p. 1.

8. "Morphogenetic Fields: Nature's Habits", entrevista com Rupert Sheldrake, em Renée Weber, *Dialogues with Scientists and Sages* (Nova York: Routledge and Kegan Paul, 1986), pp. 71-88.

9. *Ibid.*, p. 79.

10. R. Weiss, "Shape-inducing Chemical Identified", *Science News*, 131:27 (junho, 1987), p. 406.

11. R. Weber, *op. cit.*, p. 84.

12. *Ibid.*, p. 87.

13. *Sir* James Jeans, *The Mysterious Universe* (Nova York: Macmillan; Cambridge: The University Press, 1948), pp. 166, 186.

14. R. Weber, *op. cit.*, p. 84.

15. John Cairns *et al.*, "The Origin of Mutants", *Nature* 355:1258 (8 de setembro de 1988), pp. 142-145.

16. "Bacteria Show Evidence of Directed Evolution, *Brain/Mind Bulletin*, outubro, 1988, pp. 1-2.

17. John Cairns, citado em *Brain/Mind Bulletin*, outubro, 1988, p. 2.

18. Um resumo das experiências relacionadas às propostas de Sheldrake podem ser encontradas em seu livro *A New Science of Life*, nova ed. (Londres: Anthony Blond, 1985), p. 247 ss. A hipótese da causação formativa é desenvolvida em sua obra ulterior, *The Presence of the Past* (Nova York: Times Books, 1988). Pesquisas atuais sobre ressonância mórfica estão sendo coordenadas pelo ICIS/Morphic Resonance Research Fund, 45 West 18th Street, Nova York, NY 10011.

19. "Dolphin Telepathy – Or Morphic Resonance", *Investigations: Bulletin of the Institute of Noetic Sciences*, 1:1 (1983), p. 6.

20. *Ibid.*, p. 6.

Capítulo 9, Implicações Espirituais da Mente Não-localizada

1. Rainer Maria Rilke, *Letters to a Young Poet*, M. D. Herter Norton, trad. (Nova York: W. W. Norton, 1934), p. 67.

2. Chao Tze-chiang, trad., *A Chinese Garden of Serenity: Epigrams from the Ming Dynasty* (Mount Vernon, NY: The Peter Pauper Press, 1959), p. 45.

3. *The Works of Walt Whitman*, vol. 1 (Nova York: Minerva Press, 1969), p. 212.

4. *Corpus Hermeticum* XII, em Frances A. Yates, *Giordano Bruno and the Hermetic Tradition* (Chicago: University of Chicago Press, 1964). [*Giordano Bruno e a Tradição Hermética*, Editora Cultrix, São Paulo, 1987].

5. Alan Watts, "This is My Body", *Beyond Theology* (Nova York: Pantheon Books, 1964), citado em Robert Sohl e Audrey Carr, orgs., *The Gospel According to Zen* (Nova York: New American Library, 1970), pp. 111-112.

6. Paul Brunton, *The Quest of the Overself* (York Beach, ME: Samuel Weiser, 1984), p. 217.

7. Shankara, citado em Ken Wilber, *Eye to Eye* (Nova York: Doubleday, 1983), p. 299.

8. Erwin Schrödinger, citado em J. e T. S. Ananthu, *Gandhi and World Peace* (Nova Delhi: Gandhi Peace Foundation, 1987), p. 11.

9. Robert Dolling Wells, correspondência pessoal, 4 de julho de 1987.

10. Evelyn Underhill, *The Mystics of the Church* (Cambridge: James Clarke, 1975), p. 135.

11. De *Eckhart I*, citado em J. M. Cohen e J-F. Phipps, *The Common Experience* (Nova York: St. Martin's Press, 1979), p. 112.

12. *Ibid.*, p. 114.

13. R. M. Rilke em Aniela Jaffé, *The Myth of Meaning* (Nova York: Pen-

guin, 1975), p. 145. [*O Mito do Significado na Obra de C. G. Jung*, Editora Cultrix, São Paulo, 1989].

14. Evelyn Underhill, *The Essentials of Mysticism* (1920; reimpr., Nova York: AMS Press), p. 130.

15. *Ibid.*, p. 9.

16. *Ibid.*, p. 3.

17. *Ibid.*, p. 138.

18. Cohen and Phipps, *op. cit.*, p. 58.

19. *Chuang Tsé: Basic Writing*, Burton Watson, trad. (Nova York: Columbia University Press, 1964), p. 16.

20. John M. Koller, *Oriental Philosophies*, 2ª ed. (Nova York: Charles Scribner's Sons, 1985), pp. 155-156.

21. Carol Ochs, *Behind the Sex of God: Toward a New Consciousness – Transcending Matriarchy and Patriarchy* (Boston: Beacon, 1977), p. 123, citado em Beatrice Bruteau, *The Physics Grid: How We Create the World We Know* (Wheaton, IL: Theosophical Publishing House, 1979), p. 187.

22. John D. Barrow e Frank J. Tipler, *The Anthropic Cosmological Principle* (Nova York: Oxford University Press, 1986), p. 470.

23. Paracelso, *Selected Writings*, Jolande Jacobi, org., Norbert Guterman, trad. (Nova York: Routledge, 1951).

Capítulo 10, Além do Sofrimento e da Morte

1. L. K. Khotari, A. Bordia e O. P. Gupta, "The Yogic Claim of Voluntary Control over the Heart Beat: An Unusual Demonstration", *American Heart Journal* 86:2 (agosto, 1973), pp. 282-284.

2. Po Chü-i, "Resignation", *Chinese Poems*, Arthur Waley, trad. (Boston: Unwin Paperbacks, 1982), p. 161.

3. Aldous Huxley, *The Perennial Philosophy* (Nova York: Harper and Row, 1944), p. 227.

4. Larry Dossey, *Space, Time and Medicine* (Boston: New Science Library, 1982), p. 176.

5. Mircea Eliade, "Time and Eternity in Indian Thought", *Man and Time*, Joseph Campbell, org., Bollingen Series XXX:3. (Cambridge: Princeton University Press, 1957), p. 196 n.

6. *Ibid.*, p. 195.

7. *Ibid.*, pp. 197-198.

8. Extraído de T. S. Anantha Murthy, *Maharaj: A Biography of Shriman Tapasviji Maharaj, a Mahatma Who Lived for 185 Years* (Clear Lake, CA: Dawn Horse Press, 1985), impresso em *The Laughing Man*, 6:2, pp. 54-55.

9. Conrad Goehausen, "Masters and Emotion", *The Laughing Man*, 6:3, pp. 20-29; citação de Arthur Osborne, *Ramana Maharshi and the Path of Self-Knowledge* (Nova York: Samuel Weiser, 1973), pp. 186-187.

10. Em Goehausen, *op. cit.*, p. 24.

11. Da Free John, "Fulfill this Practice", palestra realizada em 16 de dezembro de 1978, impressa em *The Lesson: A Study Guide to the Radical Teaching of Master Da Free John for Students of The Laughing Man Institute*, vol. 4 (Clear Lake, CA: The Johannine Daist Communion, 1984), pp. 112-113.

12. W. Y. Evans-Wentz, org., *Tibet's Great Yogi Milarepa*, 2ª ed., (Londres: Oxford University Press, 1980), pp. 130-131: relato resumido de C. Goehausen, *op. cit.*, p. 24 [*Milarepa – História de um Yogi Tibetano*, Editora Pensamento, São Paulo, 1986].

13. A. Huxley, *The Perennial Philosophy*, p. 242.

14. *Ibid.*, p. 241.

15. *Ibid.*, p. 241.

16. *Ibid.*, pp. 239-240.

17. Bassui, "To a Man from Kumasaka", *The Three Pillars of Zen*, Philip Kapleau, org. (Boston: Beacon Press, 1967), p. 164.

18. *Ibid.*, p. 173.

19. Po Chü-i, "Thinking of the Past", *Chinese Poems*, Arthur Waley, trad. (Boston: Unwin Paperbacks, 1982), pp. 166-167.

20. Gerardus van der Leeuw, "Immortality", *Man and Transformation*, Joseph Campbell, org., Bollingen Series XXX:5 (Princeton: Princeton University Press, 1964), pp. 353-368.

21. K. T. Preuss, *Tod und Unsterblichkeit im Glauben der Naturvölker* (Tubingen, 1930), p. 23, citado em van der Leeuw, *op. cit.*, p. 358.

22. G. van der Leeuw, *op. cit.*, p. 359.

23. Citado em G. van der Leeuw, *op. cit.*, p. 364.

24. *Ibid.*, p. 362.

25. *Ibid.*, p. 368.

26. Joseph Campbell, com Bill Moyers, *The Power of Myth*, Betty Sue Flowers, org. (Nova York: Doubleday, 1988), p. 14.

27. Elaine Aron e Arthur Aron, *The Maharishi Effect: A Revolution Through Meditation* (Walpole, NH: Stillpoint Publishing, 1986).

28. R. K. Wallace, "The Physiological Effects of the Transcendental Meditation Program: A Proposed Fourth Major State of Consciousness", dissertação de doutoramento, University of California, Los Angeles, 1970.

29. Clifton Wolters, org., *The Cloud of Unknowing and Other Works* (Nova York: Penguin, 1978).

30. São João da Cruz, *The Collected Works of St. John of the Cross* (Washington, DC: ICS Publications, 1979).

31. R. Schatz, "The State of Nothingness and Contemplative Prayer in Hasidism", *Zen and Hasidism*, H. Heifetz, org. (Wheaton, IL: Quest, 1978).

32. J. Y. Teshima, "Self-extinction in Zen and Hasidism", *Zen and Hasidism*, H. Heifetz, org. (Wheaton, IL: Quest, 1978).

33. J. T. Farrow, "Physiological Changes Associated with Transcendental

Consciousness, the State of Least Excitation of Consciousness", *Scientific Research of the Transcendental Meditation and TM-Siddhi Program: Collected Papers*, vol. 1 (Livingston Manor, NY: MIU [Maharishi International University] Press).

34. C. Borland e Garland Landrith, "Improved Quality of City Life Through the Transcendental Meditation Program: Decreased Crime Rate". *Collected Papers*, vol. 1 [nota 33].

35. Aron e Aron, *The Maharishi Effect*, p. 50.

36. Michael C. Dillbeck, "Social Field Effects in Crime Prevention", trabalho apresentado na convenção anual da American Psychological Association, Los Angeles, 1981. Os dados de Dillbeck estão incluídos na referência da nota 37.

37. Michael C. Dillbeck, G. S. Landrith, C. Polanzi e S. R. Baker, "The Transcendental Meditation Program and Crime Rate Change: A Causal Analysis", *Collected Papers*, [nota 33], vol. 4.

38. Aron e Aron, "The Gentle Invasion of Rhode Island", *The Maharishi Effect*, pp. 55-67.

39. Aron e Aron, "Still More Evidence", *op. cit.*, pp. 109ss.

40. R. K. Wallace, J. B. Fagan e D. S. Pasco, "Vedic Physiology", *Modern Science and Vedic Science* 2:1 (primavera, 1988), pp. 3-59.

41. J. Gringberg-Zylberbaum e J. Ramos, *International Journal of Neuroscience* 36 (1988), pp. 41-52, e "Silent Communication Increases EEG Synchrony", *Brain/Mind Bulletin* 13:10 (julho, 1988), pp. 1-8.

42. N. A. Little, "The Existence of Persistent States in the Brain", *Mathematical Biosciences* 19 (1974), pp. 101-120.

43. Lawrence H. Domash, "The Transcendental Meditation Technique and Quantum Physics: Is Pure Consciousness a Macroscopic Quantum State in the Brain?" *Scientific Research on the Transcendental Meditation Program: Collected Papers*, vol. 1, D. W. Orme-Johnson e J. T. Farrow, orgs. (Rheinweiler, W. Germany: Maharishi European Research University Press, 1976), pp. 652-670.

44. John S. Hagelin "Is Consciousness the Unified Field? A Field Theorist's Perspective", *Modern Science and Vedic Science* 1 (1987), pp. 28-87.

45. John A. Wheeler, "The Mystery and Message of the Quantum", trabalho apresentado no Joint Annual Meeting of the American Physical Society and the American Association of Physics Teachers, San Antonio, Texas, 1º fev. 1984.

Capítulo 11, A Vingança da Fada Madrinha

1. Richard Erdoes, *Lame Deer – Seeker of Visions* (Nova York: Simon & Schuster, 1972), p. 217.

2. Dhyani Ywahoo, *Voices of Our Ancesteors* (Boston: Shambhala, 1987), p. 89.

3. Mary Catherine Bateson, "The Revenge of the Good Fairy", *Whole Earth Review*, nº 55 (verão de 1987), pp. 34-48.

4. *Ibid.*, p. 35.

5. *Ibid.*, pp. 35-36.

6. J. Raloff, "Will Livestock Drug Cause Dung Crisis?" *Science News* 131 (6 de junho de 1987), p. 358.

7. A. Huxley, *The Perennial Philosophy* (Nova York: Harper and Row, 1944), pp. 228-229.

Epílogo

1. C. G. Jung, *Memories, Dreams, Reflections*, Aniela Jaffé, org. (Nova York: Vintage Books, 1965), pp. 331-332.

2. *Ibid.*, p. 355.

3. Em Robert Wright, *Three Scientists and their Gods* (Nova York: Times Books, 1988), p. 271.

4. Ken Wilber, org., *Quantum Questions: Mystical Writings of the World's Great Physicists* (Boston: New Science Library, 1984).

5. Para uma interessante descrição das limitações tanto da ciência quanto da religião, e a idéia de uma nova relação entre elas, ver *Beyond the Post-Modern Mind* (Wheaton, Illinois: Quest, 1982), do filósofo da religião Huston Smith.

6. Heinrich Zimmer, "The Significance of the Tantric Yoga", *Spiritual Disciplines*, Joseph Campbell, org., Bollingen Series XXX:4 (Princeton: Princeton University Press, 1960), p. 39.

7. Werner Heisenberg, *Philosophical Problems of Quantum Mechanics* (Woodbridge, CT: Ox Bow Press, 1979), p. 92.

O Autor

O Dr. Larry Dossey é um profissional de medicina interna da Dallas Diagnostic Association. Depois de se graduar com louvor na Universidade do Texas, em Austin, recebeu o grau de M.D. da Southwestern Medical School (Dallas) em 1967. Após o período de residência serviu como cirurgião de batalhão no Vietnan, mais tarde completando a residência em medicina interna no Veterans Administration Hospital e no Parkland Hospital, em Dallas.

Dossey foi o principal organizador da Dallas Diagnostic Association, que congrega atualmente o maior grupo de profissionais de medicina interna da cidade. É presidente do Isthmus Institute of Dallas, uma organização dedicada ao estudo das convergências entre os pensamentos científico e religioso. Dossey é professor adjunto na Meadows School of the Arts da Universidade Metodista do Sul, Fellow do Dallas Institute for Humanities and Culture, e Chefe de Departamento do Medical City Dallas Hospital.

Dossey dá muitas palestras nos Estados Unidos e no exterior. Em 1988, ele proferiu a Palestra Anual do Memorial Mahatma Gandhi em Nova Delhi, Índia; foi o único médico até hoje convidado a fazê-lo.

Já publicou inúmeros artigos e é o autor de *Space, Time and Medicine* e *Beyond Illness*, obras traduzidas para vários idiomas. A preocupação geral desses dois livros são os pontos de contato entre a mente humana, a saúde e a doença. O objetivo de Dossey tem sido o de ancorar o chamado "movimento de saúde holística" num modelo cientificamente respeitável, que, ao mesmo tempo, responda às necessidades espirituais do homem.

O Dr. Dossey reside em Dallas com sua esposa Barbara, que é enfermeira e já escreveu diversos livros premiados.

Outras obras de interesse:

DIÁLOGOS COM CIENTISTAS E SÁBIOS
Renée Weber

A FILOSOFIA PERENE
Aldous Huxley

AURAS HUMANAS
Colette Tiret

A CIÊNCIA DA CURA PSÍQUICA
Yogue Ramacháraca

A ENERGIA ESPIRITUAL E SEU PODER DE CURA
Dudley Blades

ENERGIA SUTIL
John Davidson

A CRISE ESPIRITUAL DO HOMEM
Paul Brunton

BUDA E JESUS
Carrin Dunne

CRISTIANISMO ZEN
William Johnston

DICIONÁRIO DAS RELIGIÕES
John R. Hinnells (org.)

A DRAMÁTICA HISTÓRIA DA FÉ CRISTÃ
J.J. Van Der Leeuw

OS ESSÊNIOS
Christian D. Ginsburg

JESUS – ENSINAMENTOS ESSENCIAIS
Anthony Duncan

A PRECE DE TODAS AS COISAS
Pierre Charles, S.J.

AS VARIEDADES DA EXPERIÊNCIA RELIGIOSA
William James

O ARQUÉTIPO CRISTÃO
Edward F. Edinger

A CRIAÇÃO DA CONSCIÊNCIA
Edward F. Edinger

EGO E ARQUÉTIPO
Edward F. Edinger

ANIMUS E ANIMA
Emma Jung

A GNOSE DE JUNG e os Sete Sermões aos Mortos
Stephan A. Hoeller